Faça como

Steve Jobs

Faça como
Steve Jobs

Como ser o melhor comunicador do mundo

Carmine Gallo
Colunista da revista eletrônica *BusinessWeek.com*

4ª reimpressão

Tradução
Carlos Szlak

lua de papel

Título original: *The presentation secrets of Steve Jobs: how to be insanely great in front of any audience*

Direção editorial: Pascoal Soto
Editor: Pedro Almeida
Produção editorial: Talita Camargo
Preparação de texto: Camile Mendrot
Revisão: Diogo Ferreira Gomes e Bete Abreu
Diagramação: S4 Editorial
Capa: Equipe Leya
Imagem de capa: Getty Images

DADOS INTERNACIONAIS DE CATALOGAÇÃO NA PUBLICAÇÃO (CIP)
(Câmara Brasileira do Livro, SP, Brasil)

Gallo, Carmine
Faça como Steve Jobs / Carmine Gallo ; tradução Carlos Szlak. – São Paulo : Lua de Papel, 2010.

Título original: *The presentation secrets of Steve Jobs: how to be insanely great in front of any audience.*

ISBN 978-85-63066-16-9

1. Apresentações empresariais 2. Comunicação empresarial 3. Falar em público 4. Jobs, Steven, 1955- 5. Sucesso I. Título.

10-03305 CDD-658.452

ÍNDICE PARA CATÁLOGO SISTEMÁTICO
1. Apresentações empresariais : Comunicação oral : Administração 658.452

TEXTO EDITORES LTDA.
[Uma editora do grupo Leya]
Av. Angélica, 2163 – Conj. 175/178
01227-200 – Santa Cecília – São Paulo – SP
www.leya.com.br/luadepapel
Twitter: @luadepapel_BRA / @EditoraLeya

*Para meu pai, Franco, um homem incrível
que levou uma vida fora do comum.*

SUMÁRIO

AGRADECIMENTOS

Este livro é feito de colaborações. O conteúdo nasceu com a ajuda da família, dos colegas e do maravilhoso pessoal da McGraw-Hill. Sou muito grato ao meu editor, John Aherne, pela animação e pelos conselhos, e à Kenya Henderson, por tornar o livro uma realidade. As equipes de *design*, *marketing* e assessorias de imprensa da McGraw-Hill estão entre as melhores da indústria do livro; sinto-me honrado por as equipes compartilharem meu entusiasmo sobre o assunto.

Minha mulher, Vanessa, administra nossa empresa, a Gallo Communications Group. Ela trabalhou de forma incansável para preparar os originais deste livro. Não sei como Vanessa encontra tempo para tocar nosso negócio e cuidar dos nossos dois filhos. Isso parece estar além do alcance dos "meros mortais".

Agradeço muito ao meu editor da *BusinessWeek.com*, Nick Leiber, que sempre parece achar uma maneira de melhorar meus artigos. Como sempre, muito obrigado, Ed Knappman, meu agente da New England Publishing Associates. Os conhecimentos, estímulos e *insights* de Ed são inigualáveis.

Quero agradecer aos meus pais, Franco e Giuseppina, o apoio resoluto. Obrigado Tino, Donna, Francesco, Nick, Patty, Ken e diversos outros amigos e familiares que entenderam minha indisponibilidade e minha impossibilidade de jogar golfe nos fins de semana. Agora, de volta aos tacos!

Minhas filhas, Josephine e Lela: vocês são a inspiração do papai. A paciência de vocês durante minha ausência será recompensada com uma ida incrível ao Chuck E. Cheese's.

Como ser o melhor comunicador do mundo

Uma pessoa pode ter a melhor ideia do mundo – totalmente original e inovadora – mas, se ela não for capaz de convencer as outras pessoas, a ideia não terá nenhuma importância.

GREGORY BERNS

Steve Jobs é o comunicador mais cativante da atual cena mundial. Ninguém o supera. Uma apresentação de Jobs libera doses de dopamina no cérebro de seus ouvintes. Algumas pessoas percorrem grandes distâncias para assistir essas palestras. Passam noites em longas filas para garantir os melhores lugares no auditório. Mas é exatamente esse alvoroço que impulsiona as pessoas a comparecer aos eventos. Pois o que mais explicaria o fato de alguns aficionados terem protestado contra a ausência de Jobs em uma conferência que ele programara há anos? Foi o que aconteceu quando a Apple anunciou que Jobs não participaria da sua tradicional apresentação na Macworld Expo, em 2009. (A Apple também divulgou que seria o último ano em que participaria dessa feira anual promovida pela empresa IDG World Expo, com sede em Boston.)

Phil Schiller, vice-presidente da Apple, substituiu o lendário apresentador. Era quase impossível superar as expectativas, mas Schiller teve um desempenho admirável, justamente porque empregou muitas das técnicas de Jobs. No entanto, Jobs deixou saudades. "O sol está se pondo para a primeira geração de garotos prodígios e rebeldes que inventaram o computador pessoal, comercializaram a *internet* e transformaram suas empresas em grandes potências", escreveu o jornalista Jon Fortt.[1]

A apresentação de uma *keynote** de Steve Jobs é uma experiência extraordinária, e ele não é pródigo em apresentações. Os aficionados, os investidores e os clientes gostariam de vê-lo mais vezes em eventos da Apple, mas, em virtude de sua licença médica, em 2009, e do afastamento da Apple da Macworld Expo, talvez haja menos oportunidades de observar um mestre no ofício aprimorado por ele mesmo durante mais de três décadas. (Posteriormente, confirmou-se que Jobs tinha se submetido a um transplante bem-sucedido de fígado e voltaria ao trabalho.) Este livro relata o melhor das apresentações de Jobs, revelando, pela primeira vez, as técnicas precisas que ele utiliza para motivar sua plateia. A vantagem é que você pode aprender as habilidades de Jobs e adotar as técnicas para impressionar seus ouvintes, causando uma euforia capaz de viciar as pessoas.

Preste atenção a uma *keynote* da Macworld – as *Stevenotes*, como são conhecidas entre os macmaníacos – e você começará a reconsiderar tudo a respeito das suas atuais apresentações: o que você diz, como você diz e o que a plateia enxerga quando você diz. Eu escrevi um artigo sobre Steve Jobs e suas habilidades em realizar apresentações para a *BusinessWeek.com*. A matéria rapidamente se difundiu em todo o mundo (inclusive Daniel Lyons, também conhecido como o Falso Steve Jobs, divulgou-a). Seduziu os donos tanto de Macs como de PCs que queriam aprimorar o modo como vendiam a si próprios e suas ideias. Um pequeno e seleto grupo de leitores já tinha visto Jobs em pessoa, enquanto outros haviam assistido vídeos *on-line* de Jobs, mas a grande maioria de leitores nunca o tinha visto apresentar uma *keynote*. O que eles aprenderam foi algo revelador, forçando muitos a voltar à famosa prancheta.

Para fins educacionais, utilize o YouTube em complemento às técnicas apresentadas nas páginas a seguir. Enquanto escrevo este livro, existem mais de 35 mil vídeos de Steve Jobs no YouTube, uma quantidade muito superior à da maioria de outros presidentes de empresas famosos, como Richard Branson, da Virgin, com mil vídeos; Steve Ballmer, da Microsoft, com 940; e

* Termo muito utilizado pela comunidade Mac. Em português, significa "diretriz", "ideia central", "linha de ação". (N.T.)

Jack Welch, ex-chefe da General Electric, com 175. Neste caso, o YouTube oferece uma oportunidade rara para analisar uma pessoa em particular, aprender sobre as técnicas que a tornam bem-sucedida, e ver essas técnicas em ação.

Descobriremos que Jobs é um "mascate" encantador, que vende suas ideias com um talento que converte prováveis compradores em clientes e clientes em entusiastas. Ele tem carisma, um conceito definido por Max Weber, sociólogo alemão, como "a qualidade de uma personalidade individual, pela qual a pessoa se diferencia das pessoas comuns, sendo tratada como dotada de poderes ou qualidades sobrenaturais, sobre-humanos ou, no mínimo, excepcionais".[2] Jobs se transformou em sobre-humano para seus fãs mais leais. No entanto, Weber errou em uma coisa. Ele achava que o carisma não era "acessível à pessoa comum". Depois que você conhecer exatamente como Jobs produz e expõe uma de suas famosas apresentações, perceberá que esses poderes "fora do comum" também estão ao seu alcance. Adotando somente algumas dessas técnicas, sua apresentação já se destacará entre as várias palestras medíocres expostas diariamente. Seus concorrentes e colegas parecerão amadores em comparação a você.

"As apresentações, de fato, tornaram-se uma ferramenta de comunicação empresarial", escreve Nancy Duarte, especialista em *design* de apresentações, em *Slide:ology*. "Empresas são criadas, produtos são lançados, sistemas climáticos são salvos possivelmente com base na qualidade de determinadas apresentações. Da mesma maneira, ideias, desafios e até carreiras podem ser interrompidos por causa de uma comunicação ineficaz. Dentre as milhões de apresentações realizadas todos os dias, somente uma pequena porcentagem é bem apresentada."[3]

Duarte transformou os *slides* 35 mm de Al Gore no premiado documentário *Uma verdade inconveniente*.* Assim como Al Gore, que é membro do conselho da Apple, Steve Jobs também utiliza as apresentações como uma experiência de transformação. Os dois estão revolucionando as comunicações empresariais e têm algo a nos ensinar, mas, enquanto Gore possui uma única famosa apresentação, repetida milhares de vezes, Jobs tem feito diversas apresentações que infundem respeito desde o lançamento do Macintosh, em 1984. De fato, o lançamento do Macintosh – sobre o que você lerá a respeito nas páginas a seguir – ainda é uma das apresentações mais impressionantes da história do

* *An inconvenient truth*. (N. E.)

corporativismo nos Estados Unidos. Considero espantoso o fato de que Jobs tenha aprimorado ainda mais seu estilo de apresentação nos 25 anos que se passaram desde esse lançamento. A apresentação de 1984 é difícil de ser superada, pois foi uma das maiores apresentações da nossa época. No entanto, as *keynotes* de Jobs na Macworld Expo de 2007 e 2008 foram as suas melhores apresentações de todos os tempos. Ele reuniu tudo o que aprendeu a respeito de se relacionar com plateias, criando momentos verdadeiramente inesquecíveis.

Agora o lado negativo. As suas apresentações serão comparadas com as de Steve Jobs. Ele transformou a exibição de *slides* típica, que é tediosa, mecânica e lenta, em um evento teatral completo: com heróis e vilões, elenco de apoio e telas de fundo estonteantes. Quem assiste a uma apresentação de Steve Jobs pela primeira vez a descreve como uma experiência sem igual. Em um artigo do jornal *Los Angeles Times* sobre a licença médica de Jobs, Michael Hiltzik escreveu: "Nenhum presidente de empresa norte-americano está mais intimamente identificado com o sucesso da sua empresa... Jobs é o visionário e o pregoeiro da Apple. Se você quiser uma amostra desta *persona*, assista ao vídeo do evento de lançamento do iPod, em outubro de 2001. O domínio expressivo de Jobs é incrível. Ao ver o evento recentemente no YouTube, fiquei atônito embora já soubesse o desenrolar da história".[4] Jobs é o Tiger Woods do setor, que eleva o padrão em relação a todos nós.

Agora as boas notícias. Você pode identificar e adotar cada uma das técnicas de Jobs para manter sua plateia concentrada. O uso das estratégias de Jobs o ajudará a criar suas próprias e excelentes apresentações e lhe dará ferramentas para vender suas ideias de forma muito mais persuasiva, como você nunca imaginou fazer.

Considere *Faça como Steve Jobs* um roteiro para o sucesso de suas apresentações. É tão próximo quanto ter Jobs soprando a apresentação em seus ouvidos, enquanto você expõe as qualidades de seu serviço, produto, empresa ou causa. Quer você seja um presidente de empresa lançando um produto, um empreendedor abordando investidores, um profissional de vendas fechando um negócio ou um educador tentando motivar uma classe, Jobs tem algo a ensinar a você. A maioria dos executivos realiza apresentações para divulgar informações. Jobs não. Uma apresentação de Steve Jobs é planejada para criar uma experiência – "um campo de distorção da realidade" –, deixando sua plateia admirada, inspirada e muito estimulada.

Partindo para cima

> *Assim que você sobe um degrau, sua eficácia depende da sua capacidade de alcançar outros degraus por meio da palavra falada e escrita.*[5]
>
> PETER DRUCKER

Algumas das palavras mais comuns utilizadas para descrever Steve Jobs são "sedutor", "atraente", "cativante" e "carismático". Já outras palavras, relacionadas geralmente com suas características interpessoais, são menos lisonjeiras. Jobs é uma pessoa complicada, que cria produtos excepcionais, cultiva a lealdade máxima e amedronta muito as pessoas. Ele é um perfeccionista extremado e um visionário; duas qualidades que criam uma combinação inflamável se as coisas não são feitas da maneira imaginada por Jobs. Este livro não pretende abordar todas as características de Steve Jobs. Não é nem uma biografia dele, nem uma história da Apple. Aqui, não tratarei de Jobs, o chefe, mas, sim, de Jobs, o comunicador. Além disso, embora o livro o ajude a criar apresentações muito mais eficazes, ele deixa a arte do *design* das apresentações a cargo de autores mais qualificados, cuja vida profissional é dedicada ao campo do *design*. (Para mais referências, dicas e vídeos a respeito das apresentações citadas ao longo deste livro, consulte *carminegallo.com*.) Esta obra oferece a mais completa análise de como realmente Jobs produz e comunica o conceito por trás da marca Apple. Você saberá como ele realiza todas as ações mencionadas a seguir:

- Produzir mensagens.
- Apresentar ideias.
- Entusiasmar com um produto ou recurso.
- Comunicar uma experiência inesquecível.
- Criar clientes fiéis.

As técnicas o ajudarão a criar suas próprias apresentações *insanely great*.* As lições são muito simples de aprender, mas a aplicação depende de você. Falar

* Expressão comum à comunidade Mac, que significa incrível, sensacional, excepcional etc. (N.T.)

da maneira como Steve fala exige trabalho, mas os benefícios para sua carreira, sua empresa e seu sucesso pessoal valerão o esforço.

Por que não eu?

Quando fui ao programa *The Big Idea with Donny Deutsch*, do canal CNBC, fiquei impressionado com a energia contagiante do apresentador. Deutsch ofereceu aos telespectadores o seguinte conselho: "Quando você conhece alguém que converteu uma paixão em lucro, pergunte-se: 'Por que não eu?'".[6] Encorajo você a fazer o mesmo. Quando ler sobre Jobs nas páginas a seguir, pergunte-se: "Por que não eu? Por que não posso empolgar minha plateia como Jobs?". A resposta é: "Você pode". Como você descobrirá, Jobs não possui um dom natural. Ele trabalha para isso. Embora sempre tenha tido talento dramático, seu estilo evoluiu e melhorou ao longo dos anos. Jobs foca incansavelmente o aprimoramento, trabalhando cada *slide*, cada demonstração, enfim, todos os detalhes. Cada apresentação narra uma história, e cada *slide* revela uma cena. Jobs é um *showman* e, assim como todos os grandes atores, ele ensaia até incorporar o personagem. "Estabeleça você mesmo seu padrão de qualidade", Jobs afirmou certa vez. "Algumas pessoas não estão acostumadas a um ambiente em que se espera a excelência."[7] Não há atalhos para a excelência. Uma apresentação como a de Jobs exige planejamento e prática, e, se você está disposto a alcançar o topo, não há melhor professor que o *showman* da Apple (Figura 1.1).

Apresentação em três atos

Este livro estrutura-se como uma das metáforas de apresentação predileta de Jobs: uma peça em três atos. De fato, uma apresentação de Steve Jobs é muito parecida com uma peça teatral: uma apresentação elaborada com requinte e muito bem ensaiada, que informa, entretem e inspira. Ao apresentar o iPod com vídeo, em 12 de outubro de 2005, Jobs escolheu como palco o California Theatre, em San Jose. Foi um cenário apropriado, pois Steve dividiu a apresentação do produto em três atos – como toda história clássica. No primeiro ato, ele apresentou o novo iMac G5, com câmera de vídeo embutida. No segundo ato, fez o lançamento do iPod de quinta geração,

FIGURA 1. 1
O *showman* da Apple converte apresentações em experiências teatrais.

que reproduzia conteúdo em vídeo pela primeira vez. No terceiro ato, Job falou sobre o iTunes 6, informando que a rede ABC de televisão produziria programas para o iTunes e para o novo iPod. No bis, Jobs ainda apresentou o músico Wynton Marsalis, uma lenda do jazz.

Seguindo a metáfora de Jobs, que encara uma apresentação como um drama clássico, este livro é dividido em três atos:

- **Primeiro ato: criar a história.** Os sete capítulos – ou cenas – dessa seção fornecerão ferramentas práticas para você elaborar uma história empolgante por trás da sua marca. Uma história poderosa lhe proporcionará confiança e capacidade para conquistar sua plateia.
- **Segundo ato: transmitir a experiência.** Nessas seis cenas, você aprenderá dicas práticas para transformar suas apresentações em experiências visualmente atraentes, que são necessárias a toda boa exposição.
- **Terceiro ato: refinar ensaiar.** As últimas cinco cenas tratarão de tópicos como linguagem corporal, expressão verbal e apresentações roteirizadas, mas que dão a impressão de naturalidade e coloquialidade. Mesmo a escolha de suas roupas será levada em consideração. Você aprenderá por que camiseta de manga comprida, calça jeans e tênis são adequados para Jobs, mas podem representar o fim de sua carreira.

Os atos são separados por curtos intervalos, que trazem informações selecionadas das últimas descobertas da pesquisa cognitiva e do *design* de apresentação. Essas novidades o ajudarão a elevar suas apresentações a novo patamar.

O que você está vendendo de verdade?

Jobs é "o mestre de pegar algo que pode ser considerado muito desinteressante – um hardware eletrônico, por exemplo – e envolvê-lo em uma história convincentemente dramática", esclarece Alan Deutschman, em *A segunda vinda de Steve Jobs*.*[8] Apenas poucos líderes que tive o prazer de conhecer possuem essa habilidade: transformar coisas aparentemente desinteressantes em histórias emocionantes referentes a uma marca. John Chambers, presidente da Cisco, também tem essa capacidade. Chambers não vende roteadores e comutadores que constituem a *backbone* (espinha dorsal) da *internet*, mas sim conexões humanas, que mudam o modo como vivemos, trabalhamos, divertimo-nos e aprendemos.

Os comunicadores mais inspiradores compartilham essa qualidade, uma capacidade de criar algo significativo a partir de produtos esotéricos ou cotidianos. Howard Schultz, presidente da Starbucks, não vende café. Ele vende um terceiro lugar entre o trabalho e o lar. Suze Orman, guru financeira, não vende fundos fiduciários e mútuos. Ela vende o sonho da liberdade financeira. Da mesma forma, Jobs não vende computadores. Ele vende ferramentas para despertar o potencial humano. Ao longo deste livro, pergunte-se: "O que estou vendendo de verdade?". Lembre-se: seu produto ou serviço por si só não é inspirador. Mas mostre-me como seu produto ou serviço melhora minha vida, e você me conquista. Faça de uma maneira que me entretenha, e você terá criado um verdadeiro disseminador.

No decorrer da leitura, você também descobrirá que Steve Jobs é motivado por um fervor messiânico de mudar o mundo; ele quer causar um impacto no universo. Para que essas técnicas funcionem, você deve cultivar um profundo senso de missão. Se você se sentir entusiasmado a respeito de seu tema, estará 80% mais perto de desenvolver o magnetismo de Jobs. Desde

* *The second coming of Steve Jobs*. (N. E.)

os 21 anos, quando Jobs criou a Apple com seu amigo Steve Wozniak, ele se sente apaixonado pela visão de como o computador pessoal mudaria a sociedade, a educação e o lazer. Sua paixão foi contagiante, afetando todos ao seu redor. E essa paixão se manifesta em cada apresentação.

Nós todos temos paixões que nos impulsionam. O propósito deste livro é ajudá-lo a captar essa paixão e transformá-la em uma história tão fascinante que as pessoas vão querer ajudá-lo a alcançar sua missão. Pense: é possível que suas ideias ou produtos melhorem muito a vida dos seus clientes – computadores, automóveis, serviços financeiros ou produtos que deixam o meio ambiente mais limpo –, mas o melhor produto do mundo será inútil sem um poderoso divulgador dos conceitos da sua marca para promovê-lo. Se você não for capaz de chamar a atenção das pessoas, seu produto nunca terá possibilidade de êxito. Sua plateia não se importará com o que for dito; ela não compreenderá nem ficará interessada. As pessoas não prestam atenção a coisas chatas. Não deixe suas ideias morrerem porque você não conseguiu apresentá-las de uma maneira que estimulasse a imaginação de seus ouvintes. Utilize as técnicas de Jobs para atingir os corações e mentes de todos aqueles que você espera influenciar. Como Jobs frequentemente afirma ao iniciar uma apresentação: "Agora, vamos começar".

PRIMEIRO ATO

Criar a história

Criar a história, o enredo, é o primeiro passo para vender suas ideias com competência, convicção e carisma. O sucesso nessa etapa separa os comunicadores medíocres dos fora de série. A maioria das pessoas não consegue pensar muito bem a respeito da sua história. Os comunicadores eficazes planejam efetivamente, elaboram mensagens e títulos cativantes, possibilitam que os ouvintes sigam a narrativa com facilidade e introduzem um antagonista para construir o drama. Os sete capítulos – ou cenas – do primeiro ato ajudarão a estabelecer as bases para o sucesso da apresentação. Cada cena terminará com um resumo de lições específicas e reais, que você pode aplicar facilmente hoje. Analisemos as cenas aqui:

- **CENA 1 – Planeje em analógico.** Neste capítulo, você aprenderá como os grandes apresentadores, como Steve Jobs, visualizam, planejam e criam ideias muito antes de abrir o *software* de apresentação.
- **CENA 2 – Responda à pergunta mais importante.** Seus ouvintes estão formulando uma pergunta e apenas uma única pergunta para si mesmos: "Por que eu devo me interessar?" Se você não levar em consideração essa pergunta, sua plateia vai rejeitá-lo.

- **CENA 3 – Elabore um propósito ideológico.** Steve Jobs valia mais de 100 milhões de dólares quando tinha 25 anos de idade, e isso não tinha importância para ele. Compreender esse único fato o ajudará a descobrir o segredo subjacente ao carisma extraordinário de Jobs.
- **CENA 4 – Crie *slogans* como se escrevesse no Twitter.** A rede social mudou a maneira como nos comunicamos. Criar *slogans* que cabem em textos de até 140 caracteres ajudará você a enxergar suas ideias de modo mais persuasivo.
- **CENA 5 – Elabore um roteiro.** Steve Jobs torna seu raciocínio mais fácil de seguir adotando um dos princípios mais poderosos de persuasão: a regra de três.
- **CENA 6 – Introduza o antagonista.** Toda grande apresentação de Steve Jobs apresenta um vilão para que a plateia torça contra. Depois que ele introduz um adversário, o palco está pronto para a próxima cena.
- **CENA 7 – Revele o herói vitorioso.** Toda grande apresentação de Steve Jobs apresenta um herói para que a plateia torça a favor. O herói oferece uma maneira melhor de fazer algo, vai além do *status quo*, e motiva as pessoas a inovar.

CENA 1

Planeje em analógico

O marketing é realmente teatro.
É como encenar um espetáculo.

JOHN SCULLEY

Steve Jobs construiu uma reputação no mundo digital de *bits* e *bytes*, mas cria histórias na antiga tradição da caneta e do papel. Suas apresentações são eventos teatrais, visando a geração de máxima publicidade, agitação e assombro. Elas contêm todos os elementos das grandes peças ou filmes: conflito, desenlace, vilões e heróis. Além disso, em sincronia com todos os grandes diretores de cinema, Jobs elabora o enredo antes de pegar uma câmera, isto é, abrir o *software* de apresentação. Isso é teatro com *marketing*, diferente de qualquer outra coisa que você já tenha visto.

Jobs se envolve diretamente com cada detalhe da apresentação: redação dos *slogans* descritivos, criação dos *slides*, ensaio das demonstrações e obtenção da iluminação correta. Ele não aceita nada como ponto pacífico. Além disso, faz da maneira que a maioria dos principais *designers* de apresentação recomenda: começar no papel. "Nas etapas iniciais, o papel, a caneta e o esboço das ideias brutas do mundo analógico parecem trazer mais clareza e resultados melhores e mais criativos; depois disso, podemos representar nossas ideias de modo digital", escreve Garr Reynolds, em *Presentation Zen*.[9]

Os especialistas em *design*, incluindo aqueles que criam apresentações para a Apple, recomendam que os apresentadores dediquem a maior parte do seu tempo para pensar, esboçar e escrever um roteiro. Nancy Duarte é o talento por trás de *Uma verdade inconveniente*, de Al Gore. Para Duarte, o apresentador deve gastar 90 horas para criar uma apresentação de uma hora de duração, que tenha 30 *slides*. No entanto, apenas um terço desse tempo deve ser dedicado a construir os *slides*, afirma Duarte.[10] As primeiras 27 horas são dedicadas a pesquisar o tema, coletar dados com especialistas, organizar as ideias, colaborar com os colegas e esboçar a estrutura da história.

Os marcadores* matam

Pense a respeito do que acontece quando você abre o PowerPoint: aparece um *slide* em branco, contendo espaço para palavras – título e subtítulo. Isso representa um problema. Uma apresentação de Steve Jobs exibe bem poucas palavras. Agora, pense a respeito do que você vê na barra de ferramentas, no menu suspenso sob "Formatar": "Marcadores e Numeração". Isso resulta em um segundo problema. Nunca há marcadores em uma apresentação de Steve Jobs. O próprio *software* força você a criar um modelo que representa o oposto do que você deve criar em uma apresentação como as de Steve. De fato, como você tomará conhecimento em cenas posteriores, os textos e marcadores são a maneira *menos* eficaz de transmitir as informações que você pretende que sejam lembradas e seguidas. Deixe os marcadores para as listas de supermercado.

As apresentações visualmente cativantes vão inspirar sua plateia. Elas exigem um pouco de trabalho, principalmente na fase de planejamento. Como consultor de comunicação, oriento presidentes de empresas e altos executivos em seus trabalhos com mídias, apresentações e habilidades de oratória. Um dos meus clientes, um empresário de uma nova empresa de tecnologia, passou 60 dias em Bentoville, Arkansas, para conseguir marcar uma reunião com o Wal-Mart. Sua tecnologia despertou o interesse dos executivos, que concordaram em realizar um teste beta, uma execução experimental. O Wal-Mart pediu, então, que ele apresentasse as informações para um grupo de anunciantes e altos executivos. Alguns dias depois, encontrei meu cliente no escritório da companhia de capital de risco do Vale do Silício que investiu em sua firma.

* No original, *Bullets Kill*. Havia um trocadilho, que infelizmente não pôde ser feito na língua portuguesa: *bullets,* além de "marcadores", também significa "balas", "projeteis". (N. T.)

No primeiro dia, fizemos apenas um esboço da história, sem ajuda de computador nem de PowerPoint; somente caneta e papel (quadro branco, neste caso). Finalmente, transformamos os esboços em ideias para *slides*. Precisamos somente de cinco *slides* para uma apresentação de 50 minutos. A criação dos *slides* não levou mais tempo que o desenvolvimento dos argumentos. Depois que escrevemos a narrativa, a idealização dos *slides* foi fácil. Lembre-se: é a história, e não os *slides*, que mobilizará a imaginação da sua plateia.

O teste do guardanapo

Uma imagem é o método mais poderoso de comunicar uma ideia. Em vez de ligar seu computador, pegue um guardanapo de papel. Algumas das ideias empresariais mais bem-sucedidas foram esboçadas em um guardanapo. E há quem afirme que o guardanapo foi mais importante para o mundo das ideias empresariais que o PowerPoint. Eu considerava que as "histórias com guardanapo" eram exatamente isso: histórias fruto da imaginação dos jornalistas. Achei isso até conhecer Richard Tait, o criador do jogo Cranium. Preparei-o para uma entrevista no canal CNBC. Ele me revelou que, durante um voo de Nova York para Seattle, pegou um pequeno guardanapo e esboçou a ideia de um jogo de tabuleiro em que todos teriam chance de se sobressair pelo menos em uma categoria; um jogo que daria a todos a oportunidade de brilhar. O Cranium tornou-se uma sensação mundial e, posteriormente, foi adquirido pela Hasbro, grande empresa norte-americana de brinquedos e videogames. O conceito original era simples o bastante para ser anotado em um guardanapo de uma companhia aérea.

Uma das histórias mais famosas envolvendo guardanapos refere-se à Southwest Airlines. Herber Kelleher, na época advogado, encontrou-se com um de seus clientes, Rollin King, no St. Anthony's Club, em San Antonio. King era dono de uma pequena companhia aérea de voos fretados. Ele queria transformá-la em uma companhia aérea de baixo custo que não operasse nos principais aeroportos e que atendesse Dallas, Houston e San Antonio. King desenhou três círculos, escreveu o nome das cidades dentro e as conectou: uma visão muito simples. Kelleher compreendeu imediatamente. Ele assinou a proposta como consultor jurídico – posteriormente, virou presidente da empresa –, e os dois criaram a Southwest Airlines, em 1967. King e Kelleher continuariam a reinventar as viagens aéreas nos Estados Unidos e construíram uma cultura corporativa que situaria a Southwest entre as empresas mais admiradas do mundo. Nunca subestime o poder de uma visão tão simples a ponto de ser esboçada em um guardanapo!

A história ocupa o centro do palco

Em *Beyond bullet points*, Cliff Atkinson salienta: "A coisa mais importante que você pode fazer para melhorar radicalmente suas apresentações é ter uma história para contar antes de trabalhar no seu arquivo do PowerPoint".[11] Atkinson defende uma abordagem de três etapas em relação ao *storyboard*, para criar apresentações:

redação ➤ esboço ➤ produção

Para Atkinson (2005), somente após a redação (roteirização) das cenas deve--se pensar visualmente a respeito da aparência dos *slides*.

Para escrever um roteiro, você deve deixar de lado momentaneamente as questões de *design* do PowerPoint, como fontes, cores, planos de fundo e transições de *slides*. Embora possa parecer contrário à intuição, ao escrever primeiro um roteiro, você, na verdade, amplia suas possibilidades visuais, pois a redação define seu objetivo antes de você começar a idealizar o *design* da apresentação. Um roteiro possibilita que o poder (desconhecido) do PowerPoint como ferramenta visual de contar histórias aflore, surpreendendo e fascinando você e sua plateia.[12]

Com um roteiro em mãos, você estará pronto para esboçar e produzir a experiência de elaborar uma apresentação. Mas lembre-se: o roteiro deve anteceder qualquer outra ação.

Os nove elementos das grandes apresentações

Os roteiros persuasivos incluem novos elementos comuns. Considere incorporar cada um desses componentes antes de abrir seu *software* de apresentação, quer você trabalhe em PowerPoint, Keynote ou outro *software* de *design*. Alguns desses conceitos serão analisados com mais detalhes posteriormente, mas, por enquanto, lembre-se deles à medida que você desenvolver suas ideias.

SLOGAN

Qual é a grande ideia que você quer transmitir para sua plateia? Ela deve ser curta (140 caracteres ou menos), inesquecível e redigida na sequência sujeito-verbo-objeto. Quando Steve Jobs apresentou o iPhone, ele exclamou: "Hoje a Apple reinventa o telefone!".[13] Esse é um *slogan*. Os *slogans* chamam a atenção da sua plateia e motivam as pessoas a escutá-lo. Leia o *USA Today* (ou outro bom jornal de seu país) em busca de ideias. Aqui estão alguns exemplos de chamadas do jornal diário mais popular dos Estados Unidos:

- "MacBook ultrafino da Apple é cheio de recursos."
- "Apple lança o Sistema Operacional Leopard."
- "Apple encolhe o iPod."

DECLARAÇÃO DE AMOR

Aristóteles, o pai da oratória, acreditava que os oradores de sucesso devem ter *pathos*, ou seja, paixão por seu assunto. Poucos comunicadores manifestam entusiasmo a respeito do seu tema. Steve Jobs exibe um entusiasmo quase eufórico toda vez que faz uma apresentação. Ex-funcionários e mesmo alguns jornalistas afirmaram que consideram a energia e a empolgação de Jobs totalmente hipnóticas. Dedique alguns minutos desenvolvendo uma declaração de amor, completando a seguinte frase: "Estou apaixonado por esse produto [empresa, empreendimento, recurso etc.], pois ele ________________". Depois de ter elaborado sua declaração de amor, não se acanhe: compartilhe essa mensagem.

TRÊS MENSAGENS BÁSICAS

Agora que você decidiu sobre seu título e sua declaração de amor, escreva as três mensagens que você quer que sua plateia receba. Elas devem ser lembradas com facilidade, sem a necessidade de consultar anotações. Embora a Cena 5 seja dedicada a esse assunto, por enquanto tenha em mente que seus ouvintes somente conseguem lembrar-se de três ou quatro pontos na memória recente. Cada uma das mensagens básicas será acompanhada de pontos de apoio.

METÁFORAS E ANALOGIAS

Enquanto você cria mensagens básicas e pontos de apoio, decida a respeito dos recursos retóricos que tornarão sua narrativa mais atraente. De acordo com Aristóteles, a metáfora é "de longe, a coisa mais importante". Uma metáfora – uma palavra ou frase que denota uma coisa e é utilizada para designar outra para fins de comparação – é uma ferramenta persuasiva nas melhores campanhas de *marketing*, propaganda e relações públicas. Jobs utiliza metáforas em conversas e apresentações. Em uma entrevista famosa, ele afirmou: "O computador é, para mim, a ferramenta mais notável que já inventamos. É como uma bicicleta para nossa mente".[14]

Os profissionais de venda, geralmente, são adeptos das metáforas esportivas. "Estamos todos jogando no mesmo time"; "isso não é uma partida amistosa, é um jogo de verdade"; ou "estamos batendo um bolão, vamos continuar assim". Embora as metáforas esportivas funcionem bem, desafie-se a se desprender do que a plateia espera. Deparei-me com uma metáfora interessante para um novo *software* antivírus da Kaspersky. A empresa veiculou um anúncio de página inteira (o que eu vi estava no *USA Today*) que mostrava um desanimado cavaleiro medieval, trajando armadura completa, afastando-se, com suas costas voltadas para o leitor. O título era: "Não fique tão triste. Você já foi muito bom!". A metáfora comparava as atuais tecnologias de segurança da *internet* (os concorrentes da Kaspersky) com armaduras medievais pesadas e desajeitadas, que, naturalmente, não se comparam com a atual tecnologia militar. A empresa usou a metáfora em seu *site*, com uma imagem de uma armadura e o mesmo título. A metáfora era constante em todo o material de *marketing* da empresa.

As analogias são primas-irmãs das metáforas e também são muito eficazes. Uma analogia é uma comparação entre duas coisas diferentes, a fim de realçar algum ponto de semelhança. As analogias nos ajudam a compreender conceitos que podem ser estranhos para nós. "O microprocessador é o cérebro do seu computador" é uma analogia que funciona bem para empresas como a Intel. Sob vários aspectos, o microprocessador cumpre a mesma função no computador que o cérebro cumpre no ser humano. O microprocessador e o cérebro são duas coisas diferentes com recursos semelhantes. Essa analogia específica é tão útil que é amplamente utilizada pela mídia. Se você encontrar uma analogia forte que funcione, persista nela e a torne coerente em suas apresentações, *site* e material de *marketing*.

Jobs gosta de se divertir com analogias, principalmente se puderem ser aplicadas à Microsoft. Em entrevista para Walt Mossberg, do *Wall Street*

Journal, Jobs assinalou que muitas pessoas dizem que o iTunes é seu aplicativo favorito para o Windows. "É como dar um copo-d'água congelada para alguém no inferno!"[15]

DEMONSTRAÇÕES

Jobs divide os holofotes com funcionários, parceiros e produtos. As demonstrações constituem grande parte de suas apresentações. Quando Jobs tornou pública uma nova versão do sistema operacional OS X, conhecida por Leopard, na Worldwide Developers Conference (WWDC) – a conferência anual da Apple para exibir novos *softwares* e tecnologias –, em junho de 2007, ele revelou que o Leopard tinha 300 recursos novos. Ele selecionou dez recursos para discutir e demonstrar, incluindo o Time Machine (*backup* automático), o Boot Camp (executa o Windows XP e o Vista no Mac) e o Stacks (organização de arquivos). Em vez de simplesmente listar os recursos em um *slide* e explicá-los, ele se sentou e mostrou para a plateia como eles funcionavam. Ele também escolheu os recursos que queria que a imprensa destacasse. Por que deixar que a mídia decidisse quais recursos entre os 300 novos eram os mais cativantes? Ele contaria para os jornalistas.

Então, reflita: seu produto presta-se a uma demonstração? Sendo assim, crie um roteiro para ele na apresentação. Sua plateia quer ver, tocar e sentir seu produto ou serviço. Dê vida a ele.

Trabalhei com um pessoal da Goldman Sachs para preparar o presidente de uma nova empresa de circuitos integrados do Vale do Silício, que estava prestes a abrir capital. A empresa desenvolve circuitos que criam efeitos de áudio para *mobile computer*. Enquanto planejávamos a apresentação para os investidores, o presidente da empresa exibiu um *chip* do tamanho de uma unha e disse: "Você não vão acreditar no som que isso produz. Escutem". Ele aumentou o volume do seu *notebook* e a reprodução da música impressionou os que estavam presentes na sala. Obviamente, utilizou-se a mesma demonstração, com um desenvolvimento mais dramático, quando o executivo apresentou a empresa para os investidores. A IPO, ou seja, o lançamento das ações, foi um grande sucesso. Um investidor que comprou ações da empresa ligou-me posteriormente e afirmou: "Não sei o que você fez, mas o presidente foi um sucesso". Não tive coragem de dizer que tirei a ideia do manual de estratégias de Steve Jobs.

PARCEIROS

Jobs divide o palco com parceiros importantes e também com seus produtos. Em setembro de 2005, ele anunciou que todos os discos de Madonna estariam disponíveis no iTunes. A própria *pop star* surgiu repentinamente via *webcam* e brincou com Jobs, revelando que tinha resistido o quanto pôde mas havia se cansado de não poder fazer o *download* das suas próprias músicas. Quer seja um artista ou um parceiro do setor, como os presidentes da Intel, Fox ou Sony, Jobs frequentemente divide o palco com pessoas que contribuem para o sucesso da Apple.

DEPOIMENTO DO CLIENTE E AVAL DE TERCEIROS

A apresentação do depoimento do cliente ou de testemunhos é parte importante do ciclo de venda. Poucos clientes querem ser pioneiros, principalmente quando os orçamentos são apertados. Da mesma forma que os recrutadores pedem referências, seus clientes querem escutar histórias de sucesso. Isso é especialmente importante para pequenas empresas. Suas garantias de venda e *marketing* podem parecer excelentes naquele folheto de papel brilhante e colorido, mas serão recebidas com certo grau de ceticismo. O boca a boca é o que mais influencia. Em geral, os lançamentos bem-sucedidos de produtos envolvem diversos clientes, que participaram de testes beta, e que podem atestar o produto. Incorpore o depoimento do cliente em sua abordagem de venda. Incluir uma citação é simples, mas tente dar um passo à frente, gravando um testemunho curto e incorporando o vídeo em seu *site* e em sua apresentação. Ainda melhor, convide um cliente para se juntar a você pessoalmente (ou via *webcam*) em uma apresentação ou uma reunião de vendas importante.

Você dispõe de avaliações de terceiros a respeito de seus produtos? Sempre utilize o aval de terceiros quando tiver um. O boca a boca é uma das ferramentas de *marketing* mais eficazes, e quando seus clientes constatam o aval de uma publicação ou de uma pessoa que respeitam eles se sentem mais à vontade em relação às suas decisões de compra.

VIDEOCLIPES

Poucos apresentadores incluem vídeos em suas apresentações. Jobs utiliza videoclipes com muita frequência. Às vezes, ele mostra vídeos de funcionários falando a respeito do quanto gostaram de trabalhar com certo produto. Jobs também gosta de apresentar os anúncios de TV da Apple mais recentes. Ele faz isso em quase toda apresentação de um novo e importante produto, e tem feito desde a veiculação do famoso comercial do Macintosh no intervalo da final do Super Bowl,* em 1984. Jobs gosta tanto de alguns anúncios que os apresenta duas vezes. Perto do final da apresentação, na WWDC da Apple, em junho de 2008,[16] Jobs apresentou o novo iPhone 3G, que se conecta a uma rede de dados com maior velocidade e custava menos que o iPhone comercializado na época. Ele mostrou um anúncio de TV com o *slogan*: "Até que enfim saiu. O primeiro telefone que supera o iPhone". Quando o anúncio de 30 segundos terminou, um radiante Jobs disse: "Não é incrível? Querem ver de novo? Vamos passar outra vez. Eu adoro esse anúncio". A utilização de videoclipes em sua apresentação o ajudará a se destacar. Você pode mostrar anúncios, testemunhos de funcionários, cenas do produto, ou de pessoas usando o produto, e até avais dos clientes. O que pode ser mais persuasivo que o testemunho direto de um cliente satisfeito, se não pessoalmente, então por meio de um videoclipe incluído em sua apresentação? Você pode facilmente converter vídeos para formatos digitais, como MPEG-1, Windows Media ou Quicktime que funcionarão todos para a maioria das apresentações. Lembre-se de que, no YouTube, o tempo médio de duração de um videoclipe é de 2,5 minutos. Nossos intervalos de atenção estão encolhendo, e os videoclipes, embora proporcionando um modo excelente de manter a plateia mobilizada, se forem muito longos, podem ser considerados exagerados. Utilize videoclipes em suas apresentações, mas evite clipes que durem mais que dois ou três minutos.

O vídeo é uma ferramenta ótima até mesmo para apresentações que não são técnicas. Eu estava ajudando a California Strawberry Commission a se preparar para uma série de apresentações que seriam realizadas na Costa Leste dos Estados Unidos. Os membros da comissão me mostraram um vídeo dos produtores de morango expressando seu amor pela terra e pelo fruto. As imagens dos campos de morango eram maravilhosas, e sugeri que eles convertessem o vídeo em um arquivo digital, incorporando-o à apresentação. No evento, eles iniciaram a exibição do vídeo dizendo: "Achamos que você provavelmente nunca visitou um campo de morangos da Califórnia. Então, decidimos trazer os produtores até você". O videoclipe foi a parte mais inesquecível da apresentação, e os jornalistas da Costa Leste adoraram.

---

* Torneio anual de futebol americano. (N.T.)

FLIP CHARTS,* SUPORTES E *SHOW-AND-TELL***

Há três tipos de aprendizes: o visual (a maioria das pessoas recai nessa categoria), o auditivo (ouvintes) e o cinestésico (pessoas que gostam de sentir e tocar). Encontre formas de chamar a atenção de todos. Uma apresentação deve incluir mais do que *slides*. Utilize quadros brancos, *flip charts* ou o *flip chart* de alta tecnologia: o *tablet* PC. Traga suportes, como produtos físicos, para as pessoas verem, usarem e tocarem. Na Cena 12, você aprenderá muito mais a respeito de atingir os três tipos de aprendizes.

A maioria dos comunicadores fica muito presa aos *slides*: qual fonte devo utilizar? Devo usar marcadores ou traços? Devo incluir um gráfico aqui? O que você acha de uma imagem ali? Essas são as perguntas erradas a ser formuladas na etapa de planejamento. Se você tiver um produto real, encontre outras maneiras de exibi-lo além dos *slides*. Em 14 de outubro de 2008, Steve apresentou uma nova linha de MacBooks de alumínio, com uma estrutura feita com um único bloco de alumínio. Após Jobs examinar o processo elucidativo, os funcionários da Apple distribuíram alguns exemplares do novo modelo para a plateia, que pode vê-los e tocá-los.

Incluir todos esses elementos na apresentação ajudará você a narrar uma história que vale a pena ser ouvida. Os *slides* não narram uma história; você narra. E os *slides* só complementam a história. Este livro é agnóstico em relação aos *softwares* e evita uma comparação direta entre o PowerPoint e o Keynote, pois o programa não é o personagem principal de uma apresentação eficaz; o apresentador é o protagonista. Jobs só começou a utilizar o Keynote, da Apple, em 2002; então, o que poderíamos pensar a respeito das apresentações notáveis de Jobs que remontam a 1984? O *software* não é a resposta. O fato de Steve Jobs utilizar o Keynote em vez do PowerPoint não significa que sua apresentação se parecerá mais com a dele se você fizer a troca. No entanto, você convencerá sua plateia dedicando mais tempo à criação do enredo do que à produção dos *slides*.

---

* Tipo de quadro, usado geralmente para exposições didáticas ou apresentações, em que fica preso um bloco de papéis. (N. T.)

** Literalmente significa "mostrar e contar". Na prática, é uma técnica que consiste em mostrar um objeto e discorrer sobre ele. É comumente aplicada na educação infantil nos Estados Unidos. (N. T.)

Utilize um bloco de notas ou um quadro branco para roteirizar suas ideias. Isso ajudará você a visualizar sua história e a simplificar seus componentes. Quando Jobs voltou à Apple, em 1996, ocupando o lugar de Gil Amelio, encontrou uma empresa com mais de 40 produtos diferentes, o que confundia o cliente. Em uma linha de ação arrojada, ele simplificou radicalmente a linha de produtos. Em *A cabeça de Steve Jobs*,* Leander Kahney revela que Jobs reuniu a diretoria em seu escritório. "Jobs desenhou uma tabela muito simples de duas linhas e duas colunas no quadro branco. Na linha de cima, escreveu 'Consumidor' e 'Profissional', e na de baixo, '*Notebook*' e '*Desktop*'."[17] Sob o comando de Jobs, a Apple ofereceria apenas quatro computadores – dois *notebooks* e dois *desktops* – direcionados a consumidores e usuários profissionais. Essa é uma das muitas histórias em que percebemos que Jobs pensa melhor quando pensa visualmente. Quer você planeje melhor em um quadro branco, em um bloco de anotações ou em marcadores do tipo Post-it, dedique um tempo no analógico antes de saltar para o digital. Sua apresentação final será muito mais interessante, envolvente e relevante.

Esquema de Aristóteles para argumentos persuasivos

Uma apresentação de Steve Jobs segue o clássico plano de cinco pontos de Aristóteles para criar um argumento persuasivo:

1. Apresente uma história ou relato que desperte o interesse da plateia.
2. Proponha um problema que tenha de ser solucionado ou uma pergunta a que se tenha de responder.
3. Sugira uma solução para o problema proposto.
4. Descreva os benefícios específicos decorrentes da adoção do curso de ação exposto em sua solução.
5. Incite a plateia a agir. Para Steve, é tão simples quanto afirmar: "Agora, saia e compre um!".

* *Inside Steve's brain.* (N. E.)

NOTAS DO DIRETOR

- Faça um planejamento antes de abrir o *software* de apresentação. Esboce suas ideias no papel ou no quadro branco.
- Para tornar vigorosa sua apresentação, inclua alguns, senão todos, os nove elementos a seguir: título, declaração de amor, três mensagens básicas, analogias, demonstrações, participação de parceiro, depoimento de cliente, videoclipes e suportes.
- Expressar-se como Jobs não está relacionado ao *software* de apresentação utilizado (PowerPoint, Keynote etc.), mas sim à maneira como você produz e transmite sua história.

CENA 2

Responda à pergunta mais importante

Temos de partir da experiência prévia do cliente e trabalhar no rumo da tecnologia, e não de outra maneira.

STEVE JOBS, 25 DE MAIO DE 1997,
WORLDWIDE DEVELOPERS CONFERENCE.

Em maio de 1998, a Apple lançou um extravagante produto com o objetivo de melhorar sua minguante participação no mercado de informática, que tinha caído para menos de 4%. Quando Jobs exibiu o novo iMac transparente, ele descreveu o motivo da criação do computador, o mercado-alvo e os benefícios que os clientes teriam ao adquirir o novo sistema:

> Embora seja um Macintosh completo, nós focamos o principal uso que os consumidores dizem ansiar de um computador, ou seja, acessar a *internet* de modo simples e rápido. Também o direcionamos para o ensino. As escolas querem esse computador. Ele é perfeito para a maioria das atividades relacionadas ao ensino... Saímos por aí e vimos os produtos de que eles dispunham. Observamos algumas características presentes em quase todos os computadores disponíveis para

> esse uso. A primeira é que são muito lentos; todos estão usando processadores do ano passado. Em segundo lugar, todos são equipados com telas muito ruins e, provavelmente, não dispõem de nenhum acesso à *internet*. Possuem dispositivos de entrada/saída de antiga geração, o que significa que apresentam desempenho inferior e são mais difíceis de utilizar. Essas coisas são horríveis! Bem, então, agora vou falar sobre o iMac.[18]

Após descrever as deficiências dos produtos no trecho anterior, Jobs apresentou um roteiro verbal para sua plateia, elaborando uma lista dos recursos que ele explicaria com mais detalhes. (Aprenda mais sobre como criar um roteiro na Cena 5.) A plateia soube que o novo iMac era rápido ("ele impressiona"), que tinha uma tela de 15 polegadas "deslumbrante" e que dispunha de uma grande memória e de componentes que facilitariam o acesso à *internet* para estudantes e usuários domésticos. Em um dos seus típicos momentos surpreendentes, Jobs caminhou até o centro do palco e tirou a capa do novo computador.

Sua plateia quer ser informada, ensinada e entretida: informada sobre seu produto, ensinada sobre como ele funciona e entretida enquanto aprende sobre ele. Sobretudo, as pessoas querem saber a resposta para uma única pergunta: "Por que eu devo me interessar?". Vamos observar mais detalhadamente aquele trecho sobre o iMac. Jobs relata para a plateia "o que isso significa..." e assim liga os pontos para seus ouvintes. Embora ele possa deixar o setor na incerteza a respeito dos futuros lançamentos da Apple, nunca deixa sua plateia conjecturando depois que o produto é finalmente apresentado. Por que você deve se interessar a respeito do novo computador, tocador de MP3, telefone ou dispositivo da Apple? Não se preocupe, Job contará para você.

Os boatos são verdadeiros

Por anos, a Apple manteve uma rivalidade com a Intel. Chegou até a atear fogo a um *bunnyman* (homem-coelho), boneco de propaganda da Intel, em um comercial de TV, em 1996. Uma década depois, a Apple pôs de lado sua rivalidade e anunciou que os processadores Intel equipariam seus novos sistemas Macintosh, substituindo os processadores PowerPc da IBM. Jobs revelou a mudança em 6 de junho de 2005, na Worldwide Developers Conference, em São Francisco.

Os boatos sobre a troca se multiplicaram durante meses, e diversos analistas manifestaram preocupação a respeito da transição. Os jornalistas da revista *eWeek* acharam difícil de acreditar que a Apple trocaria o processador PowerPC pelo Intel, já que o PowerPC tinha funcionado tão bem para a marca. Os desenvolvedores estavam resmungando. Jobs tinha de convencer a plateia de que a mudança era a coisa certa a fazer. Sua apresentação foi muito convincente e mudou a opinião da plateia, pois, mediante uma linguagem simples e direta, ele respondeu à única pergunta realmente importante: "Por que os clientes e desenvolvedores da Apple deviam se interessar?".

> Sim, é verdade. Vamos começar a transição dos processadores PowerPC para Intel. Por que vamos fazer isso? Não acabamos de passar do OS 9 para o OS X? O sistema não está incrível agora? Fizemos isso porque queremos fazer produzir os melhores computadores esperados pelos nossos clientes. Há dois anos, aqui, prometi isso a vocês (o *slide* mostra um computador *desktop* com 3 GHz), e não fomos capazes de fornecê-lo. Acho que muitos de vocês gostariam de um G5 no seu PowerBook, e não fomos capazes de fornecê-lo. Mas esses não são os motivos mais importantes. Se olharmos para a frente, apesar dos produtos maravilhosos que temos agora, podemos imaginar alguns outros incríveis que queremos desenvolver, mas que não podemos fazer usando o PowerPC. Esse é motivo pelo qual vamos começar a transição.[19]

Naquele dia, Jobs articulou o raciocínio de maneira tão convincente que poucas pessoas da plateia saíram sem um alto grau de confiança que a transição era a coisa certa para a Apple, seus desenvolvedores e clientes.

Por que devo me interessar?

Na fase de planejamento de sua apresentação, lembre sempre que ela não é para você. É para eles. Os ouvintes da sua plateia estão se fazendo uma pergunta: "Por que devo me interessar?". Responder a essa única pergunta de modo franco e direto chamará a atenção das pessoas, mantendo-as mobilizadas.

Cause a melhor impressão à la Steve Jobs

No verão de 2006, a Intel lançou um processador chamado Core 2 Duo. A palavra "duo" correspondia a núcleo duplo, significando que existiam dois núcleos, ou cérebros, em cada microprocessador. Isso pode não parecer muito empolgante, mas, se você responder à única pergunta que realmente importa - Por que devo me interessar? -, isso pode se tornar motivador.

Pense em duas situações: em ambas, um cliente entra em uma loja de informática e pede ao vendedor informações sobre alguns *notebooks*. Na primeira situação, o vendedor não leu este livro e não consegue responder à única pergunta realmente importante. Na segunda situação, o vendedor tem mais probabilidade de realizar a venda, em virtude de ter incorporado seu Steve Jobs interior e de ter respondido à única pergunta na mente do cliente: Por que devo me interessar?".

Situação 1

CLIENTE: Olá, estou procurando um *notebook* leve, rápido e com leitor de DVD.

VENDEDOR: Tenho um Intel Core 2 Duo.

CLIENTE: Não sabia que a Intel fabrica computadores.

VENDEDOR: Ela não fabrica.

CLIENTE: Você pode me falar mais a respeito?

VENDEDOR: Um processador Intel com núcleo duplo possui dois dispositivos de execução, que processam dados simultaneamente, com mais velocidade.

CLIENTE: Ah, acho que vou procurar em outro lugar.

Naturalmente, o cliente, nessa situação, procurará em outro lugar. Embora o vendedor fosse tecnicamente correto, o cliente tinha de se esforçar muito para entender como o novo sistema melhoraria a vida da pessoa. Consumia muita capacidade intelectual, e, como você aprenderá, o cérebro é um pedaço de carne preguiçoso, que procura preservar energia. Faça o cérebro dos outros trabalhar muito e você perderá sua audiência. O cliente tinha uma pergunta na mente, e somente uma. O vendedor não conseguiu respondê-la e pareceu indiferente, até arrogante. Vamos tentar de novo. Dessa vez, o vendedor causará um efeito fora de série, tipo Steve Jobs.

Situação 2

VENDEDOR: Olá, posso ajudá-lo?

CLIENTE: Sim. Estou procurando um *notebook*. Um que seja leve, rápido e com leitor de DVD.

VENDEDOR: Você veio ao lugar certo. Temos uma grande variedade de *notebooks*, que são leves e muito rápidos. O que você acha de um sistema com um Intel Core 2 Duo?

CLIENTE: Não sei. O que é isso?

VENDEDOR: Pense no microprocessador como o cérebro do seu computador. Agora, com esse novo *chip* da Intel, você tem dois cérebros em um único computador. O que significa que você poderá se divertir e produzir muito mais ao mesmo tempo. Por exemplo, você pode, simultaneamente, baixar música e executar um rastreamento completo de vírus, e isso não diminuirá a velocidade do sistema. Seus aplicativos carregarão com muito mais rapidez, você poderá trabalhar em diversos documentos ao mesmo tempo, seus DVDs serão reproduzidos muito melhor e, além disso, sua bateria durará muito mais. E isso não é tudo: a visualização é maravilhosa.

CLIENTE: Ótimo. Por favor, me mostre um desses computadores!

Nessa situação, o vendedor utilizou uma linguagem coloquial, apresentou exemplos reais para tornar o produto relevante e respondeu à única pergunta realmente importante para o cliente: "Por que devo me interessar por este processador?". Os lojistas que treinam seu pessoal de vendas para descrever os produtos dessa maneira se destacam em relação à concorrência. Pense nisso, há um lojista que faz exatamente isso: a Apple. Visite qualquer loja da rede e você será recebido por homens e mulheres empolgados, que se sentem ansiosos para explicar como os produtos da Apple tornarão sua vida melhor.

Eu estava preparando um presidente de empresa para uma apresentação importante e perguntei como ele planejava a abertura. Ele sugeriu essa introdução fria, chata e confusa: "Nossa empresa é a principal desenvolvedora de soluções de propriedade intelectual para semicondutores inteligentes, que aceleram drasticamente os projetos de sistemas complexos em um circuito integrado e que, ao mesmo tempo, reduzem ao mínimo os riscos". Fiquei atônito e recomendei que ele estudasse uma página do manual de estratégias de Steve Jobs e eliminasse lugares-comuns, como as palavras "inteligente" e "solução", e simplesmente respondesse a uma única pergunta: "Por que seus clientes deveriam se interessar pelo seu produto?".

O presidente da empresa reconsiderou sua introdução. Ele decidiu caminhar diante da plateia, pedindo que todos pegassem seus celulares. Ele disse: "Nossa empresa cria *softwares* que são utilizados para desenvolver os circuitos integrados existentes em muitos dos telefones que vocês estão segurando. Conforme esses circuitos ficam menores e mais baratos, seus telefones ficarão menores, precisarão de menos recarga de bateria, reproduzirão música e vídeo, tudo graças à nossa tecnologia, que atua nos bastidores".

Qual das introduções seria mais eficaz para chamar sua atenção? A segunda, é claro! Não utiliza nenhum jargão e, ao responder à única pergunta realmente importante, oferece um motivo para a plateia ouvir.

Os jornalistas são capazes de responder à única pergunta que realmente interessa para seus leitores. Preste atenção às descrições de produtos do *New York Times* ou do *USA Today* (ou de qualquer outro bom jornal). Os artigos são escritos para serem seguidos e compreendidos. Por exemplo, em 20 de janeiro de 2009, a Cisco Systems anunciou que planejava uma grande investida no mercado de servidores, um setor dominado por IBM, HP e Dell. O produto seria um servidor com um *software* de virtualização. No entanto, virtualização é um dos conceitos mais complicados de explicar. A Wikipédia define virtualização do servidor como "um método de dividir um único servidor físico em diversos servidores para que cada um tenha a aparência e os recursos de execução de um servidor dedicado ao seu próprio computador".[20] Entendeu? Duvido. Ashlee Vance, do *New York Times*, adotou uma abordagem diferente: "Os produtos com virtualização permitem que as empresas executem diversos aplicativos, em vez de um único, em cada servidor físico, possibilitando que elas economizem energia elétrica e que obtenham mais benefícios das suas compras de *hardware*".[21]

A diferença, claro, é que Vance respondeu à única pergunta na mente dos seus leitores: "O que virtualização significa para mim?". Nesse caso, ela identificou seu público como sendo investidores, responsáveis por tomada de decisão em tecnologia de informação e administradores de empresas, que se interessariam por essas questões.

Seus ouvintes estão se perguntando: "Por que devo me interessar?". Então, se o seu produto vai ajudar seus clientes a ganhar dinheiro, conte a eles. Se vai ajudá-los a economizar dinheiro, conte a eles. Se vai facilitar ou tornar mais agradável a execução de uma tarefa, conte a eles. Conte a eles logo, atualize-os sempre e fale com clareza. Jobs não dá espaço para que as pessoas suponham algo. Antes disso ele explica a tecnologia por trás de um novo produto ou recurso e lhes revela como essa tecnologia melhorará a experiência que elas têm com seus computadores, tocadores de música ou dispositivos.

O Quadro 2.1 apresenta uma análise de alguns outros exemplos de como Jobs vende um benefício por trás de um novo produto ou recurso.

QUADRO 2.1 JOBS VENDENDO O BENEFÍCIO

DATA/PRODUTO	BENEFÍCIO
7 de janeiro de 2003 *Software* de apresentação Keynote	"Usar o Keynote é como ter um departamento profissional de *design* para criar seus *slides*. É um *software* para ser usado quando sua apresentação for realmente importante."[22]
12 de setembro de 2006 iPod Nano	"O novo iPod Nano oferece aos aficionados por música mais daquilo que eles mais gostam em seus iPods: duas vezes a capacidade de armazenamento pelo mesmo preço; uma bateria incrível, com autonomia de 24 horas; e uma estrutura de alumínio em cinco cores sensacionais."[23]
15 de janeiro de 2008 Serviço de *backup* Time Capsule para Macs com sistema Leopard OS	"Com o Time Capsule, fotos, filmes e documentos insubstituíveis ficam automaticamente protegidos, sendo muito fácil recuperá-los se sumirem."[24]
9 de junho de 2008 iPhone 3G	"Apenas um ano após o lançamento do iPhone, estamos lançando o novo iPhone 3G. É duas vezes mais rápido e custa a metade do preço."[25]
9 de setembro de 2008 Recurso Genius para o iTunes	"O Genius permite que, com um único clique, você crie automaticamente listas de execução com as músicas de sua biblioteca musical, que já combinam bem entre si."[26]

Não perca tempo com lugares-comuns

Responda à única pergunta realmente importante em todos os seus materiais de *marketing* (*site* da *internet*, *slides* de apresentação e *press releases*). As pessoas que deveriam ter melhor conhecimento disso – os profissionais de relações públicas, *marketing* e comunicação – são muitas vezes os piores infratores dessa regra. Em geral, os *press releases* são desperdícios de tempo cheios de lugares-comuns. Poucos profissionais da imprensa leem *press releases*, pois estes não conseguem responder à única pergunta realmente importante para um jornalista: "Por que os meus leitores se interessariam?". Como jornalista, recebi milhares de *press releases* e, raramente, ou nunca, cobri uma história com base em um deles. Estou certo de que a maioria dos outros jornalistas concordaria comigo. Muitos *press releases* focalizam mudanças corporativas (nomeações para cargos administrativos, novos logotipos, novos escritórios etc.), que não interessam a ninguém, e, se as pessoas por acaso se interessassem, as informações não são expostas de forma clara. Leia os *press releases* enviados em um determinado dia e você ficará atordoado, tentando entender por que alguém se interessaria por aquelas informações.

De brincadeira, selecionei alguns exemplos de *press releases* enviados com diferença de horas entre eles. A data não tem importância. A maioria dos *press releases* infringe os princípios básicos da persuasão:

> "............................ Industries anunciou hoje que firmou um acordo exclusivo de distribuição com .... Conforme os termos do acordo, ... será a distribuidora nacional exclusiva do fluido para o escapamento de motores a diesel da ...."
> — Sinceramente, quem se importa com isso? Gostaria de dizer a você como o novo acordo de distribuição beneficia alguém, mesmo que sejam os acionistas. Mas não posso, pois o resto dos *press releases* nunca responde à pergunta diretamente.

> "................................... foi considerada a cadeia de pizzarias do ano, em 2008, pelo *Pizza Marketplace*."
> — O *press release* revelava que esse prêmio foi concedido depois de a cadeia ter obtido lucros consistentes, ter alcançado um aumento de 50% nas vendas com a mesma base de lojas do ano anterior e possuir uma nova equipe administrativa. Se a cadeia

oferecesse aos seus clientes um desconto especial para celebrar esse prêmio, seria interessante, mas o *press release* não menciona nada que diferencie essa cadeia das milhares de outras pizzarias. Esse tipo de *release* se enquadra na categoria "preste atenção em nós", e são mensagens geralmente sem sentido para alguém fora do setor.

> ".. anunciou a inclusão do 'Relatório Anual sobre o Mercado de Aço na China em 2008 e a Perspectiva para 2009' em seu catálogo."
> — Sério? Tenho certeza de que milhões de pessoas de todo o mundo estavam esperando por esse relatório! À parte a brincadeira, esse é outro exemplo de oportunidade desperdiçada. Se esse *release* tivesse começado com alguma informação nova e reveladora do novo relatório, eu poderia ter ficado um pouco mais interessado. E isso teria significado colocar o leitor em primeiro lugar; mas, infelizmente, a maioria dos profissionais que redige *press releases* parece esquecer-se de que está escrevendo para jornalistas.

Aqui está outra preciosidade, cortesia de uma empresa de energia elétrica do Havaí:

> "................................ anunciou hoje que .... foi nomeado presidente e diretor executivo, a partir de 1º de janeiro de 2009. .... substitui ...., que se afastou dos cargos de presidente e diretor executivo em agosto desse ano."
> — Também tomamos conhecimento de que o novo diretor executivo tem 33 anos de experiência em empresas de serviços públicos e mora no Havaí há 20 anos. Não é incrível? Não lhe causa comoção? De novo, esse *press release* representa um desperdício de oportunidade para ligar os investidores da empresa aos clientes. Se o *release* tivesse começado com uma coisa que o novo diretor executivo planejava fazer imediatamente para melhorar o serviço, teria sido muito mais interessante e merecedor de divulgação.

Geralmente, os *press releases* não conseguem despertar interesse, pois não respondem à única questão realmente importante para o leitor. Não cometa o mesmo erro em sua apresentação, propaganda e material de *marketing*.

Ninguém tem tempo para ouvir uma apresentação que não lhe oferece nenhum benefício. Se prestar bem atenção a Jobs, verá que ele não vende produtos, mas o sonho de um futuro melhor. Quando a Apple lançou o iPhone, no começo de 2007, Jim Goldman, repórter do canal CNBC, perguntou a Jobs: "Por que o iPhone é tão importante para a Apple?". Jobs não entrou em questões a respeito do valor das ações da empresa ou da participação de mercado; em vez disso, ele apresentou uma visão de uma experiência melhor: "Creio que o iPhone pode mudar todo o setor de aparelhos telefônicos, dando-nos algo muito mais poderoso para a realização de chamadas e manutenção de nossos contatos. Temos o melhor iPod já fabricado totalmente integrado nele. Além disso, o iPhone dispõe de *internet* com legítimo navegador, *e-mail* eficaz e a melhor aplicação de Google Maps do mundo. O iPhone oferece tudo isso, cabe no nosso bolso e é muito mais fácil de usar".[27] Jobs explica o porquê antes do como.

Você tem de saber que a sua plateia não se interessa sobre seu produto. As pessoas só se interessam a respeito de si mesmas. De acordo com Guy Kawasaki, ex-funcionário da Apple e mac-entusiasta: "A essência do disseminador é mostrar de modo apaixonado para as pessoas como podemos fazer a história juntos. A divulgação tem pouco a ver com fluxo de caixa, resultado financeiro ou *marketing* conjunto. É a forma mais pura e mais entusiasmada de vendas, pois você está vendendo um sonho e não um objeto tangível".[28]

Em vez de produtos, venda sonhos.

NOTAS DO DIRETOR

- Pergunte-se: "Por que meu ouvinte deve se interessar por essa/esse ideia/informação/produto/serviço?" Se existir uma única coisa que você quer que seu ouvinte absorva da conversa, qual é ela? Concentre-se na venda do benefício por trás do produto.
- Transmita essa informação principal da maneira mais clara possível, repetindo-a, no mínimo, duas vezes na conversa ou na apresentação. Elimine lugares-comuns e jargões, melhorando o entendimento de sua mensagem.
- Assegure que essa informação principal esteja presente de forma consistente em todo o material de *marketing*, incluindo *press releases*, páginas do *site* da *internet* e apresentações.

CENA 3

Elabore um propósito ideológico

Estamos aqui para causar impacto no universo.

STEVE JOBS

O San Remo, prédio de apartamentos de luxo, no Upper West Side, em Nova York, fica na rua 75, e tem vista impressionante para o Central Park. A lista de moradores inclui algumas das principais celebridades mundiais: Tiger Woods, Demi Moore, Dustin Hoffman, Bono, e, no passado, um jovem em uma missão: Steve Jobs.

Em 1983, Jobs cortejou agressivamente o então presidente da PepsiCo, John Sculley. A Apple queria muito contratar alguém com a experiência em *marketing* e administração de Sculley, mas, apesar da sedução de Steve, ele não aceitou a proposta, pois teria de se transferir com a família para a Costa Oeste e aceitar um salário menor que o pretendido. Uma frase, porém, mudaria tudo. Uma frase que transformaria a Apple, mudaria o rumo da carreira de Sculley e iniciaria a trajetória surpreendente de Jobs – de garoto prodígio a lenda, passando por fracassado e herói. Em seu livro, *Odyssey,* Sculley relata a conversa que o levaria à sua decisão de aceitar o emprego. A conversa também oferece uma das mais famosas citações da história dos Estados Unidos corporativos.

De acordo com Sculley: "Estávamos na varanda do lado oeste, diante do rio Hudson, quando [Jobs] finalmente me perguntou diretamente: 'Você virá para a Apple?' 'Steve', eu disse, 'realmente, gosto do que você está fazendo. Sinto-me estimulado. Como alguém pode não se sentir assim? Mas isso não faz sentido, Steve. Gostaria de ser seu consultor, para ajudá-lo de alguma maneira, mas não acho que posso ir para a Apple'".

Segundo Sculley, Jobs baixou a cabeça, fez uma pausa e olhou fixamente para o chão. Em seguida, levantou os olhos e lançou um desafio que provocou Sculley. Jobs disse: "Você quer passar o resto da vida vendendo água açucarada ou quer uma chance de mudar o mundo?".[29] Sculley afirmou que foi como se alguém tivesse acertado um soco direto em seu estômago.

O campo de distorção da realidade

Sculley testemunhou o que Bud Tribble, vice-presidente da Apple, certa vez descreveu como o campo de distorção da realidade de Jobs: a capacidade de convencer qualquer um a respeito de praticamente qualquer coisa. Muitas pessoas não conseguem resistir a essa atração magnética e estão dispostas a seguir Jobs até a Terra Prometida – ou, no mínimo, até o próximo iPod.

Poucas pessoas são capazes de escapar do carisma de Jobs, um magnetismo impregnado de paixão por seus produtos. Segundo os analistas, ele fala de um jeito especial, transmitindo um entusiasmo que atrai a atenção de todos no recinto e que não cede. Mesmo jornalistas, que deveriam ter desenvolvido imunidade contra essa força atrativa, não conseguem escapar da sua influência. Leander Kahney, editor da *Wired.com*, entrevistou Alan Deutschman, biógrafo de Jobs, que descreveu um encontro que teve com ele: "Jobs se dirige a você chamando-o pelo nome* com muita frequência. Ele olha diretamente nos seus olhos, penetrando-os como um laser. Ele tem aqueles olhos de estrela de cinema, que são muito hipnóticos. Porém, o que realmente o envolve é o jeito que ele fala: tem algo a ver com o ritmo e com o incrível entusiasmo que ele transmite. Tudo o que ele fala é contagiante".[30]

---

* Nos Estados Unidos é usual que em relacionamentos interpessoais em que não há intimidade, principalmente no âmbito profissional, as pessoas se tratem pelo sobrenome. (N. E.)

Faça o que você gosta

Para Deutschman, o ponto crucial é o jeito que Steve Jobs fala. Mas o que exatamente nos atrai em relação ao jeito que ele fala? Jobs fala com paixão: entusiasmo e energia. O próprio Jobs nos revela a origem de sua paixão: "Você tem de encontrar o que gosta. Seu trabalho vai preencher uma grande parte da sua vida. A única maneira de se sentir verdadeiramente satisfeito é fazer aquilo em que você acredita se transformar em um grande trabalho. E a única forma de fazer um grande trabalho é gostar do que você faz. Se você ainda não encontrou isso, continue procurando. Não desista.[31]

Todos nós temos um único propósito. Algumas pessoas, como Jobs, identificam esse propósito ainda muito jovens; outras nunca conseguem identificá-lo, pois se concentram em tentar se equiparar a seus concorrentes. Certamente você perderá seu propósito inicial se perseguir o dinheiro só por amor ao dinheiro. Jobs é um bilionário e um comunicador excepcional provavelmente porque seguiu seu coração, sua paixão. O dinheiro, ele sem dúvida sabia, viria.

IDENTIFICANDO SEU PROPÓSITO BÁSICO

Qual é o seu propósito básico? Depois de identificá-lo, expresse-o com entusiasmo. Uma das experiências mais profundas da minha carreira jornalística aconteceu durante uma entrevista com Chris Gardner – interpretado pelo ator Will Smith no filme *À procura da felicidade*.

Na década de 1980, o Gardner da vida real fazia um estágio não remunerado para tornar-se corretor de ações. Na época, ele era morador de rua e passava as noites em um banheiro de uma estação de metrô em Oakland, na Califórnia. Para deixar a situação ainda mais difícil, Gardner cuidava do seu filho de dois anos. Os dois dormiam juntos no piso do banheiro. Toda manhã, Gardner vestia o único terno que tinha, deixava o filho em uma creche de qualidade duvidosa e ia para seu estágio. Gardner concluiu seu estágio como o melhor de sua turma, tornou-se corretor de ações e ganhou muitos milhões de dólares. Para um artigo da *BusinessWeek*, perguntei a ele: "Gardner, como encontrou forças para continuar?". Sua resposta foi tão profunda, que me lembro dela até hoje: "Se você encontrar algo de que goste muito de fazer, não será capaz de esperar o sol nascer para fazê-lo outra vez".[32]

Nessa maluquice, vislumbramos a genialidade

> *Acho que você sempre tem que ser um pouco diferente para comprar um computador Apple. Acho que as pessoas que o compram são os espíritos criativos desse mundo. São as pessoas que querem não só realizar um trabalho, mas também querem mudar o mundo. Fazemos ferramentas para esse tipo de pessoas... Atendemos as pessoas que estão comprando nossos produtos desde o início. Muitas vezes, os outros acham que essas pessoas são malucas. Mas, nessa maluquice, vislumbramos a genialidade. São essas pessoas que desenvolvemos ferramentas.*[33]
>
> STEVE JOBS

Em *Feitas para durar: práticas bem-sucedidas de empresas visionárias,** os autores Jim Collins e Jerry Porras analisaram 18 empresas importantes. A conclusão deles foi que as pessoas são inspiradas por "valores básicos e propósitos, que vão mais além do simples fato de ganhar dinheiro".[34] Desde suas primeiras entrevistas, ficou evidente que Jobs era mais motivado pela criação de produtos excepcionais que pelo cálculo de quanto dinheiro ele ganharia desenvolvendo esses produtos.

Em um documentário do canal PBS, *Triumph of the nerds,*** Jobs revelou: "Eu tinha mais de 1 milhão de dólares aos 23 anos, mais de 10 milhões aos 24, e mais de 100 milhões aos 25, e isso não era importante, porque nunca fiz as coisas pelo dinheiro".[35] "Nunca fiz as coisas pelo dinheiro" – essa frase guarda o segredo que diferencia um apresentador excepcional de uma pessoa mergulhada na mediocridade pelo resto da vida. Certa vez, Jobs disse que ser "o homem mais rico no cemitério" não tinha importância para ele; pelo contrário, "o que importa para mim é ir para a cama à noite depois de ter feito algo maravilhoso".[36] Os grandes apresentadores são arrebatados, pois seguem seus corações. E suas conversas são a base para compartilhar essa paixão.

---

* *Built to last: successful habits of visionary companies.* (N. E.)

** *A vitória dos nerds.* (N. E.)

Em *Fora de série – Outliers*, o autor Malcolm Gladwell compartilha uma observação fascinante. Ele afirma que a maioria dos líderes responsáveis pela revolução da informática nasceu em 1955. Esse é o ano mágico, revela Gladwell. De acordo com ele, a cronologia faz sentido, pois o primeiro minicomputador, o Altair, surgiu em 1975, marcando um dos desenvolvimentos mais importantes da história dos computadores pessoais. Ele argumenta: "Se, em 1975, você tivesse saído há algum tempo da faculdade, então faria parte do velho paradigma. Você teria acabado de comprar uma casa. Estaria casado, com um filho a caminho. Você não teria condições de largar um bom emprego e viver de seguro desemprego em troca de uma promessa, ou seja, um computador de 397 dólares".[37] Da mesma forma, se fosse muito jovem, não teria maturidade para participar da revolução.

Gladwell especula que a idade ideal dos gigantes da indústria de tecnologia estava em torno de 20 ou 21 anos, aqueles nascidos em 1954 ou 1955. Steve Jobs é de 24 de fevereiro de 1955. Ele nasceu na hora certa e no lugar certo para tirar proveito do momento. Para Gladwell, Jobs é um dos inúmeros e surpreendentes líderes associados à tecnologia nascidos em 1954 e 1955 (incluindo Bill Gates, Paul Allen, Steve Ballmer, Eric Schmidt, Scott McNealy e outros). Gladwell conclui que esses homens tiveram sucesso exatamente porque, na época, os computadores não eram sinônimo de negócio lucrativo. Eram pessoas relaxadas e gostavam de experimentar. A mensagem, afirma Gladwell, é: para ter sucesso, faça o que você acha interessante. Faça o que você gosta e siga seu propósito essencial. Como disse Jobs: "Seu coração sabe onde deve estar".

Deseje isso

Em um artigo do The New York Times, *depois do lançamento do MacBook Air, John Markoff escreveu seu testemunho pessoal a respeito do entusiasmo de Steve. Markoff passou meia hora com Jobs depois da conferência e percebeu que a paixão de Jobs pela informática era ainda maior que no momento em que ele estava fazendo sua apresentação diante do público. Agitado, Jobs revelou para Markoff: "Serei o primeiro na fila a comprar um. Estava querendo muito isso".*[38]

OS SUJEITOS MAIS SORTUDOS DO PLANETA

Em 30 de maio de 2007, Steve Jobs e Bill Gates dividiram o palco em uma rara aparição conjunta, na conferência sobre tecnologia *D: all things digital*. Walt Mossberg e Kara Swisher, colunistas do *Wall Street Journal*, abordaram diversos tópicos com os dois gigantes da tecnologia. Em resposta a uma pergunta sobre o segundo ato de Bill Gates como filantropo, Jobs reconheceu o mérito de Gates por tornar o mundo um lugar melhor, pois o objetivo de Gates não era ser o sujeito mais rico do cemitério.

> Sabe, sem dúvida Bill era como eu. Isto é, eu cresci em uma família de classe média, de classe média-baixa, e nunca realmente me importei muito com dinheiro. Além disso, tive muita sorte, pois a Apple logo fez sucesso e não tive mais de me preocupar com dinheiro. E, assim, pude me concentrar no trabalho e, depois, na minha família. E, até certo ponto, olho para nós como dois dos sujeitos mais sortudos do mundo, pois descobrimos o que gostaríamos de fazer, estávamos no lugar certo na hora certa e conseguimos trabalhar todos os dias com pessoas superbrilhantes durante 30 anos, fazendo o que gostamos de fazer. Portanto, é difícil ser mais feliz que isso. Então, não penso muito sobre legado. Penso somente em ser capaz de levantar todos os dias, passar o tempo com essas pessoas incríveis e, com esperança, criar algo de que as outras pessoas gostarão tanto quanto nós. Se conseguirmos fazer isso, será ótimo.[39]

Em parte alguma dessa citação, Jobs fala de riqueza, opções de compra de ações ou jatinhos particulares. Essas coisas são interessantes, mas não motivam Jobs. Sua força provém de fazer o que ele gosta: projetar produtos incríveis, de que as pessoas gostem.

Reúna as pessoas para um futuro melhor

"Se você não tem paixão, não tem energia, e, se não tem energia, você não tem nada", Donald Trump afirmou certa vez. Tudo começa com a paixão. A paixão desperta as emoções de seus ouvintes quando você a utiliza para descrever a imagem de um mundo melhor, um mundo que seus clientes, ou funcionários, podem ajudar a criar.

Oprah compartilha o segredo de Jobs em relação ao sucesso

> *Siga sua paixão. Faça o que você gosta, e o dinheiro virá. A maioria das pessoas não acredita nisso, mas é verdade.*[40]
>
> OPRAH WINFREY

Marcus Buckingham entrevistou milhares de funcionários que se destacaram em suas funções durante os 17 anos em que esteve na organização Gallup. Após entrevistar muitos funcionários com excelentes desempenhos, ele chegou ao que considera a melhor e mais simples definição de liderança, conforme escreveu em *A única coisa que você precisa saber*:*[41] "Os grandes líderes reúnem as pessoas para um futuro melhor".

De acordo com Buckingham, um líder imagina claramente o que pode ser o futuro. "Líderes são fascinados pelo futuro. Você será um líder se, e somente se, for inquieto em relação a mudanças, for impaciente quanto a progresso e estiver profundamente insatisfeito com o *status quo*." Ele explica: "Como líder, você nunca está satisfeito com o presente, pois, em sua cabeça, é capaz de ver um futuro melhor, e o atrito entre o que é e o que pode ser o incomoda, provoca-o, impele-o para frente. Isso é liderança".[42] Sem dúvida, a visão de Jobs deve tê-lo mobilizado, provocado-o e impelido-o para a frente. Certa vez, Jobs disse a Sculley que sonhou que todas as pessoas do mundo teriam um computador Apple. E não parou ali. Ele compartilhou esse sonho com todos que estivessem dispostos a ouvi-lo.

Os verdadeiros entusiastas são movidos por um fervor fanático de criar novas experiências. "Steve caracterizava-se por falar em uma linguagem incisiva e arrebatadora", escreve Sculley. "'O que queremos fazer', ele [Steve Jobs] explicou, 'é mudar a maneira como as pessoas utilizam os computadores no mundo. Tivemos algumas ideias incríveis, que revolucionarão o modo de se relacionar com computadores. A Apple será a empresa de computadores mais importante do mundo, muito mais importante que a IBM.'"[43] A motivação de Jobs nunca foi fabricar computadores. Ao contrário, ele tinha um desejo

---

* *The one thing you need to know*. (N. E.)

ardente de criar ferramentas para pôr em ação o potencial humano. Depois que você entender a diferença, compreenderá o que desencadeou o famoso campo de distorção da realidade de Jobs.

O que os computadores e o café têm em comum

Lee Clow, presidente da TBWA/Chiat/Day, a agência por trás de algumas das mais famosas campanhas publicitárias da Apple, uma vez disse a respeito de Jobs: "Desde que era criança, Steve achava que seus produtos poderiam mudar o mundo".[44] Essa é a chave para compreender Jobs. Seu carisma é resultado de uma visão grandiosa, mas muito simples: tornar o mundo um lugar melhor.

Jobs convenceu seus programadores de que eles estavam mudando o mundo juntos, fazendo uma escolha moral contra a Microsoft e melhorando a vida das pessoas. Por exemplo, em 2003, ele concedeu uma entrevista para a revista *Rolling Stone*, em que falou sobre o iPod. O tocador de MP3 não era meramente um dispositivo musical, mas muito além disso. De acordo com Jobs: "Realmente, a música está sendo reinventada nessa era digital, e isso a está trazendo de volta para as vidas das pessoas. É uma coisa maravilhosa. E, de maneira singela, é a nossa contribuição para tornar o mundo um lugar melhor".[45] Enquanto certas pessoas enxergam um iPod como um tocador de música, Jobs enxerga um mundo em que as pessoas podem acessar facilmente suas canções favoritas e podem carregar a música com elas para todo lugar, enriquecendo suas vidas.

Uma jornada incrível

A Apple era essa jornada incrível. Ou seja, fizemos algumas coisas surpreendentes ali. O que nos mantinha juntos na Apple era a capacidade de fazer coisas que iriam mudar o mundo. Isso era muito importante. Éramos todos muito jovens. Na empresa, a faixa etária média era de 25 a 30 anos. No início, quase ninguém tinha família; todos trabalhávamos como loucos, e a maior alegria era que sentíamos que estávamos criando obras de arte coletivas, muito como a física do século XX. Algo importante, que iria perdurar, que aquelas pessoas ali estavam contribuindo e, depois, poderiam dar para mais pessoas. O fator de disseminação era muito importante.[46]

STEVE JOBS

Jobs me faz lembrar de outro líder empresarial que tive o prazer de conhecer, o presidente da Starbucks, Howard Schultz. Antes de nossa entrevista, li seu livro *Dedique-se de coração.** Schultz é apaixonado pelo que faz – de fato, a palavra paixão aparece em quase todas as páginas de seu livro. No entanto, logo fica claro que ele não é tão apaixonado por café como é pelas pessoas, pelas baristas que tornam a experiência proporcionada pela Starbucks o que ela é, por exemplo. Entenda, o intuito de Schultz não era oferecer um café excelente aos clientes, ia muito além disso. Schultz criaria uma nova experiência, um terceiro lugar entre o trabalho e a casa, onde as pessoas se sentiriam à vontade para se reunir. Ele desenvolveria uma empresa que trataria os funcionários com dignidade e respeito. Por sua vez, esses funcionários satisfeitos prestariam um serviço ao cliente que seria considerado de excelente padrão no setor. Quando revisei a gravação da minha entrevista com Schultz, fiquei impressionado com o fato de que a palavra "café" raramente apareceu. A visão de Schultz tinha pouco a ver com café, mas tudo a ver com a experiência proporcionada pela Starbucks.

"Certos gerentes se sentem constrangidos por expressar a emoção que sentem em relação a seus sonhos, mas são a paixão e a emoção que atrairão e motivarão os outros", escrevem Collins e Porras.[47] Os comunicadores como Steve Jobs e Howard Schultz são apaixonados por como seus produtos melhoram as vidas de seus clientes. Eles não têm medo de expressar isso. Café, computadores, iPods, não importa. O que importa é que eles são motivados pela visão de mudar o mundo, de causar impacto no universo.

Este livro apresenta muitas técnicas para ajudá-lo a vender suas ideias com mais sucesso, mas nenhuma delas pode compensar a falta de paixão pelo seu serviço, produto, empresa ou causa. O segredo é identificar sua verdadeira paixão. Na maioria dos casos, não é o produto ou serviço em si, mas, sim, como ele melhorará a vida de seus clientes.

Apresento aqui um trecho de uma entrevista que Jobs deu para a revista *Wired*, em 1996: "O *design* é um mundo curioso. Algumas pessoas acham que *design* se refere à aparência de um produto. Mas, claro, se você for mais fundo, verá que se refere à funcionabilidade de um produto. O *design* do Mac não era sua aparência, embora isso fizesse parte. Mas era, principalmente, como ele funcionava. Para se obter um *design* realmente bom, você tem de entender

---

**Put your heart into it.* (N. E.)

sobre o produto. De fato, você tem de entender perfeita e intuitivamente do que aquilo se trata. É necessário um compromisso apaixonado para compreender de verdade e a fundo alguma coisa, refletir sobre o assunto, e não somente acreditar prontamente. A maioria das pessoas não dedica o tempo necessário para fazer isso".[48] Sim, entender intuitivamente é o termo empregado por Jobs. Da mesma forma que Howard Schultz não é apaixonado pelo produto em si, o café, Jobs não é apaixonado por *hardware*. Ele é apaixonado pela maneira como o *design* possibilita que algo funcione com mais beleza.

Pense diferente

A agência de publicidade TBWA/Chiat/Day, de Los Angeles, criou uma campanha publicitária para TV e mídia impressa que se tornou uma das campanhas mais famosas da história empresarial. A campanha *Think different* (*Pense diferente*) estreou em 28 de setembro de 1997 e imediatamente se tornou um clássico. Enquanto imagens em branco e preto de iconoclastas famosos preenchiam a tela (Albert Einstein, Martin Luther King, Richard Branson, John Lennon, Amelia Earhart, Muhammad Ali, Lucille Ball, Bob Dylan e outros), o ator Richard Dreyfuss narrava:

> Saudações aos malucos. Aos desajustados. Aos problemáticos. Aos inadequados. Aos que enxergam as coisas de modo diferente. Eles não gostam de regras. E não têm respeito pelo *status quo*. Você pode citá-los, discordar deles, glorificá-los ou difamá-los. A única coisa que você não pode fazer é ignorá-los. Porque eles mudam as coisas. Eles empurram a humanidade para a frente. E enquanto alguns os consideram malucos, nós os consideramos gênios. Porque as pessoas malucas o suficiente para acreditar que podem mudar o mundo são as que realmente mudam.[49]

O líder carismático

> *Eu não sabia exatamente o que significava a palavra "carisma". Então, conheci Steve Jobs e descobri.*[50]
>
> LARRY TESLER, EX-CIENTISTA-CHEFE DA APPLE

A campanha ganhou diversos prêmios, tornou-se objeto de culto e durou cinco anos, o que é uma eternidade no ciclo de vida das campanhas publicitárias. A campanha revigorou o apetite do público por todas as coisas da Apple, incluindo o interesse por um dos mais influentes iconoclastas do mundo da informática, o próprio Steve Jobs.

Em *A segunda vinda de Steve Jobs*, Alan Deutschman, que, como mencionado antes, foi levado ao campo de distorção da realidade de Jobs, descreve um encontro entre Jobs e Katie Hafner, da revista *Newsweek*, a primeira pessoa fora da Apple a ver os novos anúncios da campanha *Pense diferente*. De acordo com Deutschman, Hafner chegou ao escritório central da Apple em uma sexta-feira de manhã e esperou muito tempo até Jobs aparecer. "Por fim, ele surgiu. Seu queixo estava coberto de pelos eriçados. Parecia exausto. Ficara acordado toda a noite editando o anúncio para TV da campanha *Think different*. Os diretores de criação da Chiat/Day tinham enviado os vídeos, para ele dizer 'sim' ou 'não'. Agora, finalmente, a edição havia terminado. Steve sentou ao lado de Katie, e os dois assistiram ao comercial. Steve estava chorando. 'Por isso eu gosto dele', recorda Katie. 'Não era fingimento. Steve ficou sinceramente tocado por aquele anúncio.'"[51]

Aqueles anúncios tocaram Jobs profundamente porque refletiam tudo o que o impulsionava no sentido de inovar, sobressair-se e ter sucesso. Ele se espelhou nas faces daquelas pessoas famosas, que promoveram a raça humana e mudaram o mundo.

Como jornalista, aprendi que todos têm uma história para contar. Entendi que nem todos nós estamos criando computadores que mudarão o modo de viver, trabalhar, divertir-se e aprender das pessoas. No entanto, o fato é que a maioria de nós está vendendo um produto, ou trabalhando em um projeto, que possui algum benefício para as vidas dos nossos clientes. Quer você trabalhe com agricultura, automóveis, tecnologia, finanças ou qualquer outro setor, você possui uma história maravilhosa para contar. Perscrute para identificar aquilo por que você é mais apaixonado. Depois, compartilhe seu entusiasmo com seus ouvintes. As pessoas querem ser estimuladas, querem acreditar em algo. Faça-as acreditar em você.

"Há uma antiga citação de Wayne Gretzky que eu adoro", Steve Jobs disse certa vez. "'Patino para onde o duende deve estar, e não para onde ele esteve'. Sempre tentamos fazer isso na Apple. Desde o início. E sempre tentaremos."[52]

NOTAS DO DIRETOR

- Perscrute para identificar sua paixão verdadeira. Pergunte-se: "O que estou vendendo realmente?". Eis uma dica: não é o bem, mas, sim, o que o bem pode fazer para melhorar a vida dos seus clientes. O que você está vendendo é o sonho de uma vida melhor. Depois de identificar sua paixão verdadeira, compartilhe-a com entusiasmo.
- Desenvolva uma declaração de amor pessoal. Em uma frase, diga aos seus possíveis clientes por que você se sente verdadeiramente empolgado por trabalhar com eles. Sua declaração de amor continuará sendo lembrada mesmo depois que a missão de sua empresa for esquecida.
- Se quiser ser um palestrante inspirador, mas você não faz aquilo de que gosta, considere mudar. Após entrevistar milhares de líderes bem-sucedidos, posso revelar que, embora seja possível ter sucesso financeiro em um emprego que odeia, você nunca será considerado um comunicador inspirador. A paixão – um fervor messiânico que torna o mundo um lugar melhor – faz toda a diferença.

CENA 4

Crie *slogans* como se escrevesse no Twitter

Hoje a Apple reinventa o telefone!

STEVE JOBS, MACWORLD 2007

"Bem-vindos à Macworld 2008. Sem dúvida, hoje há algo no ar."[53] Com essa fala de abertura, Steve Jobs definiu o tema do que, no fim, seria o grande anúncio de sua apresentação: o lançamento de um *notebook* ultrafino. Nenhum outro computador portátil poderia se comparar a esse equipamento de 1,36 quilo e 4 milímetros de espessura, chamado de *dreambook* por alguns espectadores aficionados Steve sabia que todos estariam procurando as palavras corretas para descrevê-lo. Ele fez isso para eles: "MacBook Air. O *notebook* mais fino do mundo".

O MacBook Air é o *notebook* ultrafino da Apple. A melhor maneira de descrevê-lo é assim: "O *notebook* mais fino do mundo". Digite *world's thinnest notebook* no Google, e o buscador fornecerá cerca de 30 mil citações, a maioria delas redigidas após o anúncio. Jobs eliminou a adivinhação a respeito do novo produto, criando uma descrição em uma linha, um título que refletia muito bem o produto. Os títulos funcionam bem, tanto que a mídia frequentemente os veicula, palavra por palavra. Os jornalistas (e seu público) estão procurando uma categoria para situar seu produto e também uma forma de descrevê-lo em uma frase. Elimine esse trabalho deles e escreva você mesmo o título.

140 caracteres ou menos

Jobs cria *slogans* que são específicos e memoráveis, e, melhor de tudo, que cabem em um *post* do Twitter. O Twitter é uma rede social de rápido crescimento, que pode ser mais bem descrito como sua vida exposta em um veículo que é algo entre o *e-mail* e os *blogs*. Milhões de usuários "tuitam" acerca dos acontecimentos diários de suas vidas e podem seguir os acontecimentos dos outros. O Twitter está mudando a natureza da comunicação empresarial de um modo fundamental: força as pessoas a escrever com concisão. A mensagem – ou *tweet* – contém 140 caracteres, no máximo. Entre os caracteres, incluem-se letras, espaços e pontuação. Por exemplo: a descrição de Jobs a respeito do MacBook Air contém 30 caracteres, incluindo o ponto final: "O *notebook* mais fino do mundo".

Jobs possui uma descrição de uma linha para quase todos os seus produtos, que é cuidadosamente criada na fase de planejamento, muito antes da finalização da apresentação, dos *press releases* e do material de *marketing*. Mais importante, o título é reproduzido constantemente. Em 15 de janeiro de 2008, o dia do anúncio do MacBook Air, o *slogan* foi repetido em cada canal de comunicação: apresentações, *sites*, entrevistas, anúncios, *outdoors* e cartazes.

Configurando o palco para a força-tarefa de *marketing*

No instante em que Jobs anuncia um slogan *no palco, as equipes de publicidade e* marketing *da Apple começam a trabalhar. Os cartazes são suspensos dentro da Macworld Expo, os* outdoors *sobem, a página inicial do* site *da Apple revela o produto e o* slogan *e os anúncios repercutem o* slogan *nos jornais, nas revistas, nas TVs e nas rádios. Quer seja "Mil músicas em seu bolso" ou "O notebook mais fino do mundo", o* slogan *é repetido constantemente em todos os canais de* marketing *da Apple.*

No Quadro 4.1, você observa como a Apple e Jobs comunicaram de modo consistente o conceito por trás do MacBook Air.

A maioria dos apresentadores não consegue descrever sua empresa, seu produto ou seu serviço em uma frase. Mas se deve compreender que se torna quase impossível criar mensagens consistentes sem um *slogan* elaborado na fase de planejamento. E o restante da apresentação deve ser criado em torno desse *slogan*.

QUADRO 4.1 CITAÇÕES DO MACBOOK AIR FEITAS POR JOBS

FRASE	FONTE
"O que é o MacBook Air? Em uma frase: é o *notebook* mais fino do mundo."[54]	Apresentação com Keynote.
"O *notebook* mais fino do mundo."[55]	Palavras no *slide* de Jobs.
"Este é o MacBook Air. É o *notebook* mais fino do mundo."[56]	Promovendo o novo *notebook* em uma entrevista no canal CNBC logo depois da sua apresentação com Keynote.
"Decidimos desenvolver o *notebook* mais fino do mundo."[57]	Uma segunda referência ao MacBook Air na mesma entrevista no canal CNBC.
"MacBook Air. O *notebook* mais fino do mundo."	Frase que acompanhava uma imagem em tela inteira do novo produto, na página inicial do *site* da Apple.
"A Apple apresenta o MacBook Air: o *notebook* mais fino do mundo."[58]	*Press release* da Apple.
"Criamos o *notebook* mais fino do mundo."[59]	Citação de Steve Jobs no *press release* da Apple.

Hoje a Apple reinventa o telefone

Em 9 de janeiro de 2007, a revista *PC World* veiculou um artigo que anunciava que a Apple iria "reinventar o telefone" mediante um novo aparelho, que combinava três produtos: um celular, um iPod e um navegador de *internet*. Esse produto, é claro, era o iPhone. De fato, o iPhone revolucionou o setor e foi reconhecido pela revista *Time* como a invenção do ano. (Apenas dois anos depois do seu lançamento, no final de 2008, o iPhone tinha conquistado 13% do mercado dos *smartphones*.) Os editores da *PC World* não tinham criado o *slogan*. A Apple forneceu-o no *press release*, e Steve Jobs o reforçou em sua apresentação na Macworld. O *slogan* da Apple era específico, memorável e constante: "A Apple reinventa o telefone".

Durante a apresentação em que Jobs divulgou o iPhone, ele utilizou a frase "reinventar o telefone" cinco vezes. Depois de expor os recursos do telefone para a plateia, repetiu a frase mais uma vez. "Acredito que quando vocês tiverem a oportunidade de pôr suas mãos nele, concordarão: nós reinventamos o telefone."[60]

Jobs não espera que a mídia crie o *slogan*. Ele mesmo o redige e o repete diversas vezes em sua apresentação. Jobs apresenta o *slogan* antes de explicar os detalhes do produto. Em seguida, ele descreve o produto, geralmente com uma demonstração, e repete o *slogan* imediatamente antes de encerrar a explicação.

Por exemplo: eis como Jobs apresentou o aplicativo GarageBand pela primeira vez: "Hoje estamos apresentando algo muito bacana: um quinto aplicativo, que integrará a família iLife. Seu nome é GarageBand. O que é o GarageBand? Uma nova e importante ferramenta a favor da música. Mas é para todos".[61] O *slide* de Jobs repercutiu o *slogan*. Quando ele anunciou o *slogan* para o GarageBand, o *slide* na tela dizia: "GarageBand. Uma nova e importante ferramenta a favor da música". Após apresentar o título, Jobs fez uma descrição mais longa a respeito do produto. "Ele transforma seu Mac em um instrumento musical de qualidade e em um estúdio de gravação completo", Jobs disse para a plateia. Esse é o típico método de Jobs para introduzir um produto. Ele revela o *slogan*, expande-o e repete-o muitas vezes.

A excitação da *internet*, a simplicidade do Macintosh

O primeiro iMac (o "i" correspondia à *internet*) tornou o acesso à *internet* mais fácil do que nunca. O cliente tinha de passar somente por duas etapas para se conectar à *internet*. ("Não há uma terceira etapa", o ator Jeff Goldblum afirmava em um anúncio famoso.) Em 1998, a adoção desse recurso mobilizou a imaginação do setor de informática, e foi uma das mensagens mais influentes da década para o setor. De acordo com o *site Macworld.com*, o iMac redimiu Steve Jobs, que tinha voltado para a Apple em 1997, e salvou a própria Apple, em um momento em que a mídia tinha decretado a quase falência da empresa. Jobs teve de criar excitação em relação a um produto que jogou pela janela algumas ferramentas usuais: o iMac não vinha com *drive* de disquete, uma mudança ousada na época e uma decisão recebida com considerável ceticismo.

"O iMac combina a excitação da *internet* com a simplicidade do Macintosh", Jobs afirmou ao apresentar o computador. O *slide* na tela atrás de Jobs dizia simplesmente: "iMac. A excitação da *internet*. A simplicidade do Macintosh". Em seguida, Jobs revelou o público-alvo do computador: consumidores e estudantes que queriam acessar a *internet* de modo "simples e rápido".[62]

Os *slogans* que Steve Jobs cria funcionam efetivamente porque são redigidos a partir da perspectiva do usuário. Eles respondem à pergunta "Por que devo me interessar?" (Cena 2). Por que você deve se interessar pelo iMac? Porque ele lhe proporciona "o dinamismo da *internet* com a simplicidade do Macintosh".

Mil músicas em seu bolso

A Apple é responsável por um dos melhores *slogans* para produto de todos os tempos. De acordo com o autor Leander Kahney, o próprio Jobs decidiu a descrição para o primeiro iPod. Em 23 de outubro de 2001, Jobs poderia ter dito: "Hoje estamos lançando um tocador de MP3 novo e ultraportátil, com um *design* arrojado, pesando 185 gramas e dotado de um disco rígido de 5 GB, além da famosa praticidade da Apple". Claro que Jobs não disse isso. Ele simplesmente afirmou: "iPod. Mil músicas em seu bolso".[63] Ninguém poderia descrever melhor e em uma linguagem mais concisa. Mil músicas que podem caber em seu bolso. O que mais há para ser dito? Uma frase revela o conceito e também responde à pergunta: "Por que devo me interessar?"

Diversos jornalistas que cobriram o evento utilizaram a descrição no título dos seus artigos. O título do artigo de Matthew Fordahl, da Associated Press, no dia do anúncio afirmava: "O novo tocador iPod da Apple põe 'mil músicas em seu bolso'".[64] O *slogan* da Apple é memorável porque satisfaz três critérios: é conciso (25 caracteres, em português), é específico ("mil músicas") e proporciona um benefício pessoal (você pode carregar as músicas no seu bolso).

A seguir, apresento alguns outros exemplos de *slogans* da Apple que satisfazem todos os três critérios. Embora alguns tenham um pouco mais que dez palavras, ainda cabem em um *post* do Twitter:

- *"A nova loja iTunes. Todas as músicas isentas de DRM."** (Mudanças na loja de música iTunes, em janeiro de 2009.)
- *"Os notebooks mais 'verdes' da indústria."* (Nova família de computadores MacBook, lançada em outubro de 2008.)
- *"O mais famoso tocador de música do mundo, ainda melhor."* (Lançamento da quarta geração do iPod Nano, em setembro de 2008.)
- *"iPhone 3G. Duas vezes mais rápido e pela metade do preço."* (Lançamento do iPhone 3G, em julho de 2008.)
- *"Dá mais motivos aos usuários de Mac para amar seus Macs e aos usuários de PCs para trocá-los."* (Lançamento do iLife '08, anunciado em julho de 2007.)
- *"A Apple reinventa o telefone."* (Lançamento do iPhone, em janeiro de 2007.)
- *"A velocidade e a tela de um desktop profissional no melhor design de notebook do mundo."* (Lançamento do MacBook Pro de 17 polegadas, em abril de 2006.)
- *"O navegador mais rápido do Mac e muitos sentirão que é o melhor navegador já criado."* (Lançamento do navegador Safari, em janeiro de 2003.)

O Keynote supera o PowerPoint na batalha dos *slogans*

O PowerPoint da Microsoft possui uma grande vantagem em relação ao *software* de apresentação Keynote da Apple: ele está em toda a parte. A Microsoft detém 90% do mercado de informática, e, entre os 10% de usuários de Macintosh, muitos ainda utilizam o PowerPoint projetado para Macs. Embora a quantidade de apresentações realizadas em PowerPoint em comparação às feitas em Keynote não esteja disponível, é seguro afirmar que o número

* Digital Rights Management (Gestão de Direitos Digitais). (N. E.)

de apresentações em Keynote realizadas diariamente é mínimo. Apesar de a maioria dos *designers* de apresentação, que estão familiarizados com os dois formatos, preferir trabalhar no sistema Keynote por ser mais elegante, esses mesmos *designers* dirão que a maioria dos trabalhos feitos para seus clientes é realizada em PowerPoint.

Slogans **que mudaram o mundo**

Quando os rapazes do Google, Sergey Brin e Larry Page, procuraram a Sequoia Capital em busca de financiamento para sua nova tecnologia referente a um mecanismo de busca, eles descreveram sua empresa em uma frase: "O Google dá acesso à informação mundial em um clique". São 10 palavras e 53 caracteres (em português). Um dos primeiros investidores do Google contou-me que, com essas dez palavras, os investidores imediatamente compreenderam as implicações da tecnologia do Google. Desde aquele dia, os empreendedores que procuram a Sequoia Capital são solicitados a apresentar seu dito espirituoso, ou seja, um *slogan* que descreva o produto em uma única frase. Como um investidor me revelou: "Se você não for capaz de descrever o que você faz em dez palavras ou menos, não vou investir, não vou comprar, não vou me interessar. Ponto final". A seguir, apresento alguns exemplos de *slogans* com dez palavras ou menos e que mudaram o mundo:

- "A Cisco muda o modo que vivemos, trabalhamos, nos divertimos e aprendemos." (John Chambers, presidente da Cisco, que repete essa frase nas entrevistas e apresentações.)
- "A Starbucks cria um terceiro lugar entre o trabalho e a casa." (Howard Schultz, presidente da Starbucks, descrevendo sua ideia para os primeiros investidores.)
- "Vemos um PC em cada escrivaninha, em cada casa." (Bill Gates, cofundador da Microsoft, expressando sua visão para Steve Ballmer, que, pouco depois de ingressar na empresa, estava criticando retrospectivamente sua decisão. Ballmer, atualmente presidente da Microsoft, afirmou que a visão de Gates o convenceu a perseverar. Com um patrimônio pessoal de 15 bilhões de dólares, Ballmer se sente satisfeito de ter perseverado.)

Como mencionei na Cena 1, este livro é agnóstico em relação aos *softwares*, pois todas as técnicas se aplicam igualmente ao PowerPoint e ao Keynote. Assim, o Keynote ainda é o aplicativo preferido de Steve Jobs, e o *slogan* à la Twitter que ele criou para apresentar o *software* foi certamente um chamariz importante. "Esse é outro novo aplicativo que estamos apresentando aqui hoje, e se chama Keynote", Jobs anunciou para a plateia, na Macworld 2003. Em seguida:

> O Keynote é um aplicativo para quando sua apresentação for realmente importante [o *slide* informava: "Quando sua apresentação for realmente importante"]. E o Keynote foi criado para mim [o *slide* informa: "Criado para mim"]. Eu precisava de um aplicativo para criar o tipo de *show* de *slides* que queria, para mostrar a vocês essa *keynote* da Macworld: repleto em recursos visuais. Criamos esse aplicativo para mim; agora quero compartilhá-lo com vocês. Contratamos um profissional da área de informática mal pago para testar o aplicativo durante um ano, e aqui está ele [a plateia ri quando a tela mostra uma foto de Jobs]. Em vez de um monte de *slides* sobre *slides*, vou mostrar diretamente a vocês [caminha para o palco, direto para o demonstrativo do novo *software*].[65]

Novamente, vemos um alinhamento notável em todo o material de *marketing* da Apple que cerca o lançamento do novo produto. O *press release* da Apple para o Keynote descreve-o como "o aplicativo a ser usado quando sua apresentação for realmente importante".[66] Esse *slogan* pode facilmente caber em um *post* do Twitter e, sem revelar os detalhes, traz um conceito em uma frase. O cliente que quiser mais detalhes pode ler o *press release*, assistir à demonstração de Jobs ou ver a demonstração *on-line* no *site* da Apple. Mas o próprio anúncio feito por Jobs já fornece muita informação. Ficamos sabendo que era um novo aplicativo, específico para apresentações, e criado para aquelas vezes que as apresentações podem promover ou arruinar sua carreira. Como bônus, foi criado para Jobs. Para diversas pessoas que realizam muitas apresentações, aquele anúncio era suficiente para despertar seu interesse e dar uma chance ao *software*.

Os jornalistas aprendem a redigir chamadas no primeiro dia de aula da faculdade de jornalismo. As chamadas são o que convencem você a ler artigos específicos em jornais, revistas ou *blogs*. Os títulos, *slogans*, bordões ou chamadas são importantes. À medida que os indivíduos viram os próprios redatores de *blogs*, apresentações, *posts* no Twitter e material de *marketing*, aprender a redigir *slogans* descritivos e interessantes torna-se ainda mais importante para o sucesso profissional.

NOTAS DO DIRETOR

- Crie um *slogan* com uma descrição ou conceito de sua empresa, produto ou serviço em apenas uma frase. Os *slogans* mais eficazes são concisos – 140 caracteres, no máximo –, são objetivos e revelam um benefício pessoal.
- Repita de modo constante o *slogan* em suas conversas e no material de *marketing*: apresentações, *slides*, folhetos, materiais impressos, *press releases* e *site*.
- Lembre-se de que o *slogan* é uma declaração que oferece ao seu público uma visão de um futuro melhor. Não é sobre você. É sobre eles.

Elabore um roteiro

Hoje estamos lançando três produtos revolucionários.

STEVE JOBS, ANUNCIANDO O IPHONE.

Em 9 de janeiro de 2007, milhares de macmaníacos ouviram a declaração eletrizante de Steve Jobs: "Hoje a Apple reinventa o telefone". Ele disse isso ao apresentar o iPhone ao público.[67]

Antes de enunciar o *slogan* porém, Jobs aumentou o drama e o suspense ao revelar à plateia que a Apple apresentaria não um produto, mas três produtos revolucionários. O primeiro era um iPod com tela *widescreen* e controles sensíveis ao toque. Isso recebeu alguns aplausos. O segundo produto seria um telefone celular revolucionário. A plateia vibrou com o anúncio. E o terceiro, afirmou Jobs, era um dispositivo inovador de acesso à *internet*. Nesse momento, a plateia se acalmou, esperando outras descrições e talvez algumas demonstrações dos três novos aparelhos. No entanto, a grande emoção ainda estava por vir. Jobs prosseguiu: "Então, três elementos: um iPod com tela *widescreen* e controles sensíveis ao toque, um telefone celular revolucionário e um dispositivo inovador de acesso à *internet*. Um iPod, um telefone e um navegador para *internet*. Um iPod, um telefone... Vocês estão entendendo? Não são três aparelhos separados. É um único aparelho. E demos a ele o nome de iPhone". A plateia veio abaixo, e Jobs, com um brilho no olhar, deleitou-se com outro lançamento de produto que consolidaria o papel da Apple como uma das empresas mais inovadoras do planeta.

Jobs elaborou um roteiro verbal para sua plateia, uma pré-estreia das próximas atrações. Em geral, esses roteiros são esquematizados em grupos de três: uma apresentação pode ser dividida em três atos; a descrição do produto, em três recursos; uma demonstração, em três etapas. A paixão de Jobs pelo número três remonta ao lançamento do primeiro Macintosh, em 24 de janeiro de 1984. No Flit Center, em Cupertino, na Califórnia, Jobs disse para a plateia: "Só existiram dois produtos que apontaram caminhos em nosso setor: o Apple II, em 1977, e o IBM PC, em 1981. Hoje estamos lançando o terceiro produto que dá uma nova direção ao setor, o Macintosh. E ele é incrível!"[68]

Os marcos verbais servem como guias, que ajudam seus ouvintes a seguir a história. Quando treino clientes para aparecer na mídia, sempre os oriento a criar uma história fácil de ser seguida, elaborando claramente três ou, no máximo, quatro pontos principais, antes de preenchê-la com os detalhes. Quando se obedece a essa técnica, os jornalistas muitas vezes tomam notas extensas. Se o porta-voz deixar passar um ponto, os jornalistas perguntam: "Você não disse que havia três pontos? Ouvi somente dois". Um roteiro verbal com três marcos ajudará seus ouvintes a prestar atenção (Figura 5.1).

Foto: Robyn Beck/AFP/Getty Images

FIGURA 5.1
Jobs adota a regra de três em suas apresentações.

Sabe-se que conseguimos manter somente pouca informação na memória recente ou ativa. Em 1956, George Miller, pesquisador do Bell Labs, publicou uma monografia clássica intitulada *O mágico número sete, mais ou menos dois.** Miller citou estudos que revelavam que é difícil reter mais de sete a nove dígitos na memória recente. E os cientistas contemporâneos afirmam que só podemos lembrar três ou quatro itens facilmente. Portanto, não é nenhuma surpresa o fato de Jobs raramente apresentar mais que três ou quatro mensagens-chave. Mas, em uma apresentação de Jobs, o número três é muito mais comum que o quatro, pois Steve compreende que a "regra de três" é um dos conceitos mais poderosos da teoria da comunicação.

Cachinhos Dourados não encontra quatro ursos**

Os ouvintes gostam de listas. Mas quantos pontos você deve incluir na lista?

Três é o número mágico.

Os comediantes sabem que três é mais divertido que dois. Os escritores sabem que três é mais dramático que quatro. Jobs sabe que três é mais persuasivo que cinco. Todos os grandes filmes, livros, peças ou apresentações possuem uma estrutura em três atos. Existiram três mosqueteiros, e não cinco. Cachinhos Dourados encontrou três ursos, e não quatro. Existiram três patetas, e não dois. Vince Lombardi, famoso técnico da Liga Nacional de Futebol Americano (NFL), revelou aos seus jogadores que existiam três coisas importantes na vida: a família, a religião e o Green Bay Packers (time de futebol americano). E a Declaração de Independência dos Estados Unidos afirma que os norte-americanos têm o direito "à vida, à liberdade e à busca da felicidade", e não somente à vida e à liberdade. A regra de três é um princípio fundamental na literatura, no humor e na apresentação de Steve Jobs.

O Corpo de Fuzileiros Navais dos Estados Unidos realizou uma pesquisa abrangente sobre esse assunto e concluiu que três é mais eficaz que dois

---

* *The magical number seven, plus or minus two.* (N. E.)

** *Cachinhos Dourados e os três ursos* é uma história muito popular no mundo inteiro, com origem no folclore europeu. (N. T.)

ou quatro. As divisões dentro dos fuzileiros navais são feitas em três: um cabo comanda uma equipe de três soldados; um sargento comanda três batalhões em um esquadrão; um capitão comanda três pelotões e assim por diante. Se os fuzileiros navais fizeram a gentileza de estudar isso, por que devemos reinventar a roda? Vá em frente e utilize isso. Poucos comunicadores adotam a regra de três em suas apresentações. Assim, você se destacará só por fazer isso. A regra de três funciona para os fuzileiros navais, funciona para Jobs e funcionará para você.

Na Apple Worldwide Developers Conference, em 6 de junho de 2005, Jobs anunciou a mudança do processador PowerPC da IBM para o processador da Intel. "Vamos falar sobre transições", ele disse.

> Em sua história, o Mac passou por duas transições importantes [começa a esquematizar os três pontos]. A *primeira*, do 68K para o PowerPc. Essa transição ocorreu cerca de dez anos atrás, em meados dos anos 1990. A Apple utilizou o PowerPC na década seguinte. Foi uma boa mudança. A *segunda* transição foi maior, envolvendo a mudança do OS 9 para o OS X, que concluímos alguns anos atrás. Foi um transplante de cérebro. Embora esses sistemas operacionais variem no nome por somente um [dígito], são mundos distintos em tecnologia. O OS X é o sistema operacional mais avançado do mundo e configurará os produtos da Apple pelos próximos 20 anos. Hoje é o momento de começar a *terceira* transição. Queremos constantemente produzir o melhor computador para vocês e para nossos outros usuários. É a hora de uma terceira transição. Sim, é verdade. Vamos iniciar a transição dos processadores PowerPC para Intel. [Grifos do autor][69]

Apresentar a narrativa em grupos de três direciona sua plateia. Mostra para as pessoas em que lugar você estava e para onde está indo. No trecho mencionado anteriormente, Jobs discorre sobre transições, e supomos que haverá, no mínimo, uma terceira transição, pois, como ele explicou, o Mac já havia passado por duas. Ele também constrói o drama com cada ponto a ponto. A primeira transição foi uma boa mudança. A segunda foi maior. Seguindo a lógica, a terceira será maior ainda.

Como a regra de três pode melhorar seu jogo de golfe

Em um intervalo durante a redação deste capítulo, tive uma aula de golfe com um instrutor local. Qualquer jogador de golfe dirá a você que a parte mais difícil do jogo é lembrar as dezenas de pequenos movimentos que resultam em um *swing* fluido: postura, empunhadura, *takeaway*, equilíbrio, articulação, deslocamento de peso, *follow-through* e outras variáveis. Os problemas acontecem quando você pensa a respeito de muitas coisas ao mesmo tempo. Os fuzileiros navais descobriram que dar direções em grupos de três facilita para que os soldados sigam as direções. Assim, eu pedi que meu instrutor me desse três diretivas, e somente três, para melhorar meu *swing*. "Ótimo", ele disse. "Hoje você vai se concentrar em fechar seus quadris, deslocar seu peso para o lado direito no *backswing* e realizar um *follow-through* completo. Assim, pense nos quadris, no deslocamento e no *follow-through*." *Quadris, deslocamento e follow-through*. É isso. A instrução funcionou muito bem. Desde aquele dia, meu jogo melhorou consideravelmente. A regra de três é boa para apresentações e boa para o golfe também.

O banco de três pernas da Apple

Em setembro de 2008, na Apple Worldwide Developers Conference, Jobs exibiu um *slide* de um banco com três pernas. "Como vocês sabem, a Apple agora tem três partes", afirmou. "A primeira parte, claro, é o Mac. A segunda é o nosso setor de música: o iPod e o iTunes. E a terceira é o iPhone." Depois, apresentou os executivos que falariam sobre o Mac e o iPod, e ele mesmo cuidaria do iPhone.

Quando começou a exposição sobre o iPhone, Jobs apresentou de novo um roteiro – dessa vez, um roteiro com *quatro* partes: "Em poucas semanas, o iPhone completará um ano de idade. Expedimos o primeiro iPhone em 29 de junho. Foi um lançamento incrível, o mais sensacional que tivemos. O iPhone tem tido uma aprovação enorme. É o telefone que mudou os telefones para sempre. Mas temos montanhas a escalar para atingir o próximo nível. Quais são esses desafios? Primeiro, a rede 3G, uma rede mais veloz. Segundo, o suporte empresarial. Terceiro, o suporte dos aplicativos de terceiros. E quarto, precisamos vender o iPhone em mais países".

O método do *USA Today*

Os jornalistas são treinados para diluir ideias complexas em pontos específicos ou de destaque. Leia o *USA Today*, o jornal mais popular dos Estados Unidos, e você verá que a maioria dos artigos condensa os principais pontos em grupos de três. Quando a Intel lançou uma plataforma mais rápida chamada Centrino 2, Michelle Kessler fez a cobertura desse lançamento para o jornal. Kessler esquematizou três benefícios específicos, explicando a importância de cada um.

- **AUTONOMIA DA BATERIA.** "O melhor *notebook* do mundo não vale nada quando sua bateria acaba. A nova plataforma da Intel apresenta um processador com consumo baixo e outras ferramentas de economia de energia."
- **ELEMENTOS GRÁFICOS.** "Em geral, os *notebooks* utilizam plataformas de elementos visuais com poucos recursos. No entanto, agora 26% deles possuem poderosas plataformas de elementos visuais autônomas, e mais pessoas assistem filmes, jogam videogames e utilizam programas repletos de artes visuais."
- ***INTERNET* SEM FIO.** "A nova plataforma da Intel apresenta a última versão de Wi-Fi, conhecida como 802.11n. Nos próximos meses, a Intel planeja lançar plataformas usando um novo padrão de *internet* sem fio, o WiMax, que pode enviar um sinal a quilômetros de distância."[70]

Kessler prova que você pode pegar a tecnologia mais complexa – ou ideia – e descrevê-la em três pontos concisos.

Ed Baig também escreve para o *USA Today*, analisando os últimos produtos da tecnologia. Depois de testar o novo sistema operacional da Microsoft (Windows 7), em sua versão beta, Baig focou três destaques:

- **MOBILIDADE.** "Os ícones na barra de tarefas são maiores, e você pode arranjá-los da maneira que quiser."
- **SEGURANÇA.** "O Windows 7 não apresenta mensagens de segurança irritantes sempre que você tenta carregar programas ou mudar as configurações."
- **COMPATIBILIDADE.** "Mesmo na versão beta, o Windows 7 reconheceu minha impressora e câmera digital."[71]

Baig, Kessler e outros bons jornalistas redigem seu material em blocos independentes, facilitando a leitura. Jobs faz a mesma coisa. Ele escreve o conteúdo de sua apresentação da mesma forma que um jornalista do *USA Today* analisaria um produto: título, introdução, três pontos e conclusão.

Após fazer essa apresentação prévia verbal dos quatro pontos que ele discorreria com mais detalhes posteriormente, Jobs voltou ao primeiro ponto. "Depois de chegarmos ao primeiro aniversário do iPhone, vamos elevá-lo ao próximo nível, e hoje estamos lançando o iPhone 3G."[72] Essa é uma técnica muito constante nas apresentações de Jobs. Ele esquematiza três ou quatro pontos, regressa ao primeiro ponto, explica cada um com mais detalhes, e, então, resume cada ponto. Essa é uma fórmula simples para assegurar que sua plateia guardará a informação que você está compartilhando.

Jobs e Ballmer compartilham o amor pelo três

Em janeiro de 2009, Steve Ballmer, presidente da Microsoft, abriu a Consumer Electronics Show, em Las Vegas. Foi sua primeira palestra de abertura na conferência, substituindo Bill Gates, que tinha partido para suas atividades filantrópicas. Por 15 anos, tornou-se uma tradição a abertura da conferência pela Microsoft, e Gates havia apresentado quase todas as palestras. Como apresentador, Ballmer era muito diferente de Gates, pois ele exibia paixão, energia e entusiasmo. Ballmer eliminou de sua palestra todos os jargões esotéricos e lugares-comuns técnicos. Ele também compreendia o valor da regra de três e ofereceu um roteiro verbal para seus ouvintes. Os grupos de três se desdobraram. Aqui estão alguns exemplos de sua palestra:

- "Quero dedicar o tempo a vocês falando sobre a economia, o nosso setor e o trabalho que estamos realizando na Microsoft."
- "Quando penso a respeito de oportunidades, em minha mente imagino três áreas-chave. A primeira é a convergência das três telas que as pessoas utilizam todos os dias: as telas do PC, do telefone e da TV... A segunda área importante é como vocês vão interagir com seu computador e outros dispositivos de modo mais natural... E a última área de oportunidade é o que chamo de experiências conectadas."

- "Olhando para trás, existiram três coisas que foram responsáveis pelo sucesso do Windows e do computador. Primeiro, o PC habilitou os melhores aplicativos e permitiu que trabalhassem em conjunto. Segundo, o PC possibilitou mais alternativas em termos de *hardware*. E, terceiro, a experiência do Windows nos ajudou a trabalhar em conjunto."
- "Estamos a caminho de fornecer a melhor versão do Windows de todos os tempos. Estamos colocando nela todos os ingredientes corretos: simplicidade, confiabilidade e velocidade."[73]

Ballmer utilizou os grupos de três não menos que cinco vezes em uma única apresentação, tornando sua palestra muito mais fácil de seguir do que as de Gates. Mesmo Apple e Microsoft se detestando – apesar de manterem a cordialidade –, tanto Ballmer como Jobs concordam que explicar tecnologia complexa em linguagem simples é o primeiro passo para despertar empolgação entre seus clientes atuais e futuros.

Como a regra de três ajudou a DuPont a enfrentar um colapso econômico

Em seu livro *Liderança na era da turbulência econômica,** Ram Charan, guru da administração, escreveu sobre a DuPont, uma gigante multinacional, e como ela reagiu agressivamente ao colapso econômico de 2008. Chad Holliday, presidente da DuPont, reuniu-se com os principais líderes e economistas da empresa, formulando um plano anticrise, que foi implementado em dez dias. Na época, a DuPont tinha 60 mil funcionários. Cada funcionário reuniu-se com um gerente, que explicou em linguagem simples a meta da empresa. Em seguida, pedia-se aos funcionários que identificassem três coisas que poderiam fazer de imediato para poupar dinheiro e reduzir os custos. A empresa decidiu que, se os funcionários se sentissem assoberbados, eles não agiriam. Três, no entanto, era um número manejável e significativo, que os estimularia a agir.

* *Leadership in the era of economic uncertainty.* (N. E.)

O roteiro como uma lista de itens a cumprir

Jobs iniciou a Macworld 2008 com um discurso no formato de uma lista de itens a serem cumpridos (não há itens descritos nos *slides* de uma apresentação de Steve Jobs, somente roteiros orais). "Hoje falarei a respeito de quatro coisas para vocês. Então, vamos começar", ele disse.

> A primeira é o Leopard. Fico empolgado de revelar que vendemos mais de 5 milhões de cópias do Leopard nos primeiros 90 dias. Inacreditável. É o lançamento mais bem-sucedido do Mac OS X de todos os tempos. A segunda é sobre o iPhone. Hoje faz 200 dias que o iPhone começou a ser vendido. Fico muito contente pelo fato de termos vendido 4 milhões de iPhones até hoje... OK, número *três*. Também é uma coisa boa. A terceira é sobre o iTunes. Eu me sinto realmente satisfeito em informar que, na semana passada, vendemos nossa música de número 4 bilhões. Não é formidável? No Natal, batemos um novo recorde, 20 milhões de músicas em um único dia. Não é impressionante? É nosso novo recorde de vendas em um único dia... Então, isso nos leva à quarta coisa. Há algo no ar. O que é? Bem, como vocês sabem, a Apple fabrica os melhores *notebooks* do mercado: o MacBook e o MacBook Pro. Bem, hoje estamos lançando um terceiro tipo de *notebook*. Seu nome é MacBook Air.[74]

O que os melhores redatores de discursos do mundo sabem

Ted Sorensen, redator dos discursos de John F. Kennedy, acreditava que os discursos deveriam ser escritos para a audição e não para a visão. Seus discursos listavam objetivos e realizações, em uma sequência numerada, facilitando a compreensão para os ouvintes. O discurso de Kennedy para uma sessão conjunta do Congresso, em 25 de maio de 1961, oferece um exemplo perfeito da técnica de Sorensen. Ao pedir um maior empenho para exploração do espaço, Kennedy afirmou:

> Primeiro, acredito que esse país deve se comprometer a alcançar o objetivo de pousar um homem na Lua e trazê-lo de volta para a Terra em segurança, antes do final desta década. Nenhum outro

> projeto espacial deste período será mais impressionante para a humanidade, ou mais importante para a exploração do espaço a longo prazo... Segundo, um adicional de 23 milhões de dólares, juntamente com os 7 milhões já disponíveis, acelerará o desenvolvimento do foguete nuclear Rover. Terceiro, um adicional de 50 milhões de dólares terá o máximo proveito da nossa atual liderança, acelerando o uso de satélites para as comunicações mundiais. Quarto, um adicional de 75 milhões de dólares ajudará a nos dar, no menor tempo possível, um sistema de satélites para observação meteorológica mundial. Que fique claro que estou pedindo ao Congresso e ao País que aceitem o firme compromisso de um novo rumo, um rumo que durará muito anos e implicará em grandes custos... Se for para ir somente até certo ponto, ou para reduzir nossa perspectiva em face da dificuldade, em meu julgamento seria melhor nem começar.[75]

Barack Obama, presidente dos Estados Unidos, aficionado pelos discursos de Kennedy, adotou algumas das regras de Sorensen para elaborar seus próprios discursos mais impactantes. Aqui estão algumas amostras dos discursos de Obama, que seguem a regra de três, começando com o discurso que o colocou no mapa – seu discurso na Convenção Nacional Democrata, em 2004:

> Acredito que podemos dar alívio à nossa classe média e proporcionar às famílias dos trabalhadores um caminho de oportunidades... Acredito que podemos criar empregos para os desempregados, oferecer casas para os sem-teto e resgatar os jovens das cidades americanas da violência e da falta de esperança... Acredito que o vento está a nosso favor e que, como estamos na encruzilhada da História, podemos fazer as escolhas corretas e enfrentar os desafios que nos encaram.[76]

Como ilustrado nesse trecho, Obama não somente divide seus discursos em parágrafos de três frases, mas também muitas vezes comunica três pontos dentro das frases.

Quando Obama prestou juramento para se converter no 44º presidente dos Estados Unidos da América, em 20 de janeiro de 2009, ele fez um discurso histórico para cerca de dois milhões de pessoas, que se reuniram para acompanhar sua posse pessoalmente, e para milhões de outras que assistiam pela TV em todo o mundo. Obama fez uso frequente do três no discurso:

- "Estou aqui hoje humildemente diante da tarefa, grato pela confiança com que vocês me honraram, ciente dos sacrifícios realizados pelos nossos ancestrais."
- "Casas foram perdidas; empregos, cortados; empresas, fechadas."
- "Nosso sistema de saúde é caro demais; nossas escolas falham para muitos; e cada dia traz novas evidências de que o modo como usamos a energia reforça nossos adversários e ameaça nosso planeta."
- "Hoje eu digo a você que os desafios que enfrentamos são reais. São sérios e são muitos."
- "Nossos trabalhadores não são menos produtivos do que quando essa crise começou. Nossas mentes não são menos criativas, nossos produtos e serviços não são menos necessários do que eram na semana passada, no mês passado ou no ano passado."[77]

Quando Jobs anunciava um algarismo, seu *slide* continha uma única imagem: o próprio número (1, 2, 3 e 4). Analisaremos a simplicidade do *design* do *slide* de Jobs com mais detalhes na Cena 8; por enquanto, lembre-se de que seus *slides* devem espelhar sua narrativa. Não há necessidade de complicar.

Jobs não somente divide suas apresentações em grupos, mas também descreve os recursos em listas de três ou quatro itens. "Há três inovações importantes no iPod", ele revelou, em 2005. "A primeira: ele é ultraportátil" – 5 GB, mil músicas em seu bolso. "A segunda: embutimos um Firewire"; Jobs explicou como o Firewire permitia um *download* de um CD completo em cinco a dez segundos, *versus* cinco a dez minutos via uma conexão USB. "A terceira: possui uma bateria com muito mais autonomia", afirmou Jobs.[78] Então, ele contou que o iPod tinha uma bateria com autonomia de dez horas, ou seja, dez horas de música contínua.

Este capítulo poderia facilmente virar o mais longo do livro, pois cada apresentação de Steve Jobs contém roteiros orais com a regra de três desempenhando um papel de destaque. Mesmo quando Jobs não está usando *slides* em uma apresentação tradicional, ele está falando de três. Ele iniciou seu agora famoso discurso de paraninfo na Universidade Stanford afirmando: "Hoje quero contar três histórias da minha vida".[79] Seu discurso seguiu a fórmula. Ele contou três histórias da sua vida, explicou o que elas lhe ensinaram e transformou essas histórias em lições para os formandos.

Aplicando a regra de três

Como já vimos, os líderes empresariais muitas vezes se preparam para entrevistas na TV ou palestras importantes estruturando sua mensagem em torno de três ou quatro pontos-chave. Sei disso porque os treino para fazer isso. Eis como eu aplicaria as recomendações das Cenas 4 e 5 para me preparar para uma entrevista em relação aos tópicos deste livro. Primeiro, criaria um mote com menos de 140 caracteres: "Faça uma apresentação como Steve Jobs". Em seguida, escreveria três grandes ideias: (1) criar a história; (2) transmitir a experiência; (3) "dar a cara" da apresentação. Sob cada uma dessas três ideias, incluiria recursos retóricos para enriquecer a narrativa: relatos, exemplos e fatos. A seguir, perceba como uma entrevista curta pode se desenvolver:

REPÓRTER: Carmine, fale para nós sobre seu livro.

CARMINE: *Faça como Steve Jobs* revela, pela primeira vez, como fazer uma apresentação "a la" Steve Jobs. O presidente da Apple é considerado um dos mais eletrizantes palestrantes do mundo atualmente. Este livro mostra as estratégias usadas por ele para vender suas ideias. E a vantagem é que qualquer um pode aprender essas técnicas para melhorar sua próxima apresentação.

REPÓRTER: Ótimo. E por onde começamos?

CARMINE: Você poderá fazer uma apresentação como Steve Jobs [repita o título ao menos duas vezes na conversa] se adotar essas três etapas: primeiro, crie a história; segundo, transmita a experiência; e terceiro, "dê a cara" da apresentação. Vamos falar sobre a primeira etapa, criando a história...

Como você pode perceber nesse exemplo, a apresentação de um roteiro de três partes cria um esboço para uma entrevista curta, para uma muito maior ou para uma apresentação completa.

Os ouvintes estão com a mente sobrecarregada. A mente deles está consumindo palavras, imagens e experiências sensoriais e também está realizando seus próprios diálogos interiores. Facilite ao máximo para que eles sigam sua narrativa.

O famoso discurso de Jimmy V

Em 4 de março de 1993, Jimmy Valvano, técnico de basquete universitário, fez um dos discursos mais emotivos da história recente dos esportes. Em 1983, Valvano era o técnico do time da North Carolina State University, que foi campeão da National Collegiate Athletic Association (NCAA).* Dez anos depois, morrendo de câncer, Valvano recebeu o prêmio Arthur Ashe Courage & Humanitarian Award. O uso da regra de três por Valvano proporcionou os dois momentos mais comoventes do discurso (grifos do autor):

> Para mim, há três coisas que todos nós devemos fazer diariamente. Devemos fazer todos os dias de nossas vidas. Número um: rir. Devemos rir todos os dias. Número dois: refletir. Devemos dedicar algum tempo à reflexão. E número três: devemos levar nossas emoções às lágrimas – podem ser de emoção ou excitamento. Pensem sobre isso. Se você rir, se você refletir e se você chorar será um dia completo... O câncer pode tirar toda minha capacidade física, mas não pode tocar minha mente, não pode tocar meu coração e não pode tocar minha alma. E essas três coisas ficam para sempre. Obrigado e Deus abençoe todos vocês.[80]

NOTAS DO DIRETOR

- Crie uma lista de todos os pontos-chave que você quer que sua plateia saiba sobre seu produto, serviço, empresa ou iniciativa.
- Classifique a lista até ficar com somente três mensagens importantes. Esse grupo de três proporcionará o roteiro oral para sua abordagem de vendas ou apresentação.
- Em relação a cada uma das suas três mensagens-chave, adicione recursos retóricos para enriquecer a narrativa. Entre esses recursos, incluem-se: histórias pessoais, fatos, exemplos, analogias, metáforas e avais de terceiros.

* Associação Atlética Universitária Nacional. (N. E.)

CENA 6

Introduza o antagonista

A IBM dominará todo o setor de informática? George Orwell tinha razão?

STEVE JOBS

Em toda história clássica, o herói combate o vilão. O mesmo esquema de narrar histórias se aplica às apresentações de nível internacional. Steve Jobs estabelece a base de uma história convincente apresentando para sua plateia um antagonista, um inimigo e um problema que precisa de uma solução. Em 1984, o inimigo era a Big Blue, apelido da IBM nos Estados Unidos.

A Apple está por trás de um dos anúncios de TV mais influentes da história, e nele vemos o conflito entre herói e vilão na abordagem de Jobs para a transmissão da mensagem. O anúncio de TV, de 1984, apresentou o computador Macintosh para o mundo. Ele foi veiculado uma única vez, no dia 22 de janeiro, na partida final do Super Bowl daquele ano. O Los Angeles Raiders massacrou o Washington Redskins; no entanto, mais pessoas lembram-se do anúncio que do placar.

Riddley Scott, diretor do famoso filme *Alien, o 8º passageiro*, dirigiu o anúncio da Apple, que começa com humanoides de cabeça raspada ouvindo seu líder (o Grande Irmão), em uma tela gigante. Uma atleta loira, vestindo um traje esportivo simples da década de 1980, está correndo segurando uma marreta. Perseguida por homens da tropa de choque, protegidos por capacetes, a garota lança a marreta contra a tela, que explode em uma luz ofuscante. Os humanoides ficam boquiabertos. O anúncio termina com um locutor de voz sombria, dizendo: "Em 24 de janeiro, a Apple Computer vai apresentar o Macintosh e você vai ver que 1984 não será como *1984*".*[81]

Todos os membros do conselho administrativo da Apple desgostaram do comercial e ficaram relutantes em veiculá-lo. Jobs, é claro, defendeu-o, pois compreendeu o poder emocional subjacente à estrutura da história clássica do herói e do vilão. Ele percebeu que todo protagonista precisa de um inimigo. No caso do histórico anúncio de televisão de 1984, a IBM representava o vilão. A IBM, um fabricante de computadores de grande porte na época, tinha tomado a decisão de fabricar um concorrente para o primeiro computador doméstico de massa do mundo, o Apple II. Jobs explicou o anúncio, em uma apresentação de 1983, para um seleto grupo de vendedores da Apple, que assistiram à pré-estreia do anúncio de TV de 60 segundos.

"Agora estamos em 1984", disse Jobs. "Parece que a IBM quer tudo. A Apple é vista como a única esperança capaz de enfrentar a IBM... A IBM quer tudo e está mirando suas armas contra seu último obstáculo para o controle do setor: a Apple. Será que a Big Blue dominará todo o setor de informática? Toda a era da informação? George Orwell tinha razão?"[82]

Depois dessa introdução, Jobs retirou-se, enquanto a equipe de vendas reunida tornou-se a primeira plateia a ver o comercial. Eles irromperam em aplausos entusiasmados. Por mais 60 segundos, Jobs permaneceu no palco, deleitando-se com os elogios, com um grande sorriso estampado no rosto. Sua postura, linguagem corporal e expressão facial diziam tudo: "Acertei na mosca!".

Problema + Solução = Jobs clássico

Ao introduzir o antagonista (o problema), a plateia se agrupa em torno do herói (a solução). Jobs estrutura suas apresentações mais empolgantes em torno desse instrumento clássico da arte narrativa. Por exemplo: em 30

* É o título de um famoso livro de George Orwell, que apresenta o personagem Big Brother (Grande Irmão) e retrata a luta contra um estado totalitário e onipotente. (N.T.)

minutos de uma de suas apresentações mais triunfais – o lançamento do iPhone, na Macworld 2007 –, ele dedicou três minutos para explicar o motivo pelo qual o iPhone é um produto cujo momento tinha chegado. Nesse caso, os vilões representavam todos os *smartphones* existentes no mercado na ocasião, que, Jobs sustentaria, não eram tão *smarts* (inteligentes) assim. No Quadro 6.1, na coluna da esquerda, estão trechos da apresentação real; a coluna da direita, apresenta as palavras ou descreve as imagens dos *slides* mostrados simultaneamente ao discurso.[83] Perceba como os *slides* funcionam como um complemento para o locutor.

QUADRO 6.1 APRESENTAÇÃO DO IPHONE FEITA POR JOBS

PALAVRAS DE STEVE	*SLIDES* DE STEVE
"Os telefones mais avançados são chamados de *smartphones*; é o que dizem."	Smartphone
"Em geral, eles combinam telefone, *e-mail* e um pouco de *internet*".	Smartphone Telefone + *e-mail* + *internet*
"O problema é que eles não são tão inteligentes (*smart*) assim, e não são tão fáceis de usar. Na realidade, são bem complicados. O que queremos é oferecer um produto muito mais avançado, isto é, bem mais inteligente que qualquer dispositivo móvel já lançado."	Smartphone Não tão inteligente. Não tão fácil de usar.
"Então, vamos reinventar o telefone. Vamos começar com uma interface de usuário revolucionária."	Interface de usuário revolucionária.
"É o resultado de anos de pesquisa e desenvolvimento."	Interface de usuário revolucionária. Anos de pesquisa e desenvolvimento.
"Por que precisamos de uma interface de usuário revolucionária? Aqui estão quatro *smartphones*: o Motorola Q, o Blackberry, o Palm Treo e o Nokia E62 – os suspeitos habituais."	[Não há texto. Imagem dos quatro *smartphones* existentes: Motorola Q, Blackberry, Palm Treo e Nokia E62.]
"O que vamos fazer é nos livrarmos de todos esses botões e criar somente uma tela gigante."	[Não há texto. Imagem do iPhone.]
"Inventamos uma nova tecnologia chamada multitoque, que é fenomenal."	[O dedo desaparece gradualmente e aparece uma palavra.] Multitoque.

PALAVRAS DE STEVE	*SLIDES* DE STEVE
"Como vamos nos comunicar com isso? Não queremos carregar um *mouse*. Então, o que vamos fazer? Uma caneta, certo? Vamos usar uma caneta."	[Não há texto. Imagem do iPhone deitado; a imagem de uma caneta aparece gradualmente.]
"O que há de errado com essas interfaces de usuário? O problema com elas está nos 40 botões. É essa coisa ali [indica os teclados dos telefones]. Todos esses aparelhos possuem teclados, que estão ali, quer você precise deles ou não. E todos têm esses botões de controle, que são fixados no aparelho e são os mesmos para cada aplicativo. Bem, cada aplicativo precisa de uma interface um pouco diferente, um conjunto eficiente de botões só para isso. E o que aconteceria se você pensasse a respeito de uma grande ideia para daqui a seis meses? Você não é capaz de adicionar um botão para isso. Eles já estão montados. Então, o que você faz?"	[Não há texto. A metade superior de cada imagem desaparece, deixando somente a metade inferior: o teclado.]
"Não [risos]. Quem quer uma caneta? Você tem de se livrar dela, colocá-la de lado – você perdeu a caneta. Eca! Ninguém quer uma caneta."	[Uma frase aparece perto da imagem.] Quem quer uma caneta?
"Então, não vamos usar uma caneta. Vamos usar o melhor dispositivo de indicação do mundo; um dispositivo de indicação que todos nós possuímos. Nascemos com dez deles. Usaremos nossos dedos."	[Não há texto. A imagem da caneta desaparece gradualmente, enquanto a imagem do dedo indicador aparece perto do iPhone.]
"Funciona como mágica. Você não precisa de uma caneta. É muito mais precisa que qualquer tela sensível ao toque já fabricada. Não leva em conta os toques involuntários. É muito inteligente. Você pode usar muitos dedos ao mesmo tempo sobre ela. Além disso, rapaz, patenteamos isso! [risos]"	[Palavras surgem na parte superior direita.] Funciona como mágica Sem caneta Muito mais preciso Não leva em conta os toques involuntários Patenteado

Note como Jobs formula perguntas para a história avançar. "Por que precisamos de uma interface de usuário revolucionária?", perguntou antes de introduzir o problema. Ele até suscita problemas para sua própria solução. Quando introduziu o conceito de substituir o teclado por uma tela sensível ao toque, retoricamemte perguntou: "Como vamos nos comunicar com isso?". Sua resposta já estava preparada: "Vamos usar o melhor dispositivo de indicação do mundo... Nossos dedos".

Na realidade, ninguém se interessa a respeito do seu produto ou dos produtos da Apple, da Microsoft ou de outra empresa. As pessoas se interessam por solucionar problemas e por tornar suas vidas um pouco melhor. Como no exemplo do *smartphone*, no Quadro 6.1, Jobs descreve a dor que as pessoas estão sentindo, oferece-lhes um motivo para sua dor (em geral, causada pelos concorrentes), e, como você aprenderá na Cena 7, apresenta uma cura.

Apresentando suas razões para a CNBC

"Por que a Apple quer entrar no mercado tão competitivo dos aparelhos celulares?", perguntou Jim Goldman, do canal CNBC, em uma das poucas entrevistas que Jobs concedeu logo após o lançamento do iPhone. Jobs respondeu à pergunta formulando um problema com necessidade de solução. "Experimentamos todos os aparelhos e eles são frustrantes. É uma categoria que precisa ser reinventada. Os telefones celulares precisam ser mais eficientes e mais fáceis de usar. Achamos que podemos contribuir. Não nos importamos se há outras empresas fabricando telefones. O fato é que, em 2006, foram vendidos 1 bilhão de aparelhos. Se conseguirmos apenas 1% do mercado, são 10 milhões de unidades. Reinventamos o telefone e mudamos completamente a expectativa a respeito do que você pode carregar no seu bolso."

"Com isso, que mensagem está sendo enviada aos seus concorrentes?", indagou Goldman.

"Somos uma empresa. Amamos grandes produtos. Para explicar o que é o nosso produto, temos de compará-lo com os produtos que existem e que as pessoas usam", respondeu Jobs.[84] Essa última frase revela a abordagem de Jobs para elaborar uma história persuasiva. As explicações sobre novos produtos ou serviços requerem um contexto, uma associação com um problema da vida do seu cliente, que está causando "dor" nessa pessoa. Assim que a dor é estabelecida, seu ouvinte será muito mais receptivo ao produto ou serviço que a aliviará.

A religião Apple

Em seu livro *A lógica do consumo*,* Martin Lindstrom, guru do *marketing*, equipara a mensagem da Apple com as ideias poderosas que instigam as grandes religiões. Ambas recorrem a uma visão comum e um inimigo específico.

"A maioria das religiões possui uma visão clara", escreve Lindstrom. "Com isso quero dizer que elas são inequívocas em suas missões, quer seja para alcançar um certo estado de graça, quer para alcançar um objetivo espiritual. E, é claro, a maioria das empresas também possui missões inequívocas. A visão de Steve Jobs remonta a meados da década de 1980, quando ele disse: 'O homem é o criador da mudança nesse mundo. Como tal, ele deve estar acima dos sistemas e das estruturas, e não subordinado a elas'. Vintes anos e alguns milhões de iPods depois, a empresa ainda se orienta por essa visão."[85]

De acordo com Lindstrom, que passou anos estudando as características comuns das marcas duradouras, religiões e marcas, como a Apple, apresentam outra característica em comum: a ideia de conquistar um inimigo compartilhado. "Ter um inimigo identificável nos dá a oportunidade não só de enunciar e exibir nossa fé, mas também de nos unir com nossos fiéis... Essa estratégia de 'nós contra eles' atrai adeptos, estimula controvérsias e cria lealdades, fazendo-nos pensar, discutir e, é claro, comprar."[86]

Ele vai me devorar?

A definição do antagonista desde o início é fundamental para a persuasão, pois nossos cérebros precisam de uma gaveta – uma categoria – para colocar uma nova ideia. Pense sobre isso do seguinte modo: seu cérebro implora o significado antes dos detalhes. Para o pesquisador científico John Medina, nossos cérebros foram moldados para enxergar o quadro geral. Segundo ele, quando o homem primitivo viu um tigre com dentes pontiagudos, ele se perguntou "Ele vai me devorar?" e não "Quantos dentes ele tem?".

O antagonista dá à sua plateia o quadro geral. "Não comece com os detalhes. Comece com as ideias principais e, de forma hierárquica, molde os

**Buyology*. (N. E.)

detalhes em torno dessas noções mais abrangentes", escreve Medina, em seu livro *Brain rules*.[87] Nas apresentações, comece com o quadro geral (o problema) antes de fornecer os detalhes (sua solução).

A Apple apresentou o navegador Safari na Macworld 2003, especificando-o como o navegador mais rápido em um Mac. O Safari se juntaria a diversos outros navegadores que buscavam seu lugar ao sol em face do produto da Microsoft: o onipresente Internet Explorer. No melhor do seu talento persuasivo, Jobs definiu o problema – introduzindo o antagonista – simplesmente formulando uma pergunta: "Por que precisamos do nosso próprio navegador?".[88] Antes de demonstrar os novos recursos – fornecendo os detalhes –, ele precisou criar um motivo para a existência do produto.

Jobs explicou para a plateia que havia duas áreas em que os concorrentes, como o Internet Explorer, o Netscape e outros navegadores, ficavam aquém das expectativas: velocidade e inovação. Em termos de velocidade, Jobs revelou que o Safari carregaria as páginas três vezes mais rápido que o Internet Explorer no Mac. Na área da inovação, Jobs discutiu as limitações dos navegadores da época, incluindo o fato de que o mecanismo de busca Google não era fornecido na barra de ferramentas principal e que a organização dos favoritos deixava muito a desejar. "O que descobrimos em nossa investigação é que as pessoas não usam os favoritos. Não usam porque é complicado e ninguém entendeu como usar", afirmou Jobs. O Safari solucionaria os problemas, incluindo o mecanismo de busca Google na barra de ferramentas principal e adicionado recursos que permitiriam aos usuários uma navegação mais fácil de volta aos *sites* prévios ou às páginas favoritas da *internet*.

Uma simples frase é tudo que você precisa para introduzir o antagonista: "Por que você precisa disso?". Essa única pergunta abre a possibilidade de Jobs analisar a situação do setor (sejam navegadores, sistemas operacionais, música digital ou qualquer outra faceta) e preparar o terreno para a próxima etapa da sua apresentação: oferecer a solução.

Uma conversa de apresentação de 3 mil dólares por minuto

Durante uma semana em setembro, dezenas de empreendedores tentam promover suas novas empresas para grupos influentes de mídia, especialistas e investidores, em dois eventos: o TechCrunch 50, em São Francisco, e o DEMO, em São Diego. Para os criadores dessas novas nascentes, essas apresentações de alto risco significam a diferença entre o sucesso e a obsolescência. Os organizadores do TechCrunch acreditam que oito minutos é o tempo ideal para transmitir uma ideia. Se você não for capaz de expressar sua ideia em oito minutos, terá de refiná-la. O DEMO oferece aos apresentadores ainda menos tempo: seis minutos. Ele também cobra 18,5 mil dólares pela apresentação, ou 3 mil dólares por minuto. Se você tivesse de pagar 3 mil dólares para promover sua ideia, como a abordaria?

O consenso entre os investidores de capital de risco, que acompanham os eventos, é que a maioria dos empreendedores não consegue criar um enredo interessante porque saltam direto para o produto, deixando de explicar o problema. Um investidor me revelou: "O empreendedor tem de criar um espaço no meu cérebro para que este retenha a informação que ele está prestes a transmitir. Se o empreendedor oferecer uma solução sem definir o problema, isso não vai acontecer. Ele tem um bule de café – sua ideia – sem uma xícara para pôr o café". Os cérebros dos seus ouvintes possuem somente um tanto de espaço para absorver novas informações. É como se a maioria dos apresentadores tentasse comprimir 2 MB de dados em um tubo que transporta 128 KB. É muita coisa.

No DEMO 2008, uma empresa chamada TravelMuse realizou uma abordagem de venda excepcional. Kevin Fleiss, o fundador, abriu sua apresentação do seguinte modo: "O maior e mais desenvolvido segmento de varejo *on-line* é o de viagens, totalizando mais de 90 bilhões de dólares somente nos Estados Unidos [determina a categoria]. Todos nós sabemos como reservar uma passagem *on-line*. No entanto, a reserva da passagem representa os últimos 5% do processo [começa a introduzir o problema]. Nos 95% anteriores à reserva – decidir aonde ir, desenvolver um roteiro de viagem – é quando acontece todo o trabalho difícil. No TravelMuse, facilitamos o planejamento, integrando perfeitamente o conteúdo com as ferramentas de planejamento da viagem, e proporcionando uma experiência completa [oferece a solução]".[89] Ao introduzir a categoria e o problema antes de introduzir a solução, Fleiss criou a xícara para pôr o café.

Os investidores estão comprando um risco em ideias. Dessa maneira, eles querem saber o problema principal solucionado pelo produto da empresa. Uma solução em busca de um problema possui muito menos apelo. Depois do estabelecimento do problema e da solução, os investidores se sentem à vontade para formular perguntas a respeito do tamanho do mercado, da concorrência e do modelo de negócios.

Uma última e breve visão geral

O problema não deve demorar a ser definido. Em geral, Jobs leva poucos minutos para introduzir o antagonista. Você pode fazer isso em 30 segundos apenas. Crie simplesmente uma resposta concisa para as quatro perguntas a seguir: (1) "O que você faz?"; (2) "Que problema você resolve?"; (3) "Qual é o seu diferencial?"; e (4) "Por que devo me interessar?".

Quando trabalhei com executivos da LanguageLine, em Monterey, na Califórnia, elaboramos uma breve visão baseada nas respostas das quatro perguntas. Se realizarmos bem nosso trabalho, a visão a seguir diz muito sobre a empresa: "A LanguageLine é a maior provedora mundial de serviços de intérprete por telefone para empresas que querem se conectar com seus clientes não fluentes em inglês [o que a empresa faz]. A cada 23 minutos, alguém que não fala inglês entra neste país [o problema]. Quando essa pessoa liga para um hospital, um banco, uma seguradora ou o serviço de emergência, é provável que um intérprete da LanguageLine esteja do outro lado da linha [o diferencial]. Ajudamos você a falar com seus clientes, pacientes ou prováveis compradores em 150 idiomas [por que você deve se interessar]".

O antagonista: uma ferramenta conveniente para contar uma história

Steve Jobs e Al Gore, ex-vice-presidente dos Estados Unidos e especialista em aquecimento global, têm três coisas em comum: um compromisso com o meio ambiente, a paixão pela Apple (Al Gore pertence ao conselho da empresa) e um estilo de apresentação envolvente.

O premiado documentário de Al Gore, *Uma verdade inconveniente*, é uma apresentação idealizada com as ferramentas narrativas da Apple em mente. Gore dá à sua plateia um motivo para ouvi-lo, definindo um problema com que todos são capazes de concordar (os críticos podem discordar da solução, mas o problema é geralmente aceito).

Gore começa sua apresentação – a história – preparando o terreno para seu argumento. Em uma série de imagens expressivas da Terra tiradas em diversas missões espaciais, ele não somente faz a plateia apreciar a beleza do nosso planeta mas também introduz o problema. Gore abre com uma famosa foto intitulada "O nascer da Terra", o primeiro olhar sobre o nosso planeta a partir da superfície lunar. Em seguida, ele apresenta diversas fotos dos últimos anos, revelando sinais do aquecimento global, como o derretimento das calotas polares, o aumento dos níveis dos mares e os furacões. "O gelo tem uma história para nos contar", ele afirma. Então, descreve o vilão em termos mais explícitos: a queima dos combustíveis fósseis, como carvão, gás e petróleo, elevou drasticamente a quantidade de dióxido de carbono (CO_2)na atmosfera terrestre, provocando o aumento das temperaturas globais.

Em uma das cenas mais inesquecíveis do documentário, Gore explica o problema, expondo duas linhas coloridas (vermelha e azul), que representam os níveis de dióxido de carbono e as temperaturas médias dos últimos 600 mil anos. Segundo Gore, "quanto mais dióxido de carbono, mais alta a temperatura". Em seguida, ele apresenta um *slide* que mostra o gráfico ascendendo para o nível mais alto de CO_2 da história do nosso planeta; que representa onde o nível está no momento atual. "Agora, se vocês forem pacientes comigo, quero realmente enfatizar o próximo ponto", Gore afirma, enquanto entra em um pequeno elevador. Ele aperta um botão, e o equipamento o eleva a 1,5 metro acima do piso, no mínimo. Ele agora está na mesma altura do ponto no gráfico que representa as emissões atuais de CO_2. Isso arranca uma pequena risada da plateia. É engraçado, mas, ao mesmo tempo, revelador. "Nos próximos 50 anos ou menos", ele prossegue, "as emissões vão continuar crescendo. Quando algumas das crianças que estão aqui tiverem a minha idade, eis onde o nível vai estar". Nesse momento, Gore volta a apertar o botão, e o elevador sobe por cerca de dez segundos. No alto, enquanto ele está procurando o gráfico, Gore se vira para a plateia e diz: "Você já ouviram a expressão 'além das expectativas'?* Bem, eis onde vamos estar em menos de 50 anos".[90] É engraçado, inesquecível e poderoso ao mesmo tempo. Gore utiliza fatos, números e estatísticas, dando vida a eles.

Gore utiliza muito das mesmas técnicas de apresentação e retóricas que vemos em uma apresentação de Steve Jobs. Entre elas, destaca-se a introdução de um inimigo, ou o antagonista. Os dois introduzem o antagonista desde o início, reunindo a plateia em torno de um propósito comum. Em uma apresentação de Jobs, depois que o vilão é nitidamente definido, é hora de abrir a cortina para revelar o personagem que salvará a situação: o herói vitorioso.

NOTAS DO DIRETOR

- Introduza o antagonista desde o início em sua apresentação. Sempre defina o problema antes de revelar a solução. Você pode fazer isso pintando um quadro vívido da dor do seu cliente. Defina o problema perguntando: "Por que precisamos dessa solução?".
- Dedique algum tempo para descrever o problema em detalhes. Torne-o tangível. Desenvolva a dor.
- Crie uma visão geral concisa para seu produto usando o método das quatro perguntas descrito neste capítulo. Preste uma atenção especial à pergunta número 2: "Que problema você resolve?". Lembre-se: ninguém se interessa por seu produto. As pessoas se interessam em resolver seus próprios problemas.

* No original, *off the charts*. Traduzindo literalmente, significa "fora dos gráficos". (N.T.)

CENA 7

Revele o herói vitorioso

O único problema da Microsoft é que ela é insípida. E o problema não é simples, é bem sério.

STEVE JOBS

Steve Jobs é um mestre em criar vilões; e quanto mais traiçoeiros, melhor. Depois de Jobs introduzir o antagonista do momento (a limitação dos produtos da época), ele apresenta o herói, revelando a solução que facilitará sua vida e a tornará mais agradável. Em outras palavras, um produto da Apple chega na hora certa para salvar a situação. A IBM desempenhou o papel de antagonista no anúncio de TV de 1984, como discutido na Cena 6. Jobs revelou o anúncio pela primeira vez para uma equipe de vendas interna, em um evento no outono de 1983.

Antes de mostrar o anúncio, Jobs dedicou alguns minutos para descrever a IBM como um personagem empenhado na dominação mundial. (Ajudou o fato de que a IBM era conhecida como Big Blue na época. O toque similar ao Big Brother não foi perdido por Jobs.) Jobs fez a Big Blue parecer mais ameaçadora que Hannibal Lecter:*

* O assassino Hannibal Lecter é um personagem criado pelo autor Thomas Harris, que surgiu primeiro no romance *Dragão vermelho* (1981) e, posteriormente, nos filmes: *O silêncio dos inocentes* (1988), *Hannibal* (1999) e *Hannibal, a origem do mal* (2006). (N.T.)

> Estamos em 1958. A IBM perdeu a chance de comprar uma nova empresa, que tinha inventado uma tecnologia inovadora denominada xerografia. Dois anos depois, surgiu a Xerox, e a IBM se lamenta desde então. Estamos em 1968. Final da década de 1960. A Digital Equipment, ou DEC, e outras empresas inventam o minicomputador. A IBM rejeita o minicomputador, considera-o muito pequeno para realizar trabalhos de informática sérios e o julga irrelevante para seu negócio. A DEC cresce e se transforma em uma empresa multimilionária, enquanto a IBM finalmente entra no mercado dos minicomputadores. Quase dez anos depois. Final da década de 1970. Em 1977, a Apple, uma nova empresa da Costa Oeste, cria o Apple II, o primeiro computador pessoal como conhecido hoje [introduz o herói]. A IBM rejeita o computador pessoal, considera-o muito pequeno para realizar trabalhos de informática sérios e o julga irrelevante para seu negócio [o vilão ignora as qualidades do herói]. Início da década de 1980. Em 1981, o Apple II tornou-se o computador mais popular do mundo, e a Apple era uma empresa que valia 300 milhões de dólares, tornando-se a empresa de crescimento mais rápido da história empresarial norte-americana. Com mais de 50 concorrentes disputando uma fatia do mercado, a IBM entra no mercado do computador pessoal, em novembro de 1981, lançando o IBM PC. Em 1983, a Apple e a IBM emergem como os concorrentes mais fortes do setor, cada uma vendendo mais de 1 bilhão de dólares em computadores pessoais [Davi agora é um rival do mesmo nível de Golias]. A crise econômica está no auge. As primeiras empresas importantes vão à falência; outras estão cambaleando à beira da bancarrota. Agora estamos em 1984. Parece que a IBM quer tudo [o herói está prestes a entrar em ação]. A Apple é vista como a única esperança capaz de enfrentar a IBM. Inicialmente, os revendedores receberam bem a IBM, de braços abertos; agora, eles temem um futuro dominado e controlado pela IBM. Eles estão cada vez mais desesperadamente recorrendo à Apple como a única força capaz de assegurar sua liberdade futura.[91]

A plateia irrompeu em aplausos frenéticos depois de Jobs ter apresentado um conflito clássico. Ele desempenhou seu melhor papel de James Bond. Exatamente quando o vilão está perto de destruir o mundo, Bond – ou Jobs – entra em cena e calmamente salva a situação. Ian Fleming* ficaria orgulhoso.

A missão do herói

Em uma apresentação de Steve Jobs, a missão do herói não é necessariamente matar o vilão, mas, sim, tornar nossa vida melhor. O lançamento do iPod, em 23 de outubro de 2001, demonstra essa diferença sutil, mas importante.

Ajuda entender a situação do setor da música digital da época. As pessoas carregavam aparelhos de CD portáteis, que pareciam enormes comparados com os minúsculos iPods atuais. Os poucos tocadores de música digital existentes eram grandes e deselegantes, ou de pouca valia devido à pouca memória, permitindo o armazenamento de somente algumas dezenas de músicas. Alguns produtos, como o Nomad Jukebox, baseavam-se em um disco rígido de 2,5 polegadas, que, embora portátil, era pesado e muito lento para transferir músicas de um computador. A autonomia da bateria era tão pequena que os aparelhos eram quase inúteis. Ao identificar um problema em busca de solução, Jobs entrou como o herói vitorioso.

"Por que música?", perguntou Jobs.

"Gostamos de música. E é sempre bom fazer algo de que você gosta. A música faz parte da vida de todos. A música sempre existiu. Sempre existirá. Não é um mercado especulativo. E como faz parte da vida de todos, trata-se de um mercado-alvo muito grande em todo o mundo. No entanto, curiosamente, em toda essa nova revolução da música digital, não há um líder de mercado. Ninguém achou uma fórmula para a música digital. Nós achamos a fórmula."

Ao abrir o apetite da plateia anunciando a descoberta da fórmula pela Apple, Jobs preparou o terreno. Seu próximo passo seria introduzir o antagonista. Ele fez isso levando sua plateia em uma excursão pelo cenário da época dos tocadores de música portáteis. Jobs explicou que, se você quisesse ouvir música, poderia comprar um aparelho de CD que reproduz de dez a

* Jornalista, escritor e espião inglês; criador do famoso personagem James Bond, conhecido como 007. (N.T.)

15 músicas; um *flash player*; um tocador de MP3; ou um aparelho com disco rígido, como o Jukebox. "Vamos ver cada um", Jobs disse.

> Um aparelho de CD custa cerca de 75 dólares e reproduz de 10 a 15 músicas de um CD. Isso dá cerca de cinco dólares por música. Você pode comprar um *flash player* por 150 dólares. Armazena de 10 a 15 músicas, ou cerca de 10 dólares por música. Você pode adquirir um tocador de MP3, que custa 150 dólares, e pode escutar até 150 músicas, ou seja, o preço baixa para um dólar por música. Ou você pode comprar um Jukebox por 300 dólares. Armazena cerca de mil músicas, isto é, 30 centavos de dólar por música. Estudamos tudo isso, e eis onde queremos estar [indica a categoria "disco rígido" no *slide*]. Estamos lançando um produto hoje que nos leva exatamente ali, e esse produto se chama iPod.

Dessa maneira, Jobs apresentou o herói, o iPod. O iPod, ele revelou, é um tocador de MP3 que reproduz música com qualidade de CD. "Mas o melhor do iPod é que ele armazena mil músicas. É um grande avanço, pois, para a maioria das pessoas, é toda sua biblioteca musical. Isso é muita coisa. Quantas vezes vocês pegaram uma estrada e perceberam que não tinham trazido o CD que queriam ouvir? Mas a coisa mais legal do iPod é que todas as suas músicas cabem no seu bolso. Isso nunca foi possível antes."[92] Ao reforçar o fato de que toda a biblioteca musical de uma pessoa pode caber em um bolso, Jobs destaca a qualidade mais inovadora do herói (iPod), lembrando à plateia que isso nunca foi possível até a Apple aparecer para salvar a situação.

Após a apresentação do iPod, Mike Langberg, colunista do grupo de mídia Knight-Ridder, escreveu um artigo em que chamou a atenção para o fato de que a Creative (a fabricante do primeiro Nomad Jukebox) enxergou a oportunidade no setor dos tocadores de música portáteis antes da Apple, e lançou um tocador com disco rígido de 6 GB, em setembro de 2000; a Apple apresentou seu primeiro iPod um ano depois. "Mas", ele assinalou, "a Creative carecia de uma arma não tão secreta da Apple: o fundador, presidente e entusiasta-mor Steve Jobs".[93]

"Eu sou MAC." "Eu sou PC."

A campanha publicitária *Get a Mac** começou a ser veiculada em 2006 e rapidamente tornou-se uma das campanhas de TV mais famosas e reconhecíveis da recente história empresarial. O comediante John Hodgman desempenha o papel de PC, enquanto o ator Justin Long representa o Cara Mac. Os dois estão parados contra um fundo totalmente branco, e os anúncios geralmente giram em torno de uma trama em que o personagem PC é enfadonho, lento e frustrado, enquanto o personagem Mac é simpático e desestressado. Os anúncios mostram o conflito entre o vilão (PC) e o herói (Mac) em filmes de 30 segundos.

Em um dos primeiros anúncios (anjo/diabo), o personagem Mac oferece ao personagem PC um álbum de fotos iPhoto. Um anjo e um diabo surgem (o personagem PC vestido de terno branco e outro, de terno vermelho). O anjo estimula o PC a cumprimentar o Mac, enquanto o diabo incita o PC a rasgar o álbum. A metáfora é clara. Eu sou Mac/Eu sou PC pode ser intitulado: "Sou o bom rapaz/Sou o mau rapaz".[94]

Assim que o herói é introduzido, o benefício deve ficar evidente. A única pergunta que tem importância para as pessoas – "Por que devo me interessar?" – deve ser respondida imediatamente. Em um anúncio intitulado "Fora da caixa",** os dois personagens surgem dentro de duas caixas. O diálogo é o seguinte:

> **MAC:** Pronto para começar?
>
> **PC:** Não totalmente. Tenho muita coisa para fazer. Qual é o seu grande plano?
>
> **MAC:** Talvez fazer um filme caseiro, criar um *site*, testar minha câmera embutida. Posso fazer tudo isso já. Está tudo pronto para uso. E você?
>
> **PC:** Primeiro preciso fazer o *download* desses novos *drivers*, apagar a edição experimental do *software* que veio no meu disco rígido e ler um monte de manuais.

---

* Tenha um Mac. (N. E.)

** No original, *Out of the box*, expressão que também significa "pronto para uso". (N.T.)

MAC: Parece que você tem muita coisa a fazer antes de realmente funcionar. Vou começar porque estou um tanto empolgado. Avise-me quando estiver pronto. [*Salta para fora da caixa.*]

PC: Na verdade, o resto de mim está em algumas outras caixas... Encontro você mais tarde.

Alguns analistas criticaram a campanha da Apple, afirmando que apresentava sinais de presunçosa superioridade. Quer você goste dos anúncios ou os deteste, não há dúvida de que eles são eficazes, mesmo que só para manter as pessoas falando sobre a Apple. De fato, os anúncios fizeram tanto sucesso que a Microsoft reagiu com uma campanha publicitária mostrando pessoas famosas, e não tão famosas, com distintos estilos de vida, declarando orgulhosamente: "Eu sou PC". No entanto, a Apple tinha desferido o primeiro golpe, representando o personagem PC como uma pessoa fora de moda e o personagem Apple como o cara descolado, aquele que você realmente queria ser. Os anúncios da Microsoft são engraçados de ver, mas carecem do apelo emocional dos anúncios da Apple, por um único motivo: eles não têm um vilão.

Problema e solução em 30 segundos

Com mais de 10 mil aplicativos disponíveis para o iPhone, a App Store foi um sucesso inequívoco para a Apple. A empresa apresenta, em anúncios de TV, alguns aplicativos para o iPhone e o iPod Touch. Os comerciais de TV são eficazes porque, em 30 segundos, descrevem um problema e apresentam uma solução.

Por exemplo, em um anúncio para um aplicativo chamado Shazam, um narrador diz: "Sabe quando você fica louco porque não sabe que música está tocando? [*introduz o problema*] Com o Shazam, basta você colocar seu iPhone diante de uma caixa de som e, em segundos, você vai descobrir quem está cantando e como pode conseguir a música".[95] O *slogan* é sempre o mesmo: "Esse é o iPhone. Resolvendo problemas da vida com um aplicativo de cada vez".

Em 30 segundos, os comerciais conseguem suscitar um problema e resolvê-lo usando um aplicativo de cada vez. Os anúncios provam que a determinação do problema e a oferta de solução não precisam ser demoradas. Não gaste muito tempo até chegar à parte final da história.

Jobs não vende computadores, vende experiências

Depois de identificar o vilão e introduzir o herói, o próximo passo na narrativa Apple é mostrar como o herói oferece à vítima – o consumidor – uma possibilidade real de fuga das garras do vilão. Visite o *site* da Apple, por exemplo, e encontrará os principais motivos de "por que você vai se apaixonar por um Mac".[96] A lista inclui benefícios específicos e, em grande medida, evita linguagem técnica complicada. Por exemplo, em vez de dizer que o MacBook Pro vem equipado com processador Intel Core 2 Duo de 2,4 GHz, 2 GB, 1066 MHz, SDRAM DDR3 e ATA Serial de 250 GB, 5400 rpm, o *site* lista diretamente os benefícios para o cliente: "É magnífico por dentro e por fora. Faz o que um PC faz, mas melhor. Possui o sistema operacional mais avançado do mundo, e muito mais. É um prazer comprar e ser dono de um". Os clientes-alvo não estão comprando um processador multicore de 2,4 GHz. Eles estão comprando a experiência oferecida pelo processador.

Ao contrário de seus concorrentes, Jobs, em geral, evita dados, estatísticas e jargões monótonos em suas apresentações. Na Macworld 2006, ele acrescentou sua famosa expressão "mais uma coisa" perto do final da apresentação. O "mais uma coisa" era o novo MacBook Pro, com um microprocessador Intel Core 2, assinalando a adoção do primeiro microprocessador Intel em *notebooks* da Apple. Jobs levou alguns minutos para esquematizar o problema com clareza e introduzir os benefícios tangíveis do herói em linguagem simples.

"Tivemos aqueles probleminhas nos PowerBooks", Jobs afirmou. "Não é nenhum segredo que tentamos usar um G5 [microprocessador da IBM] no PowerBook, mas foi impossível em virtude do seu consumo de energia. É irreal em um computador tão pequeno. Fizemos todo o possível em termos de engenharia. Consultamos todas as possíveis autoridades superiores [mostra um *slide* com uma foto do Papa com um sorriso enorme]."

Depois de substituir o microprocessador existente por um Intel Core Duo, o desempenho ficou muito melhor em uma embalagem menor, explicou Jobs.

> Hoje estamos lançando um *notebook* a que demos o nome de MacBook. Possui um processador Intel Core Duo, o mesmo que estamos colocando no novo iMac, o que significa que teremos processadores duplos em cada MacBook Pro. O que isso propicia? É de quatro a cinco vezes mais rápido que o PowerBook G4. Eles são fora de série... O novo MacBook Pro é o *notebook* Mac mais rápido de todos os tempos. Também é o mais fino. Inclui alguns recursos novos incríveis. Dispõe de uma tela de 15,4 polegadas, que é tão brilhante quanto uma tela de cinema. É uma tela maravilhosa. Tem uma câmera iSight embutida. Agora, você pode fazer uma videoconferência mesmo em movimento. É incrível. Videoconferência em uma viagem. Não é o paraíso?[97]

Você pode achar ou não que uma *webcam* portátil é o paraíso, mas Jobs conhece sua plateia e exprime o que é, para os espectadores, um problema sério em busca de uma solução.

Essa habilidade e essa capacidade de criar um vilão e vender o benefício subjacente à solução do herói é uma técnica de Jobs que aparece em quase todas as suas apresentações e entrevistas. Quando ele concordou em ser entrevistado para uma série audiovisual do *Smithsonian Institution*, afirmou que a perseverança separa os empreendedores bem-sucedidos dos malsucedidos. A perseverança, disse, resulta da paixão. "A menos que você tenha muita paixão, você não vai sobreviver. Vai desistir. Então, tem de ter uma ideia, ou um problema, ou um erro que quer resolver, pelo qual você está apaixonado. Caso contrário, não vai conseguir perseverar. Acredito que corresponde metade da batalha."[98]

Jobs é o Indiana Jones dos negócios. Da mesma forma que os grandes personagens do cinema derrotam os vilões, Jobs identifica um inimigo comum, derrota aquele inimigo e convence os corações e as mentes de sua plateia enquanto caminha na direção do pôr do sol, transformando o mundo em um lugar melhor.

NOTAS DO DIRETOR

- Descreva como o setor (ou a categoria do produto) encontra-se atualmente; em seguida, dê sua visão de como poderia estar.
- Depois de ter estabelecido o antagonista – o ponto de dor dos seus clientes –, descreva, em linguagem simples, como sua empresa, produto ou serviço oferece a cura para aquela dor.
- Lembre-se: Steve Jobs acredita que você só conseguirá perseverar, se tiver paixão pelo problema que quer solucionar.

Obedeça à regra dos dez minutos

Sua plateia começa a "morrer" depois de dez minutos. Não depois de 11 minutos, mas de 10. Temos conhecimento desse fato valioso graças às novas pesquisas sobre o funcionamento cognitivo. Ou seja, o cérebro fica entediado. De acordo com o biólogo molecular John Medina: "O cérebro parece estar fazendo escolhas conforme algum padrão persistente de programação, sem dúvida influenciado tanto pela cultura como pela genética".[99] Para Medina, os estudos revisados por especialistas confirmam a regra dos dez minutos, exatamente como suas próprias observações. Em cada curso ministrado por Medina na faculdade, ele formula a mesma pergunta: "Em uma aula de interesse médio, nem muito tediosa e nem muito estimulante, quando você começa a olhar para o relógio, querendo saber quando a aula vai acabar?". A resposta é sempre a mesma: dez minutos.

Steve Jobs não dá tempo ao cérebro para ele ficar entediado. Em um período de 30 minutos, suas apresentações incluem demonstrações, um segundo ou até um terceiro palestrante e videoclipes. Jobs tem consciência de que nem mesmo seus dons de persuasão são um rival à altura de um cérebro cansado, constantemente buscando novos estímulos.

Exatamente dez minutos depois – e nem um segundo a mais – de Jobs começar sua apresentação na Macworld 2007, ele mostrou um novo comercial de TV da Apple para o iTunes e o iPod (aquele com silhuetas coloridas de pessoas dançando na frente de um fundo preto; as silhuetas estão segurando iPods, e os fones de ouvido totalmente brancos se destacam a olhos vistos). "Não é incrível?", Jobs perguntou, quando o comercial terminou.[100] Basicamente, ele proporcionou um intervalo entre o primeiro ato de sua apresentação, uma explanação sobre música, e o segundo, o lançamento da Apple TV, um produto projetado para reproduzir o conteúdo do iTunes em TV com tela *widescreen*.

Obedeça à regra dos dez minutos e dê aos cérebros dos seus ouvintes um intervalo. Aqui vamos nós para o segundo ato: transmitir a experiência.

SEGUNDO ATO

Transmitir a experiência

Steve Jobs não realiza uma apresentação. Ele oferece uma experiência. Imagine visitar Nova York e assistir a uma peça premiada da Broadway. Você espera ver uma infinidade de personagens, objetos cênicos elaborados, fundos visuais estonteantes e um momento glorioso, em que você sabe que o dinheiro que gastou no ingresso valeu a pena. No segundo ato, você descobrirá que uma apresentação de Steve Jobs contém cada um desses elementos, ajudando-o a criar um forte vínculo emocional entre ele e a plateia.

Da mesma forma que no primeiro ato, cada cena será concluída com um resumo de lições específicas e tangíveis, que você poderá aplicar facilmente. A seguir, há uma breve descrição de cada cena deste ato:

- **CENA 8 – Direcione sua plateia para o zen.** A simplificação é um recurso-chave em todos projetos da Apple. Jobs aplica a mesma abordagem na criação dos seus. Todo *slide* é simples, visual e sedutor.
- **CENA 9 – Dê uma nova roupagem a seus números.** Os dados ficam sem sentido fora de um contexto. Jobs dá vida à estatística e, mais importante, discute os números em um contexto pertinente à sua plateia.
- **CENA 10 – Utilize palavras superempolgantes.** Os meros mortais que assistem a uma apresentação inacreditável de Steve Jobs

descrevem-na como descolada, incrível e impressionante. Essas são apenas algumas das palavras vivas que Jobs utiliza com frequência. Descubra por que ele utiliza essas palavras e por que elas funcionam.

- **CENA 11 – Compartilhe o palco.** A Apple é uma das raras empresas em que seu destino está intimamente ligado ao seu cofundador. Apesar do fato de a Apple ter diversos líderes brilhantes, muitos analistas consideram que ela é uma empresa de um autocrata. Talvez. Mas Jobs trata as apresentações como uma sinfonia.
- **CENA 12 – Realize sua apresentação com objetos cênicos.** As demonstrações desempenham um papel de apoio muito importante em cada apresentação de Jobs. Aprenda a realizar demonstrações com entusiasmo.
- **CENA 13 – Surpreenda com um momento inesquecível.** Desde suas primeiras apresentações, Jobs demonstrou talento para a dramatização. Justamente quando você acha que já viu tudo o que tinha para ver e ouviu tudo o que tinha para ouvir, Jobs surpreende. O momento é planejado e roteirizado para causar o máximo de impacto.

CENA 8

Direcione sua plateia para o zen

A simplicidade é a sofisticação máxima.

STEVE JOBS, CITANDO LEONARDO DA VINCI.

A simplicidade é um dos conceitos mais importantes em todos os projetos da Apple: dos computadores aos tocadores de música, passando pelos telefones e até pela experiência em uma loja da marca. "Conforme a tecnologia fica mais complexa, os esforços da Apple em entender como criar tecnologia sofisticada compreensível aos meros mortais apresentam maior demanda",[101] Jobs disse ao jornalista do *The New York Times*que escreveu um artigo sobre o iPod em 2003.

Jony Ive, o guru de *design* da Apple, foi entrevistado para o mesmo artigo do *The New York Times* e assinalou que Jobs quis manter o primeiro iPod livre de penduricalhos e complexidades. O que a equipe retirou do aparelho foi tão importante quanto o que ela conservou. "O que é interessante é que por essa simplicidade – quase um anseio sem remorso em busca da simplicidade – e por sua expressão é que resultou um produto muito diferente. Mas a diferença não era o objetivo. Na realidade, é muito fácil criar uma coisa diferente. O que é estimulante é começar a perceber que essa diferença foi realmente uma consequência dessa busca por fazer algo muito simples",[102] Ive revelou. Para Ive, a complexidade teria significado a morte do iPod.

Jobs torna os produtos fáceis de usar eliminando recursos e penduricalhos. Esse processo de simplificação também se traduz no modo como ele cria seus *slides*. "É comodismo do apresentador colocar tudo em um único *slide*", escreve Nancy Duarte.[103] Enquanto a maioria dos apresentadores coloca a maior quantidade possível de palavras em um *slide*, Jobs retira, retira e retira.

Uma apresentação de Steve Jobs é muito simples, visual e sem marcadores. É isso mesmo: nenhum marcador. Nunca. Naturalmente, isso suscita uma pergunta: uma apresentação em PowerPoint sem marcadores ainda é uma apresentação em PowerPoint? A resposta é "sim", e uma muito mais interessante. As novas pesquisas sobre o funcionamento cognitivo – como o cérebro funciona – provam que os marcadores são a maneira menos eficaz de transmitir informações importantes. Os neurocientistas estão descobrindo que aquilo que se passa em uma apresentação típica é geralmente a pior forma de envolver uma plateia.

"O cérebro é fundamentalmente um pedaço de carne preguiçoso", escreve o doutor Gregory Berns, em *O iconoclasta*.*[104] Em outras palavras, o cérebro não gosta de gastar energia; ele evoluiu para ser tão eficiente quanto for possível. Os *softwares* de apresentação, como o PowerPoint, contribuem para a sobrecarga do cérebro, fazendo-o trabalhar arduamente. Abra o PowerPoint, e surge o *slide* padrão, que possui espaço para um título e um subtítulo ou para marcadores. Se você for como a maioria dos apresentadores, escreverá um título para o *slide* e adicionará um marcador, um submarcador e, muitas vezes, um subsubmarcador. O resultado será parecido com o exemplo de *slide* da Figura 8.1.

Título

- Marcador
  - Submarcador
    - Subsubmarcador

Marcador
  - Submarcador
    - Subsubmarcador

Marcador
  - Submarcador
    - Subsubmarcador

– Na verdade, irremediavelmente ultrapassado

FIGURA 8.1
Padrão típico e desinteressante do PowerPoint.

* *Iconoclast*. (N. E.)

Esse formato de *slide* me dá calafrios. Também deveria assustá-lo. O *designer* Garr Reynolds chama essas criações de *slidocumentos*, um neologismo que tenta mesclar *slides* com documentos. "As pessoas acham que estão sendo eficientes e simplificando as coisas", de acordo com Reynolds. "Uma abordagem do tipo matar dois coelhos com uma cajadada só. Infelizmente, a única coisa morta é a comunicação eficaz."[105] Para Reynolds, o PowerPoint, utilizado efetivamente, pode complementar e melhorar uma apresentação. Ele não é a favor do abandono do PowerPoint. No entanto, defende o abandono do uso dos modelos onipresentes de listas com marcadores encontrados tanto no PowerPoint como no Keynote. "Faz tempo que percebemos que pôr a mesma informação que está saindo de nossas bocas, em um *slide* em forma textual, geralmente não ajuda; na realidade, prejudica nossa mensagem."[106]

Criar *slides* como Steve Jobs fará você se sobressair, pois bem poucas pessoas criam *slides* como ele. Sua plateia ficará surpresa e satisfeita, simplesmente porque quase nenhuma outra pessoa faz isso. No entanto, antes de considerarmos *como* Jobs faz isso, vamos analisar *por que* ele faz isso. Ele pratica o zen-budismo. De acordo com os biógrafos, Jeffrey Young e William Simon, Jobs começou estudando o zen em 1976.[107] Um monge zen-budista até celebrou seu casamento com Lauren Powell, em 1991.

Um princípio central do zen é um conceito denominado *kanso*, ou simplicidade. Segundo Reynolds: "A arte zen japonesa ensina que é possível expressar grande beleza e transmitir mensagens poderosas por meio da simplificação".[108] A simplicidade e a eliminação de penduricalhos são componentes do *design* que Jobs inclui em seus produtos e *slides*. De fato, quase toda sua abordagem em relação à vida é zen.

Lápis nunca mais

Fomos treinados desde a infância a trocar o ato de prestar atenção pelo de tomar notas. Isso é uma lástima. As ações deveriam demandar atenção. (Dica: os marcadores demandam tomar nota. No instante em que você põe marcadores na tela, está anunciando: "Anote isso, mas realmente não preste atenção a isso agora".) As pessoas não tomam nota quando vão à ópera.[109]

SETH GODIN, ***BLOG DO SETH***

Em 1982, a fotógrafa Diana Walker tirou uma foto de Jobs na sala de estar da casa dele. A sala era ampla, com lareira e janelões. Jobs estava sentado em um pequeno tapete sobre um piso de madeira. Uma luminária estava perto dele. Atrás dele, havia um toca-disco e diversos LPs, alguns espalhados sobre o chão. Sem dúvida, Jobs poderia ter comprado alguns móveis. Afinal, ele tinha mais de 100 milhões de dólares quando a foto foi tirada. Jobs traz a mesma estética minimalista para os produtos da Apple. "Uma das partes mais importantes do processo de *design* da Apple é a simplificação", escreve Leander Kahney, em *A cabeça de Steve Jobs*.[110]

Para Kahney, "Jobs nunca se interessa pela tecnologia por ela mesma. Jamais exagera em acessórios desnecessários, sobrecarregando de funções um produto simplesmente porque são fáceis de acrescentar. Ocorre exatamente o contrário. Ele depura a complexidade dos seus produtos até que fiquem tão simples e fáceis de usar quanto for possível".[111]

Quando a Apple foi criada, na década de 1970, os anúncios da empresa tinham de estimular a demanda por computadores entre os consumidores comuns, que não viam muita necessidade desses novos aparelhos. De acordo com Kahney, "os anúncios eram escritos em uma linguagem simples, fácil de entender, sem nada do jargão técnico que dominava os anúncios dos concorrentes, que, afinal de contas, tentavam atrair um mercado completamente diferente: os hobbistas (quem usa computadores por lazer).[112] Jobs manteve suas mensagens simples desde então.

Hans Hoffmann, influente pintor alemão, afirmou certa vez: "A capacidade de simplificar significa eliminar o desnecessário para que o necessário possa falar". Ao remover os penduricalhos – informação irrelevante – dos produtos e das apresentações, Jobs alcança seu desejo supremo: facilidade de uso e clareza.

Macworld 2008: a arte da simplicidade

Para adquirir uma compreensão maior da criação de *slides* simples por Jobs, elaborei uma tabela de trechos da sua apresentação na Macworld 2008. No Quadro 8.1, a coluna da esquerda inclui as palavras proferidas na apresentação e, a coluna da direita, o conteúdo dos *slides*.[113]

Em quatro *slides*, a apresentação de Jobs continha muito menos palavras que a maioria dos outros apresentadores costuma apinhar em um único *slide*. Os cientistas cognitivos, como John Medina, na Universidade de Washington, descobriram que um *slide* médio do PowerPoint contém 40 palavras. Os primeiros quatro *slides* de Jobs possuem um total de sete palavras, três números, uma data e nenhum marcador.

QUADRO 8.1 TRECHOS DA APRESENTAÇÃO FEITA NA MACWORLD 2008

PALAVRAS DE JOBS	*SLIDES* DE JOBS
"Quero relembrar 2007. Não demora. Foi um ano excepcional para a Apple. Diversos produtos novos incríveis: o surpreendente iMac, os impressionantes iPods e, é claro, o revolucionário iPhone. Além disso, o Leopard e todos os outros *softwares* que lançamos em 2007."	2007
"Foi um ano excepcional para a Apple e preciso de apenas um instante para dizer a vocês: muito obrigado. Tivemos um apoio enorme de todos os nossos clientes, e realmente apreciamos isso. Assim, muito obrigado por um excepcional 2007."	Obrigado!
"Hoje falarei a respeito de quatro coisas para vocês. Então, vamos começar. A primeira é o Leopard."	1
"Fico empolgado por revelar que vendemos mais de 5 milhões de cópias do Leopard nos primeiros 90 dias. Inacreditável. É o lançamento mais bem-sucedido do Mac OS X de todos os tempos..."	5.000.000 de cópias vendidas nos 3 primeiros meses.

*Let's rock**

Em 9 de setembro de 2008, Jobs revelou os novos recursos da loja de música iTunes e lançou modelos de iPod para a temporada de feriados prolongados. Antes do evento – batizado de *Let's Rock* –, os analistas especularam que ele poderia estar doente, em virtude de sua aparência esquelética. (Em janeiro de 2009, a Apple revelou que Jobs estava perdendo peso devido a um desequilíbrio hormonal e tiraria uma licença para o tratamento.) Jobs abordou o

* Vamos agitar, em português. (N. T.)

boato logo que entrou no palco. Ele fez isso sem dizer uma palavra sobre o assunto. Deixou um *slide* falar por ele (Quadro 8.2).[114] Foi simples e inesperado. Provocou aplausos e desanuviou a tensão. O resto da introdução também foi cativante por sua simplicidade.

No quadro, note as palavras e os números nos *slides*. As palavras nos *slides* correspondem às palavras que ele utilizou para transmitir sua mensagem. Quando Jobs disse "vamos falar sobre música", a única palavra que a plateia viu foi música. As palavras atuam como um complemento.

Se você apresentar um ponto e seu *slide* tiver muitas palavras – e palavras que não correspondem com o que você diz –, sua plateia terá dificuldade de se concentrar tanto em você como no *slide*. Em resumo, os *slides* verborrágicos atrapalham a experiência. Os *slides* simples mantêm o foco em que interessa: em você, o palestrante.

Evidência empírica

Os estudos empíricos baseados em dados objetivos, e não em opiniões, demonstram que manter seus *slides* simples e isentos de informação irrelevante é a melhor maneira de envolver sua plateia. O doutor Richard Mayer ensina psicologia educacional na Universidade da Califórnia em Santa Barbara e estuda aprendizagem multimídia desde 1991. Suas teorias se baseiam em estudos empíricos sólidos divulgados em publicações revisadas por especialistas. Em um estudo intitulado *A cognitive theory of multimedia learning* (*Uma teoria cognitiva da aprendizagem multimídia*), Mayer esquematizou os princípios fundamentais do *design* multimídia, com base no que os cientistas conhecem sobre o funcionamento cognitivo. Os *slides* de Steve Jobs seguem todos os princípios de Mayer, como veremos a seguir:

PRINCÍPIO DA APRESENTAÇÃO MULTIMÍDIA

"É melhor apresentar uma explanação em palavras e imagens que somente em palavras", escreve Mayer.[115] Segundo ele, os espectadores compreendem com mais facilidade o material quando apresentado em palavras e imagens. Nas experiências de Mayer, os grupos expostos a ambientes multissensoriais – textos e fotos, animação e vídeo – sempre tiveram uma lembrança muito mais exata da informação, em certos casos até 20 anos depois!

QUADRO 8.2 TRECHOS DO EVENTO "LET'S ROCK" DE 2008

PALAVRAS DE JOBS	*SLIDES* DE JOBS
"Bom dia. Obrigado por virem esta manhã. Temos coisas realmente estimulantes para dividir com vocês. Antes de começarmos, só quero mencionar isso [gestos na direção da tela]."	As notícias a respeito de minha morte são muito exageradas.
"É o suficiente. Então, vamos para o tópico real desta manhã, que é música. Vamos falar sobre música hoje e temos muitos lançamentos legais."	Música
"Comecemos com o iTunes."	iTunes
"O iTunes, é claro, é o reprodutor de música e vídeo onipresente, unido à maior loja de conteúdo *on-line* do mundo."	[Imagem da *home page* do iTunes.]
"O iTunes agora oferece mais de 8,5 milhões de músicas. É incrível. Começamos com duzentos mil. Agora, temos mais de 8,5 milhões de músicas."	8.500.000 de músicas
"Mais de 125 mil *podcasts*."	125.000 *podcasts*
"Mais de 30 mil episódios de programas de TV."	30.000 episódios de 1.000 programas de TV
"Dois milhões e 600 mil filmes de Hollywood."	2.600 filmes de Hollywood
"E, não faz muito tempo, oferecemos mais de 3 mil aplicativos para iPhone e iPod Touch."	3.000 aplicativos para iPhone e iPod Touch
"E, ao longo dos anos, construímos uma grande base de clientes. Temos muita satisfação de anunciar que temos mais de 65 milhões de contas no iTunes agora. É fantástico: 65 milhões de clientes."	65 milhões de contas com cartões de crédito

A advertência dos dois minutos

A tarefa dos líderes é simplificar. Você deve ser capaz de explicar aonde tem de ir em dois minutos.[116]

JEROEN VAN DER VEER, PRESIDENTE DA ROYAL DUTCH SHELL.

PRINCÍPIO DA CONTIGUIDADE

"Ao dar uma explanação multimídia, apresente palavras e imagens correspondentes de modo contíguo em vez de separado", Mayer aconselha.[117] Nas experiências de Mayer, ele expôs os alunos a certos tipos de informação e, em seguida, testou-os sobre o que tinham aprendido. Aqueles alunos que leram um texto contendo ilustrações com legendas perto das palavras correspondentes apresentaram um desempenho 65% melhor que os alunos que leram texto puro. Para Mayer, esse princípio não é surpreendente se você souber como o cérebro funciona. Quando o cérebro tem a possibilidade de construir duas representações mentais de uma explanação – um modelo verbal e um modelo visual –, as conexões mentais são muito mais fortes.

PRINCÍPIO DA ATENÇÃO DIVIDIDA

"Ao dar uma explanação multimídia, apresente as palavras como uma narração auditiva e não como um texto visual, na tela", Mayer também aconselha.[118] Ao apresentar a informação, as palavras transmitidas oralmente possuem impacto maior que as palavras lidas por sua plateia em um *slide*. A presença de muitas palavras pode sobrecarregar o cérebro.

PRINCÍPIO DA COERÊNCIA

"Ao dar uma explanação multimídia", escreve Mayer, "utilize poucas palavras e imagens em vez de muitas e irrelevantes".[119] As apresentações mais curtas, com informação mais relevante, são mais compatíveis com as teorias da aprendizagem cognitiva. Em resumo, acrescentar informação redundante ou irrelevante impedirá a aprendizagem, em vez de ajudá-la.

Para Mayer, um *slide* ideal conteria uma imagem com uma simples linha direcionando o olhar para onde você quer que o observador olhe. Isso se chama sinalização e se baseia na premissa científica de que sua plateia não deve desperdiçar recursos cognitivos tentando achar seu lugar na tela. Agora, lembre-se disso enquanto voltamos para o evento *Let's Rock*. Depois de seis minutos da apresentação, Jobs descreveu um novo recurso disponível no iTunes: o Genius (Quadro 8.3).[120]

O que pode ser mais fácil de seguir do que simples setas apontando para uma área relevante do *slide*? Desenhos de linhas, poucas palavras e uma rica biblioteca de imagens e fotografias coloridas compõem os *slides* de Jobs. A simplicidade – a eliminação dos adereços – é o tema que os interligam.

A McApresentação

Antigamente, os críticos ridicularizavam o *USA Today*, considerando-o um "McJornal" por causa dos seus artigos curtos e fáceis de ler. Agora, ninguém mais o ridiculariza. O *USA Today* ostenta a maior circulação entre todos os jornais norte-americanos. Os leitores adoram seus recursos gráficos, seus diagramas e suas fotografias coloridas e ousadas. Após o lançamento do *USA Today*, em 1982, muitos jornais diários não tiveram outra opção senão veicular artigos mais curtos, com um mar de cores e mais fotografias.

O *USA Today* ficou famoso por seus *snapshots* (instantâneos), ou seja, diagramas autônomos existentes na parte inferior esquerda das principais seções (News, Sports, Money, Life). São elementos gráficos estatísticos fáceis de ler, que apresentam informações sobre diversos assuntos e tendências, de maneira visualmente atraente. Esses elementos gráficos estão entre as melhores ferramentas para a criação de *slides* mais visuais. Estude-os. Você verá a teoria de Richard Mayer na prática. Os *slides* podem conter gráficos e imagens, tornando a informação mais difícil de esquecer. Para um índice dos *snapshots* do *USA Today*, consulte usatoday.com/snapshot/news/snapndex.htm.

QUADRO 8.3 MAIS TRECHOS DO EVENTO "LET'S ROCK" DE 2008

PALAVRAS DE JOBS	*SLIDES* DE JOBS
"Estamos lançando um recurso chamado Genius. O Genius é muito legal."	Genius
"O Genius permite que você crie automaticamente listas de execução a partir das músicas da sua biblioteca musical, que combinam bem entre si, com apenas um único clique. O Genius ajuda você a redescobrir as músicas da sua própria biblioteca musical, criando ótimas listas de execução, que, provavelmente, você não pensaria em criar, e, realmente, funcionam bem com apenas um clique."	Cria automaticamente listas de execução a partir das músicas da sua biblioteca musical, que combinam bem entre si, com apenas um clique.
"Portanto, esse é o Genius. Eis a aparência dele. Digamos que você está ouvindo uma música; no meu caso, uma música de Bob Dylan."	[Imagem da tela da biblioteca do iTunes exibida com uma música realçada.]

PALAVRAS DE JOBS	*SLIDES* DE JOBS
"Há um botão do Genius bem aqui no canto inferior. Você pressiona e pronto: criou uma lista de execução Genius. Além disso, você pode fazer aparecer uma barra lateral no Genius, que dá recomendações da loja iTunes a respeito da música que você quer comprar."	[Círculos animados aparecem e circundam o pequeno logotipo do Genius, na parte inferior direita da tela.]
"Então, como tudo isso funciona? Bem, temos a loja iTunes na 'nuvem' e adicionamos algoritmos Genius nela."	[Desenho de uma nuvem simples com o logotipo do Genius dentro.]
"Então, você tem sua biblioteca musical. Se você ligar o Genius, ela vai enviar informações sobre sua biblioteca musical para o iTunes para que possamos tomar conhecimento dos seus gostos musicais. Essa informação é enviada de modo totalmente anônimo."	[Imagem da biblioteca musical do iTunes; setas aparecem se movendo para cima, do iTunes para a nuvem.]
"Mas não somente sua informação, pois também vamos combinar sua informação com os dados de milhões de usuários do iTunes."	[Diversas imagens de bibliotecas musicais do iTunes aparecem ao lado da biblioteca original.]
"E então vamos enviar sua informação para cima... E aí estão elas."	[Seta para cima, da imagem original para a nuvem, seguida por mais de uma dezena de setas de outras imagens.]
"E, quando isso acontece, o Genius fica mais e mais inteligente."	[O logotipo do Genius na nuvem é substituído pela expressão "mais inteligente".]
"Todos se beneficiam. Quando enviamos de volta os resultados do Genius para você, eles estão sob medida para sua biblioteca musical."	[Setas aparecem se movendo para baixo, da nuvem para a imagem da biblioteca do iTunes.]
"Aí, cria automaticamente listas de execução a partir das músicas da sua biblioteca, que combinam bem entre si, com apenas um clique. Esse é o Genius." [Desloca-se para o demonstrativo.]	[Não há um novo *slide*.]

Espaço em branco

De acordo com Garr Reynolds, há uma clara estética zen nas apresentações de Jobs. "Nos *slides* dele, você pode perceber evidências de contenção, simplicidade e uso poderoso, mas sutil, do espaço vazio."[121] Para *designers* de alto nível como Reynolds, o maior erro que executivos cometem é preencher cada centímetro do *slide*.

Para Nancy Duarte, o espaço em branco dá aos *slides* um espaço visual para respirar. "Muitas vezes, os elementos visíveis de um *slide* recebem o maior foco. Mas você precisa prestar igual atenção à quantidade de espaço que deixa aberto... Tudo bem ter espaço limpo; os penduricalhos são uma falha de projeto."[122] Duarte afirma que é comodismo do apresentador colocar tudo em um único *slide*.

Muita informação e adereços exigem muito esforço da plateia. A simplicidade é poderosa. O espaço vazio significa elegância, qualidade e clareza. Para ver exemplos de como os *designers* utilizam o espaço, consulte alguns ganhadores do concurso de *design* de *slide*, em Slideshare.net (slideshare.net/contest/results-2008).

Efeito da superioridade das imagens

A esta altura, espero que você tenha decidido juntar seus *slides* atuais, principalmente aqueles com marcadores, e queimá-los. Ao menos, queimá-los digitalmente, excluindo-os e esvaziando sua lixeira, para que você nunca mais possa recuperar esses *slides*. O argumento para a representação visual das ideias é um conceito tão poderoso que os psicólogos possuem uma expressão para isso: efeito da superioridade da imagem (PSE, na sigla em inglês).[123] Os pesquisadores descobriram que as informações visual e verbal são processadas de modo diferente ao longo de diversos canais do cérebro. O que isso significa para você e para sua próxima apresentação é simples: suas ideias terão maior probabilidade de ser lembradas se forem apresentadas como imagens em vez de palavras.

Os pesquisadores que apresentaram a teoria do PSE acreditam que ela representa uma forma poderosa da aprendizagem da informação. De acordo com John Medina, biólogo molecular da Escola de Medicina da Universidade de Washington, "as apresentações textuais e orais não são somente menos eficientes que as apresentações visuais para a retenção de certos tipos de informação; elas também são *muito* menos eficientes. Se a informação for apresentada oralmente, as pessoas lembram cerca de 10%, testadas 72 horas depois da exposição. A porcentagem cresce para até 65% se você acrescentar uma imagem".[124]

As imagens funcionam melhor que o texto porque o cérebro enxerga as palavras como inúmeras imagens em miniatura. Para Medina, "o texto sufoca não porque é não suficientemente parecido com imagens, mas sim porque é muito parecido com imagens. Para nosso córtex, inquietantemente, as palavras não existem".[125]

O amor de Steve por fotos

Em 9 de junho de 2008, Steve Jobs anunciou o lançamento do iPhone 3G na WWDC. Ele utilizou 11 *slides* para isso, empregando o conceito do PSE ao máximo. Somente um único *slide* incluía palavras (iPhone 3G). Os outros continham somente fotografias. Observe o Quadro 8.4.[126]

Um apresentador medíocre condensaria a mesma quantidade de informação em um único *slide*. Ele se pareceria com o *slide* da Figura 8.2. O que você acha mais inesquecível: os 11 *slides* de Jobs ou um *slide* com uma lista de recursos com marcadores?

iPhone 3G

- Mais fino
- Tampa traseira toda de plástico
- Botões metálicos sólidos
- Tela de 3,5 polegadas
- Câmera embutida
- Conector universal para fone de ouvido
- Áudio aprimorado

FIGURA 8.2
Os ***slides*** desinteressantes não têm imagens e contêm muitas palavras.

Teoria da simplicidade de Einstein

Se você não conseguir explicar de forma simples, não compreendeu suficientemente bem.

ALBERT EINSTEIN

QUADRO 8.4 APRESENTAÇÃO FEITA NA WWDC 2008

PALAVRAS DE JOBS	*SLIDES* DE JOBS
"Depois de chegarmos ao primeiro aniversário do iPhone, vamos levá-lo ao próximo nível."	[Foto de um bolo de aniversário, com cobertura branca, morangos e uma velinha no meio.]
"Hoje estamos lançando o iPhone 3G. Aprendemos muito a respeito do primeiro iPhone. Pegamos tudo o que aprendemos e mais um pouco, e criamos o iPhone 3G. Ele é muito bonito."	iPhone 3G
"Ei-lo! [Vira-se e faz gestos na direção da tela; a plateia ri.] É ainda mais fino. Realmente, é muito bonito."	[Visão lateral do iPhone; tão fino que é difícil de ver no *slide*. E ocupa pouco espaço – um exemplo de utilização do espaço vazio para comunicar uma ideia.]
"Tem uma tampa traseira toda de plástico. De fato, é perfeito."	[Visão da tampa traseira em tela cheia.]
"Botões metálicos sólidos."	[Outra visão lateral do aparelho, na qual os botões estão visíveis.]
"A mesma bela tela de 3,5 polegadas."	[Foto da parte frontal, mostrando a tela.]
"Câmera."	[Foto em *close-up* da câmera.]
"Conector universal para fone de ouvido, pois, assim, você pode usar qualquer fone de ouvido."	[*Close-up* do fone de ouvido.]
"Áudio aprimorado. Áudio muito aprimorado."	[Outra foto com vista superior do aparelho.]
"É incrível, realmente incrível. E fica ainda melhor na sua mão."	[Volta para a primeira foto da visão lateral.]
"É realmente maravilhoso: iPhone 3G."	iPhone 3G

Quando Steve Jobs apresentou o MacBook Air como "o *notebook* mais fino do mundo", um *slide* mostrou a fotografia do novo computador em cima de um envelope, que era mais espesso que o próprio computador. É isso. Nenhuma palavra, nenhuma caixa de texto, nenhum gráfico, somente a foto. Poderia ser mais eficiente? A foto já diz tudo. Para ilustrar, a Figura 8.3 é o exemplo de um *slide* típico que um apresentador medíocre criaria para descrever um produto técnico. Acredite ou não, este *slide* é maravilhoso em comparação com muitos *slides* que vi em apresentações técnicas realizadas por apresentadores medíocres. Mistura de fontes, estilos e textos – nada memorável e tudo verdadeiramente horrível.

Em comparação, a Figura 8.4 mostra um dos *slides* de Jobs para a apresentação do MacBook Air. Os *slides* para essa apresentação eram quase todos muito parecidos, apresentando geralmente fotografias. Ele remeteu os clientes ao *site* da Apple a fim de que obtivessem mais informação técnica. As imagens dominaram a apresentação. Sem dúvida, apresentar um produto técnico dessa maneira, como Jobs fez para o MacBook Air, é muito mais eficaz.

Você precisa ter confiança para expor suas ideias com fotografias em vez de palavras. Como não pode se valer de nenhum texto nos *slides* como apoio, você deve transmitir sua mensagem perfeitamente. Essa é a diferença entre Jobs e milhões de comunicadores comuns. Ele transmite suas ideias de maneira simples, clara e confiante.

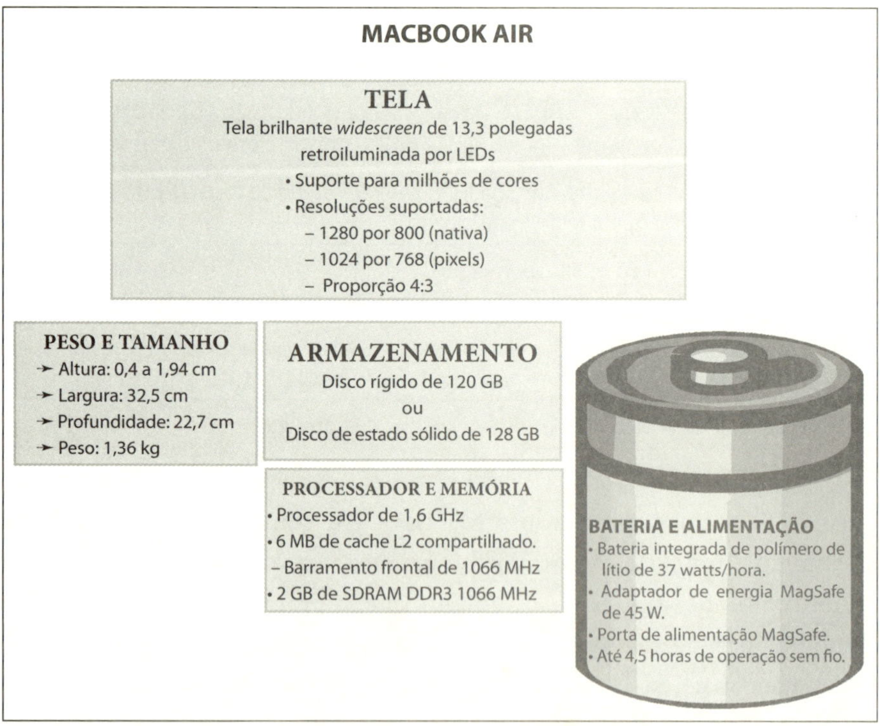

FIGURA 8.3
Um *slide* muito feio, com muita informação, vários tipos de fonte e estilo inconsistente.

Tony Avelar/AFP/Getty Images

FIGURA 8.4
Os *slides* de Jobs são muito simples e visualmente atraentes.

Simplifique tudo

A simplicidade se aplica aos *slides* de Jobs e também às palavras que ele cuidadosamente escolhe para descrever os produtos. Da mesma forma que os *slides* não contêm texto irrelevante, o mesmo acontece em relação ao seu discurso. Por exemplo, em outubro de 2008, quando a Apple apresentou uma nova linha de computadores MacBook ecologicamente corretos, Jobs poderia ter descrito os computadores de duas maneiras.

No Quadro 8.5, a coluna à esquerda contém a descrição tecnicamente precisa, mas verborrágica, enquanto a coluna à direita expõe o que Jobs realmente disse.[127]

Jobs substitui frases longas por descrições que cabem em um *post* do Twitter (Cena 4). As frases simples são mais fáceis de lembrar.

O Quadro 8.6 mostra outros exemplos de como Jobs poderia ter descrito um novo produto, em comparação ao que ele realmente disse.

Plain English Campaign*

Se você precisar de ajuda para escrever frases claras e diretas, a Plain English Campaign poderá ajudar. Desde 1979, essa organização estabelecida no Reino Unido tem liderado a luta para que governos e empresas simplifiquem suas comunicações. O *site* é atualizado semanalmente com exemplos das mais complexas e ininteligíveis redações empresariais, que são apresentadas aos leitores de todo o mundo. Os organizadores definem *plain english* (linguagem simples) como a escrita que o público-alvo consegue ler, compreender e reagir a respeito desde a primeira leitura (ou audição). O *site* possui guias gratuitos sobre como escrever em linguagem simples e também exemplos maravilhosos do tipo "antes e depois", como os expostos no Quadro 8.7.[128]

QUADRO 8.5 DESCREVENDO O MACBOOK ECOLOGICAMENTE CORRETO

O QUE JOBS PODERIA TER DITO	O QUE JOBS REALMENTE DISSE
A nova família MacBook atende aos requisitos Energy Star mais rigorosos e não contém componentes retardadores de chama brominados. Utiliza cabeamento interno, componentes sem PVC e apresenta tela retroiluminada por LEDs de baixo consumo de energia e sem mercúrio.	"São os *notebooks* mais verdes da indústria."

QUADRO 8.6 DESCRIÇÕES POSSÍVEIS E REAIS NAS APRESENTAÇÕES DE JOBS

O QUE JOBS PODERIA TER DITO	O QUE JOBS REALMENTE DISSE
O MacBook Air mede 0,4 cm no seu ponto mais fino, com uma espessura máxima de 1,94 cm.	"É o *notebook* mais fino do mundo."
O Time Capsule é um aparelho que combina uma estação-base 802.11n com um disco rígido com qualidade de servidor, que oferece *backup* automático para um ou mais Macs que utilizassem o Leopard, último lançamento do sistema operacional Mac OS X.	"Conecte o Time Capsule, clique em alguns botões e pronto: ele faz o *backup* automático de todos os Macs de sua casa."

* Campanha pela Linguagem Simples. (N.T.)

O Mac OS X possui proteção de memória, é multitarefa e faz multiprocessamento simétrico. Inclui o novo aplicativo gráfico Quartz 2D baseado no PDF padrão *internet*.	"O Mac OS X é o sistema operacional mais avançado do mundo de todos os tempos para computadores."

Quase tudo o que você diz em um memorando, *e-mail* ou apresentação pode ser editado com concisão e simplicidade. Lembre que a simplicidade não se aplica somente para as palavras nos *slides*, mas também para as palavras que você diz.

Para Paul Arden, autor e especialista em propaganda, as pessoas vão a uma apresentação para ver você, e não para ler suas palavras. Ele dá essa dica: "Em vez de dar às pessoas o benefício da sua inteligência e sabedoria (palavras), tente desenhar para elas um quadro. Quanto mais visual for sua apresentação, mas pessoas vão se lembrar dela".[129]

"A simplicidade é a sofisticação máxima", afirmou Leonardo da Vinci. Um dos pintores mais célebres da história, ele compreendeu o poder real da simplicidade, exatamente como Steve Jobs. Quando você descobre esse conceito por si mesmo, suas ideias ficarão muito mais persuasivas do que você já pode imaginar.

QUADRO 8.7 EXEMPLOS DE ANTES E DEPOIS, DA PLAIN ENGLISH CAMPAIGN

ANTES	DEPOIS
Se existirem algumas questões para as quais você quer explicações ou outros pormenores, ficaremos satisfeitos em fornecer esses detalhes adicionais, que podem ser solicitados por telefone.	Se você tiver uma dúvida, telefone para nós.
Ambientes de aprendizagem de alta qualidade são uma pré-condição necessária para o apoio e a melhoria do processo de aprendizagem em desenvolvimento.	As crianças precisam de boas escolas para aprender bem.
É importante que você leia as observações, os avisos e as informações detalhadas. Depois, preencha o formulário no verso (todas as seções) antes da devolução imediata ao Conselho por meio do envelope fornecido.	Leia as observações antes de preencher o formulário. Depois, remeta-o para nós o mais breve possível no envelope fornecido.

NOTAS DO DIRETOR

- Evite os marcadores. Sempre. Bem, quase sempre. Os marcadores são perfeitamente aceitáveis nas páginas planejadas para serem lidas por sua plateia, como livros, documentos e *e-mails*. De fato, eles dividem o texto muito bem. Os marcadores nos *slides* de apresentação devem ser evitados. Imagens são mais eficientes.
- Focalize um único tema por *slide* e complemente esse tema com uma fotografia ou uma imagem.
- Aprenda a criar *slides* visualmente sedutores. Sobretudo, lembre-se de que você não precisa ser um artista para criar *slides* visualmente elaborados. Consulte *carminegallo.com* para uma lista de recursos.

CENA 9

Dê uma nova roupagem a seus números

Vendemos 4 milhões de iPhones até hoje.
Se você dividir 4 milhões por 200 dias,
são 20 mil iPhones por dia, em média.

STEVE JOBS

Em 23 de outubro de 2001, a Apple lançou um tocador de música digital que revolucionaria toda a indústria da música: o iPod. Por 399 dólares, contudo, era um invento caro. O iPod armazenava músicas em um disco rígido de 5 *gigabytes*, mas o número em si – 5 GB – significava pouco para o aficionado comum de música. Ao apresentar sua *keynote*, Jobs deixou esse número mais compreensível, afirmando que 5 GB proporcionavam espaço suficiente para o armazenamento de mil músicas. Embora isso soasse mais impressionante, ainda não propiciou um valor irresistível, pois os concorrentes estavam oferecendo aparelhos com maior capacidade de armazenamento por um preço menor. "Mas, esperem", Jobs afirmou para sua plateia, "há outra coisa". E Jobs revelou: "O novo iPod pesa 184 gramas e é tão pequeno que cabe no seu bolso". Quando Jobs tirou um do seu próprio bolso, isso imediatamente surpreendeu positivamente a plateia. O *slogan* do iPod dizia tudo: "Mil músicas no seu bolso".[130]

Raramente os números repercutem nas pessoas até serem postos em um contexto capaz de ser compreendido por elas. A melhor forma de ajudá-las a compreender é tornar esses números pertinentes a algo com que elas já estão familiarizadas. Cinco *gigabytes* podem não dizer nada para você, mas mil músicas em seu bolso abrem um caminho inteiramente novo para você ouvir música.

Jobs dá uma nova roupagem aos números para deixá-los mais interessantes. Jeff Goodell, jornalista da revista *Rolling Stone*, certa vez perguntou a Jobs o que ele achava a respeito da participação de mercado da Apple estar empacada em 5%, nos Estados Unidos. (A entrevista foi em 2003. Na época da redação deste livro, a participação de mercado da Apple no setor de informática era de 10%.) Um leitor médio pode considerar muito pequena uma participação de mercado de 5%. Jobs contextualizou esse número, descrevendo-o desta maneira: "Nossa participação de mercado é maior do que a da BMW ou da Mercedes no setor de automóveis. E, no entanto, ninguém acha que a BMW e a Mercedes estão desaparecendo e ninguém acha que estão em enorme desvantagem por causa da sua participação de mercado. Na realidade, a BWM e a Mercedes tanto fabricam produtos muito desejados como são marcas muito cobiçadas".[131] Uma participação de mercado de 5% parece pequena, mas fica muito mais interessante depois de Jobs colocá-la em contexto usando a analogia automobilística. Ao comparar a participação de mercado da Apple com essas duas marcas tão admiradas, Jobs revelou uma história por trás dos números.

Duas vezes mais rápido e pela metade do preço

A transferência de dados no primeiro iPhone era muitas vezes aflitivamente lenta pela rede padrão da AT&T, a EDGE. A Apple solucionou o problema com o lançamento do iPhone 3G, em 9 de junho de 2008. Na apresentação, Jobs afirmou que o novo iPhone era 2,8 vezes mais rápido, mas não parou aí. Ele contextualizou o número para que os usuários normais de *internet* compreendessem e avaliassem. Exibiu duas imagens sucessivas: o *site* da National Geographic carregando pela rede EDGE e pela nova rede 3G de alta velocidade. O *site*, pela EDGE, levou 59 segundos para carregar 100%.

O *site*, pela 3G, levou somente 21 segundos.[132] Além disso, a Apple ofereceu aos clientes um bônus, baixando o preço do aparelho.

De acordo com Jobs, os consumidores teriam um telefone que era duas vezes mais rápido e pela metade do preço. Os apresentadores comuns expelem números sem contextualizá-los, supondo que a plateia compartilhará seu entusiasmo. Jobs sabe que os números podem ter significado para os fãs mais fervorosos, mas, em geral, não fazem sentido para a maioria dos clientes potenciais. Jobs torna seus números específicos, relevantes e contextuais.

Específico. Relevante. Contextual.

Observemos dois outros exemplos em que Jobs torna os números específicos, relevantes e contextuais. Em 23 de fevereiro de 2005, a Apple acrescentou um novo iPod à sua linha de produtos. O iPod possuía capacidade de armazenamento de 30 GB. A maioria dos consumidores é incapaz de dizer o significado de 30 GB. Eles sabem que é melhor do que 8 GB, mas é tudo. Jobs nunca anunciaria um número tão grande sem contextualizá-lo. Então, ele o analisou em uma linguagem compreensível para sua plateia. Jobs revelou que 30 GB é memória suficiente para 7,5 mil músicas, 25 mil fotos ou até 75 horas de vídeo. A descrição foi específica (7,5 mil músicas em contraste com "milhares" de músicas), relevante para a vida da sua plateia (pessoas que querem acesso móvel a músicas, fotos e vídeos) e contextual, pois ele escolheu destacar os números por que sua plateia básica de consumidores mais se interessaria.

Em um segundo exemplo, Jobs escolheu a Macworld 2008 para celebrar o aniversário de duzentos dias do iPhone. Ele disse: "Fico muito contente pelo fato de termos vendido quatro milhões de iPhones até hoje". Ele poderia ter parado aí (e a maioria dos apresentadores teria feito exatamente isso), mas Jobs é Jobs, e ele continuou: "Se você dividir 4 milhões por 200 dias, são vinte mil iPhones por dia, em média". Jobs também poderia ter parado aí, mas ele prosseguiu, acrescentando que o iPhone tinha conquistado quase 20% do mercado em um período tão curto. Tudo bem, você pode estar dizendo, certamente Jobs parou aí. Engano seu.

"O que isso significa em termos do mercado total?", ele perguntou.[133] Então, ele exibiu um *slide* da participação de mercado de *smartphones*, nos Estados Unidos, incluindo os concorrentes RIM, Palm, Nokia e Motorola.

O BlackBerry, da RIM, possuía a maior participação de mercado, com 39%. O iPhone vinha em segundo, com 19,5%. Em seguida, Jobs comparou a participação de mercado do iPhone com a de todos os outros concorrentes. De acordo com ele, a participação do iPhone se igualou à participação somada dos três outros concorrentes, nos primeiros 90 dias depois do lançamento. Os números, é claro, eram muito específicos, relevantes para o setor e, sobretudo, contextuais (Jobs estava se dirigindo a investidores). Ao comparar o iPhone com concorrentes bem estabelecidos, Jobs tornou seu feito – vender 4 milhões de unidades nos dois primeiros trimestres, aproximadamente – muito mais memorável.

Dê nova roupagem aos números com analogias

Quando trabalhei com executivos da SanDisk para prepará-los para uma apresentação importante na Consumer Electronics Show 2008, em Las Vegas, recorremos a uma página do manual de estratégias de Steve Jobs. O fabricante de cartões de memória *flash* estava lançando um cartão suficientemente pequeno para encaixar em um *slot micro* SD de telefone celular. É minúsculo. Uma novidade ainda maior era que armazenava 12 GB de memória nesse pequeno tamanho físico. Mas somente *nerds* de informática achariam 12 GB empolgantes. Então, tínhamos de dar uma nova roupagem aos números à la Steve Jobs. Nossa apresentação final ficou assim:

> Hoje estamos lançando o primeiro cartão de memória de 12 GB para telefones celulares. Possui 50 bilhões de transistores. Pense em cada transistor como uma formiga: se você colocasse 50 bilhões delas em uma fila, dariam duas vezes a volta ao mundo. O que isso significa para vocês? Memória suficiente para armazenar seis horas de filme. Memória suficiente para ouvir música em uma viagem de ida e volta para a Lua!

O número 12 GB é, em grande medida, desinteressante, a não ser que você entenda verdadeiramente as implicações do avanço e o que isso significa para você. Quando a SanDisk comparou 50 bilhões de transistores com a quantidade de formigas capazes de dar a volta ao mundo, a empresa estava utilizando uma analogia para ressaltar os números. As analogias destacam características semelhantes entre duas coisas distintas. Às vezes, as analogias são o melhor modo de contextualizar os números para que as pessoas consigam entendê-los.

Quanto mais complexa a ideia, mais importante é empregar recursos retóricos, como analogias, para facilitar a compreensão. Por exemplo, em 17 de novembro de 2008, a Intel lançou um poderoso microprocessador chamado Core i7. O novo microprocessador representava um salto tecnológico significativo, contendo 730 milhões de transistores em uma peça única de silício. Os engenheiros descreveram a tecnologia como estonteante. Mas isso porque eles são engenheiros. Como o consumidor comum e os investidores poderiam avaliar o grande avanço? John Barton, engenheiro-chefe de testes da Intel, encontrou a resposta.

Em uma entrevista para o *New York Times,* Barton revelou que um processador Intel criado 20 anos atrás tinha 29 mil transistores, enquanto um i7 continha 730 milhões de transistores sobre um circuito integrado do mesmo tamanho. Ele equiparou os dois, comparando a cidade de Ithaca, no estado de Nova York (população de 29 mil habitantes), com o continente europeu (população de 730 milhões de habitantes). "Ithaca é bastante complexa por si mesma, se você levar em conta todas as coisas que acontecem. Se extrapolarmos a população para 730 milhões, corresponderá à Europa, em número de habitantes. Agora, pegue a Europa e a comprima até tudo caber na mesma área territorial de Ithaca."[134]

Ferreiros de números

Todo ramo de atividade possui números, e quase todo representante, de cada ramo, é incapaz de tornar os números interessantes e significativos. No restante desta cena, analisaremos diversos exemplos de indivíduos e empresas que conseguiram efetuar com êxito o que Jobs realiza em cada apresentação: tornar os números significativos.

DEFININDO UM QUATRILHÃO

Em 9 de junho de 2008, a IBM veiculou um *press release* divulgando um supercomputador ultrarrápido. Como seu nome sugere, o Roadrunner ("corredor de estradas") é realmente um sistema veloz, processando um *petaflop* por segundo. O que é um *petaflop*? Boa pergunta. É um quatrilhão de cálculos por segundo. A IBM percebeu que o número não faria sentido para a grande maioria dos leitores e, então, acrescentou a seguinte descrição:

> Qual é a rapidez de um *petaflop*? Muitos *notebooks*. Equivale, aproximadamente, ao poder de cálculo combinado de 100 mil dos *notebooks* mais rápidos da atualidade. Seria preciso uma pilha de *notebooks* com 2,4 quilômetros de altura para se igualar ao desempenho do Roadrunner.
>
> Seria necessário que cada habitante da Terra – cerca de 6 bilhões de pessoas – trabalhasse com uma calculadora, a taxa de um segundo por cálculo, por mais de 46 anos, para fazer o que o Roadrunner consegue processar em um único dia.
>
> Na última década, se fosse possível que os carros reduzissem seu consumo de gasolina na mesma proporção que os supercomputadores melhoraram seu custo e sua eficiência, eles hoje estariam percorrendo 85 mil quilômetros com um litro de combustível.[135]

As comparações eram muito interessantes e chamaram a atenção da mídia. Realize uma pesquisa no Google para "IBM + Roadrunner + 1,5 miles", e ela retornará cerca de 20 mil *links* de artigos que utilizam a comparação da IBM, palavra por palavra em relação ao *press release*. A analogia funcionou.

SOCORRO FINANCEIRO DE 700 BILHÕES DE DÓLARES

Quanto maior o número, mais importante contextualizá-lo, para ser compreendido por sua plateia. Por exemplo, em outubro de 2008, o governo norte-americano salvou bancos e instituições financeiras ao custo considerável de 700 bilhões de dólares. É o algarismo sete seguido de 11 zeros; um número tão grande que poucos conseguem fazer ideia. Scott Harris, jornalista do *San Jose Mercury News*, colocou o número no contexto que seus leitores do Vale do Silício conseguem compreender: 700 bilhões de dólares é 25 vezes a fortuna somada dos dois rapazes donos do Google. Equivalem a 350 bilhões de *venti lattes* da Starbucks ou 3,5 bilhões de iPhones. O governo poderia assinar cheques de 2,3 mil dólares para todos os homens, mulheres e crianças dos Estados Unidos ou proporcionar educação gratuita para 23 milhões de alunos do curso superior. Poucas pessoas são capazes de compreender o conceito de

700 bilhões, mas elas conhecem *lattes* e anuidades de faculdades. Esses números são específicos e relevantes.[136]

ANALISANDO SEIS TRILHÕES DE QUILOS

Os grupos ambientalistas não medem esforços para tornar os números mais significativos. Eles têm de fazer isso para convencer as pessoas a quebrar hábitos e rotinas profundamente arraigados, que contribuem negativamente para a mudança climática. Os números serão simplesmente imensos (e aparentemente irrelevantes) se não foram contextualizados. Por exemplo, tente dizer para alguém que, só em 2006, os Estados Unidos produziram 6 trilhões de quilos de dióxido de carbono (CO_2). Parece um número enorme, mas o que ele significa? Não há nenhum contexto. Seis trilhões pode ser muito ou pouco em comparação com outros países. E, sinceramente, o que significaria para a pessoa comum? O número em si não convenceria as pessoas a mudarem seus hábitos.

O *ClimateCrisis.org*, *site* de Al Gore, analisa o número, afirmando que o norte-americano médio é responsável por 20 mil quilos de emissões de CO_2 por ano, enquanto a média mundial é de 4,35 mil quilos por pessoa.[137] Isso é específico e contextual. Então, o *site* torna o número ainda mais relevante, mostrando aos seus leitores o que pode acontecer se essa taxa não diminuir: ondas de calor serão mais frequentes e intensas, secas e incêndios ocorrerão repetidamente e mais de 1 milhão de espécies poderá desaparecer nos próximos 50 anos.

Os pesquisadores científicos da National Oceanic and Atmospheric Administration (NOAA – Administração Oceânica e Atmosférica Nacional) também estão pegando o espírito da coisa. Susan Salomon, cientista sênior, declarou ao *New York Times* que, se a queima de combustíveis fósseis continuar na taxa atual, as emissões de CO_2 podem atingir 450 partes por milhão. O que significa esse número? De acordo com Salomon, com 450 partes por milhão, a elevação do nível dos mares ameaçará as áreas litorâneas de todo o mundo, e a região oeste da Austrália pode sofrer uma queda de 10% na precipitação pluviométrica. "Dez por cento pode não parecer muita coisa", afirmou Salomon, "mas é o índice verificado nas principais secas do passado, como na Dust Bowl".*[138]

* Fenômeno climático de tempestade de areia que ocorreu nos Estados Unidos na década de 1930, com duração de quase dez anos. (N.T.)

Quer você acredite ou não no aquecimento global, especialistas em mudanças climáticas como Al Gore e Susan Salomon são mestres em tornar significativos os grandes números, e, dessa maneira, esperam convencer governos e pessoas a tomarem as medidas que consideram necessárias para solucionar o problema.

MUDE SUA DIETA OU PAGUE O PREÇO DEFINITIVO

E se você não souber nada sobre pressão arterial e um médico revela que sua pressão é de 22 por 14? Você se sentiria motivado a mudar sua dieta e seus hábitos? Talvez não, até esses números serem contextualizados, fazendo sentido para você. Um médico que conheço disse uma vez a um de seus pacientes: "Sua pressão está 22 por 14. Consideramos 12 por 8 a pressão normal. Sua pressão arterial está extremamente elevada. Isso significa que você enfrenta um risco muito maior de ter um ataque cardíaco, uma doença renal ou um derrame. Realmente, com índices tão altos, você pode morrer a qualquer momento, com os miolos estourados. As artérias do seu cérebro vão explodir literalmente". Ao ser específico, relevante e contextual, o médico atingiu o objetivo e motivou seu paciente a adotar mudanças imediatamente.

Independentemente do seu ramo de atividade, os números que você apresentar terão pouco impacto sobre sua plateia, a não ser que você os torne significativos. Os números fora de contexto não impressionam. Quer você esteja apresentando os dados subjacentes a uma nova tecnologia ou um quadro médico específico, compare os números com algo que seus ouvintes consigam relacionar, deixando sua mensagem mais interessante, impactante e, assim, mais persuasiva.

NOTAS DO DIRETOR

- Utilize dados para apoiar o tema principal de sua apresentação. Dessa maneira, analise com cuidado os números que quer apresentar. Não sobrecarregue sua plateia com muitos números.
- Torne seus dados específicos, relevantes e contextuais. Em outras palavras, coloque os números em um contexto relevante para a vida dos seus ouvintes.
- Utilize recursos retóricos, como analogias, para dar uma nova roupagem a seus números.

CENA 10

Utilize palavras superempolgantes

Conecte. Zzzzzz. Pronto.

STEVE JOBS, DESCREVENDO O RECURSO DE TRANSFERÊNCIA DE MÚSICA DO PRIMEIRO IPOD, EM NOVEMBRO DE 2001.

Steve Jobs apresentou um iPhone aprimorado na Apple Worldwide Developers Conference, em 9 de junho de 2008. O iPhone 3G era duas vezes mais rápido do que o primeiro modelo, suportando a rede de dados de terceira geração da AT&T. Uma rede 3G tem o potencial de transferir 3 Mbps, em contraste com os 144 Kbps de uma mais lenta rede 2G (segunda geração). Assim, a nova rede é melhor para acessar a *internet* e fazer o *download* de grandes arquivos multimídia em um telefone celular. Jobs deixou isso ainda mais simples. "É superempolgante", afirmou.[139]

Jobs fala em uma linguagem simples, clara e direta, isenta de jargão e complexidade, muito comum nas comunicações empresariais. Ele é um dos poucos líderes empresariais que podem, com confiança, qualificar um produto como "superempolgante". Em uma entrevista para a revista *Fortune*, pediram que ele descrevesse a interface do novo sistema operacional OS X da Apple. "Os botões na tela parecem tão gostosos que vocês vão querer lambê-los", afirmou.[140] Mesmo se você acha que Jobs está querendo impressionar de vez em quando, sua escolha de palavras faz você sorrir. Ele escolhe palavras que são divertidas, tangíveis e incomuns na maioria das apresentações empresariais.

Jobs, Gates e o teste da linguagem simples

Todd Bishop, jornalista de tecnologia do *Seattle Post-Intelligencer*, escreveu um artigo brilhante por insistência de seus leitores. Ele processou as transcrições de quatro apresentações em 2007 e 2008 (*keynotes* de Steve Jobs na Macworld e apresentações de Bill Gates na Consumer Electronics Show) em um *software* que analisa linguagem. Em geral a análise baseia-se na premissa de que, quanto menor o resultado numérico, mais compreensível é a linguagem.

Bishop utilizou um *software on-line* da UsingEnglish.com.[141] A ferramenta analisa a linguagem com base em quatro critérios:

1. Número médio de palavras por frase.
2. Densidade léxica – indica a facilidade ou dificuldade em ler um texto. O texto com menor densidade é de mais fácil compreensão. Nesse caso, uma porcentagem menor é melhor.
3. Palavras duras – contabiliza a quantidade média de palavras em uma frase que contiver mais do que três sílabas. Nesse caso, uma maior porcentagem é pior, pois indica que existem mais palavras duras no texto, que são, geralmente, menos compreendidas pelo leitor médio.
4. Índice de legibilidade – sugere a quantidade de anos de educação que um leitor teoricamente requer para compreender o texto. Por exemplo: o *New York Times* possui um índice de legibilidade de 11 ou 12, enquanto certos textos acadêmicos apresentam um índice de 18. Na prática, o índice de legibilidade significa simplesmente que as frases curtas, e escritas em linguagem simples, recebem uma melhor pontuação do que as frases escritas em linguagem complicada.

É previsível que Jobs tenha se saído visivelmente melhor do que Gates no teste de linguagem. O Quadro 10.1 compara os resultados dos dois, em 2007 e 2008.[142] Em ambos os casos, Jobs apresenta um desempenho bem melhor do que Gates no emprego de palavras e linguagem que as pessoas são capazes de entender com facilidade. As palavras de Jobs são mais simples, e ele usa frases menos abstratas e menos palavras por frase.

QUADRO 10.1 COMPLEXIDADE DE LINGUAGEM: STEVE JOBS *VERSUS* BILL GATES

APRESENTADOR, EVENTO	STEVE JOBS, MACWORLD	BILL GATES, CONSUMER ELECTRONICS SHOW
2007		
Média de palavras/frase	10,5	21,6
Densidade léxica	16,5%	21,0%
Palavras duras	2,9%	5,11%
Índice de legibilidade	5,5	10,7
2008		
Média de palavras/frase	13,79	18,23
Densidade léxica	15,76%	24,52%
Palavras duras	3,18%	5,2%
Índice de legibilidade	6,79	9,37

O Quadro 10.2 compara algumas frases exatas das apresentações de 2007. Trechos dos comentários de Bill Gates estão na coluna da direita.[143] A coluna da esquerda contém trechos de Steve Jobs.[144]

Quando Gates é obscuro, Jobs é claro. Quando Gates é abstrato, Jobs é real. Quando Gates é complexo, Jobs é simples.

Então, posso ouvir você dizendo: "Bill Gates pode não falar de modo tão simples como Jobs, mas é o sujeito mais rico do mundo. Portanto, ele deve ter feito alguma coisa certa". Você tem razão. Ele fez. Gates inventou o Windows, o sistema operacional instalado em 90% dos computadores de todo o mundo. Você, no entanto, não fez isso. Sua plateia não deixará você escapar impune se usar uma linguagem que aceitarão de Gates. Se suas apresentações forem confusas, enroladas e cheias de jargões, você perderá a oportunidade de envolver e empolgar seus ouvintes. Esforce-se para ser compreendido. Evite a densidade léxica.

QUADRO 10.2 FLUÊNCIA VERBAL DE JOBS NA MACWORLD 2007 *VERSUS* A DE GATES NA CES 2007

STEVE JOBS, MACWORLD 2007	BILL GATES, CONSUMER ELECTRONICS SHOW, 2007
"Faz exatamente um ano que estive aqui e anunciei que passaríamos a usar processadores Intel. Foi um grande transplante de coração para os microprocessadores Intel. E eu disse que levaríamos 12 meses para fazer isso. Levamos sete meses. Foi a transição mais tranquila e mais bem-sucedida na história da nossa indústria."	"Os processadores agora estão abrindo a capacidade de memória para até 64 *bit*, e essa é uma transição que estamos fazendo sem muita incompatibilidade, sem gastar muito dinheiro a mais. O *software*, o antigo *software* de 32 *bit*, pode executá-los, mas, se você precisar de mais espaço, você já pode ter."
"Agora, quero falar algumas coisas sobre o iTunes para vocês, que são muito estimulantes... Atualmente, estamos vendendo mais de 5 milhões de músicas por dia. Não é inacreditável? São 58 músicas por segundo, de cada minuto, de cada hora, de cada dia."	"O processo pelo qual passamos esse ano – um beta 2 – abrangeu 2 milhões de pessoas. A suposta versão que seria lançada, que era nossa última chance de *feedback*, abrangeu 5 milhões de pessoas. Tínhamos muitas coisas a detalhar. Fomos, sentamos e entrevistamos pessoas que usaram o Windows Vista em situações familiares. Fizemos isso em sete países. Realizamos simulações de desempenho incríveis, obtendo o equivalente a 60 anos de testes de desempenho com todo o *mix* comum de aplicativos que estavam disponíveis."
"Temos alguns programas de TV incríveis no iTunes. Na verdade, temos mais de 350 programas de TV, cujos episódios você pode comprar no iTunes. E tenho muita satisfação de anunciar que vendemos 50 milhões de programas de TV no iTunes. Não é incrível?"	"O Microsoft Office possui uma nova interface de usuário. Ela possibilitou novas maneiras de se conectar com os serviços do Office Live e com o SharePoint; assim, essa interface de usuário pode impulsionar expressivamente negócios lucrativos e bem-sucedidos."

Você deve ter percebido que muitas das palavras favoritas de Jobs são palavras que a maioria das pessoas usa nas conversas diárias do cafezinho: demais, incrível, "maravilhoso". A maioria dos apresentadores muda sua linguagem para uma abordagem de vendas ou apresentação. Jobs fala no palco da mesma forma que fala fora dele. Ele confia na sua marca e se diverte com as palavras que escolhe. Alguns críticos podem afirmar que a linguagem dele fica no limite da hipérbole, mas Jobs ecoa os sentimentos partilhados por milhões dos seus clientes.

Naturalmente, você deve utilizar palavras que representam autenticamente seu serviço, marca ou produto. Um consultor financeiro recomendando um fundo mútuo para um cliente pareceria falso (e provavelmente desonesto) se dissesse: "Esse novo fundo mútuo revolucionará o setor financeiro como o conhecemos. É incrível, e você deve investir seu dinheiro nele agora mesmo". Em vez disso, o consultor poderia dizer: "Os fundos mútuos são produtos incríveis, que ajudam seu dinheiro a crescer, enquanto reduzem seu risco. Há milhares de fundos disponíveis, mas estou especialmente empolgado com um novo fundo. Falarei mais dele para vocês...". Na última afirmação, nosso consultor financeiro escolheu palavras simples e emotivas, embora mantendo seu profissionalismo e sua integridade.

Não fique com receio de utilizar palavras simples e adjetivos descritivos. Se você considerar um produto verdadeiramente incrível, siga em frente e diga isso. Afinal de contas, se você não ficar empolgado com ele, como espera que os outros fiquem?

Evite o jargão

O jargão raramente aparece na linguagem de Jobs. Suas palavras são coloquiais e simples. O jargão – a linguagem que é específica de um ramo de atividade particular – cria uma barreira para o livre e fácil intercâmbio de ideias. Participei de várias reuniões em que uma pessoa que trabalha para um departamento de uma empresa não consegue compreender o jargão utilizado por outra pessoa de outro departamento da mesma empresa. O jargão e os lugares-comuns são sem sentido e vazios e, sem dúvida, deixarão você menos compreensível e, portanto, menos persuasivo.

O texto que apresenta a missão de uma empresa é o maior culpado pela disseminação dos jargões. Em geral, esse texto é longo, confuso, repleto de jargões, com parágrafos criados em diversas reuniões de comitês e destinados a ser esquecidos. A missão geralmente é expressa com uma linguagem viciada e termos nebulosos, que você raramente escutará Jobs dizer, como "sinergia", "centrado no princípio" e "melhor da espécie". Essas expressões são absurdas. No entanto, todos os dias, os funcionários de empresas de todo o mundo estão sentados em reuniões de comitês para decidir exatamente quantas dessas palavras podem ser utilizadas em uma única frase.

A missão da Apple, por outro lado, é simples, clara e impactante. Utiliza muitas palavras emotivas e exemplos tangíveis. É a seguinte (*grifos do autor*):

> A Apple *provocou* a revolução do computador pessoal nos anos 1970 com o Apple II e *reinventou* o computador pessoal com o Macintosh. Hoje, a Apple continua a *liderar* o setor em *inovação*, com computadores premiados, o sistema operacional OS X, o iLife e os aplicativos profissionais. A Apple também está *liderando* a revolução da mídia digital com seus tocadores de música e vídeo portáteis iPod e com a loja *on-line* iTunes, além de ter ingressado no mercado dos telefones celulares com seu *revolucionário* iPhone.[145]

As palavras que Jobs escolhe para divulgar um novo produto possuem três características: são simples, concretas e emotivas.

Simples. Sem jargões e com poucas sílabas.
Concretas. Frases muito específicas e curtas. Descrições tangíveis em vez de discussões longas e abstratas.
Emotivas. Adjetivos descritivos.

Uma guru que preza a simplicidade

Era difícil não ver Suze Orman, guru financeira, em 2008 e 2009, quando os mercados financeiros globais estavam desmoronando. Além de aparecer em seu próprio programa na CNBC, a autora de diversos *best-sellers* era convidada frequente em programas como *Oprah* e *Larry King Live*. Os bancos e as instituições financeiras também usavam-na em seus anúncios com o propósito de abrandar os receios de seus clientes. Entrevistei Orman diversas vezes e achei-a surpreendentemente franca a respeito do segredo do seu sucesso como comunicadora.

"Como você transforma assuntos financeiros complicados em coisas fáceis de entender?", perguntei certa vez.

"Muitos palestrantes querem impressionar com as informações de que dispõem, para que os outros achem que são inteligentes", Orman respondeu.[146]

"Mas, Suze", eu disse, "se sua mensagem for muito simples, você não se arrisca a não ser levada a sério?"

"Não me importo a respeito do que as pessoas pensam. O que me importa é que a informação que transmito dê mais autonomia ao ouvinte ou ao leitor do meu material... Se sua intenção for transmitir uma mensagem que represente uma mudança para a pessoa, então, deverá tornar essa mensagem o mais compreensível que puder, em respeito à pessoa. Por exemplo, se eu orientá-lo a respeito de como chegar à minha casa, você vai querer que eu lhe mostre o caminho mais fácil. Se eu complicar, não será nada bom para você. Você pode se irritar e até desistir. Se for simples, as chances de você pegar seu carro e tentar chegar à minha casa serão maiores. Você não desistirá, nem dirá que não vale a pena. Muitos criticam a simplicidade porque precisam achar que é mais complicado. Se tudo fosse tão simples, pensam, seus empregos poderiam ser eliminados. É o nosso medo de extinção, de eliminação e de não ser importante que nos leva a comunicar coisas de um modo mais complexo do que seria preciso."[147]

Exemplos de cada uma dessas três características aparecem na apresentação do MacBook Air feita por Jobs:

> Este é o MacBook Air.Vejam como ele é fino [concreto]. Possui um teclado e uma tela de tamanho normal [simples]. Não é maravilhoso [emotivo]? Ele é assim. Não é incrível [emotivo]? É o *notebook* mais fino do mundo [simples]. Tem uma tela maravilhosa de 13,3 polegadas e um teclado de tamanho normal [emotivo e concreto]. Estou impressionado como nossa equipe de engenharia conseguiu isso [emotivo].[148] [*Análise do autor.*]

O Quadro 10.3 relaciona outros exemplos de frases específicas, concretas e emotivas do repertório de Jobs. Essa é apenas uma pequena amostra. Toda apresentação de Jobs possui a mesma linguagem.

Jargão: uma forma segura de perturbar Jack Welch

Jack Welch fez a seguinte observação: "Os gerentes inseguros criam complexidade". Nos seus 20 anos como principal executivo da GE, o conglomerado viu suas receitas crescerem de 13 bilhões de dólares para 500 bilhões de dólares. Welch estava na missão de "desaglomerar" tudo na empresa, desde seus processos de gerenciamento até sua comunicação. Ele desprezava as reuniões, as apresentações e os memorandos longos e enrolados.

Em seu livro intitulado *Jack definitivo*, Welch descreve reuniões que o deixavam muito aborrecido. Se você queria perturbar o novo presidente da GE, tudo o que precisava fazer era falar difícil demais. Welch respondia: "Faz de conta que estamos na escola, no Ensino Médio... Leve-me de volta para o Ensino Fundamental". Ele relata sua primeira reunião com um dos seus administradores de seguros. Welch formulou algumas perguntas simples sobre termos estranhos para ele. Ele escreve: "Então eu o interrompi e perguntei: 'Qual é a diferença entre seguro facultativo e seguro automático?' Depois de balbuciar uma longa explicação durante muitos minutos, uma resposta que eu não estava obtendo, ele finalmente falou sem pensar, exasperado: 'Como o senhor espera que eu lhe ensine em cinco minutos o que eu levei 25 anos para aprender?' Obviamente, ele não durou muito tempo".[149]

Falar usando jargão acarreta em ônus em uma sociedade que valoriza o discurso acessível e isento de besteiras incompreensíveis. Falar difícil demais pode custar seu emprego ou impedi-lo de avançar até onde seu potencial poderia levá-lo.

QUADRO 10.3 FRASES ESPECÍFICAS, CONCRETAS E EMOTIVAS DAS APRESENTAÇÕES DE JOBS

EVENTO	FRASE
Apple Music Event, em 2001.	"A coisa mais legal do iPod é que todas as suas músicas cabem no seu bolso."[150]
Lançamento do primeiro *notebook* do mundo com tela de 17 polegadas, na Macworld 2003.	"Pedi que vocês apertassem o cinto. Agora, quero que vistam suas armaduras."

EVENTO	FRASE
Referindo-se ao PowerBook Titanium, na Macworld 2003.	"O objeto de desejo número um."[151]
Descrevendo o primeiro PowerBook com tela de 17 polegadas, na Macworld 2003.	"É fantástico. É o produto mais incrível que já fizemos. Vejam a tela. É maravilhosa. Vejam como ele é fino. Não é incrível? Quando fechado, só tem 2,5 centímetros de espessura. Também é muito bonito. Sem dúvida, é o *notebook* mais avançado já produzido no mundo. Nossos concorrentes ainda não conseguiram fazer o que lançamos dois anos atrás. Não sei o que eles vão fazer agora a respeito disso."[152]
Descrição de Jobs a respeito do primeiro Macintosh.	"Sensacional."
Convencendo John Sculley, presidente da PepsiCo, a virar presidente da Apple.	"Você quer passar o resto da sua vida vendendo água açucarada ou quer uma chance de mudar o mundo?"
Citação em *Triumph of the nerds.*	"Estamos aqui para causar impacto no universo."[153]
Discutindo o reinado de Gil Amelio na Apple.	"Os produtos são uma droga! Eles não têm mais sexo!"[154]
Jobs fazendo um neologismo para o lançamento do novo iPod, em setembro de 2008.	"O iPod Touch é o iPod mais divertido que já criamos."*[155]
Apresentando o primeiro *notebook* com tela de 17 polegadas, em 7 de janeiro de 2003.	"Um salto gigantesco, para além dos *notebooks* existentes. Prodigiosamente projetado."[156]

Algumas pessoas analisarão a linguagem desse quadro e dirão que Jobs é um mestre do exagero. Bem, exagero só será exagero se não houver algo a oferecer. Seria difícil contestar Jobs: na realidade, o Macintosh, o primeiro computador fácil de usar com interface gráfica e *mouse*, era sensacional e produtos como o MacBook Air são mesmo impressionantemente finos.

Jobs não é um mestre do exagero, assim como não é um mestre das máximas. O pessoal da Apple pensa muito a respeito das palavras usadas para descrever um produto. A linguagem pretende provocar entusiasmo e criar uma experiência quase que obrigatória para os clientes da Apple. Não há nada de errado nisso. Lembre que a maior parte da linguagem empresarial é jargão ininteligível, hermético, abstrato e sem sentido. Steve Jobs é tudo – menos obscuro. Injete alguma vida em suas palavras.

Isto se parece com aquilo

Outro modo de acrescentar vida em sua linguagem é criar analogias, comparando uma ideia ou um produto com um conceito ou produto conhecido da sua plateia. Quando Steve Jobs sacode uma categoria do mercado com o lançamento de um produto totalmente novo, ele se esforça para comparar o produto com algo que é bem compreendido, geralmente usado e muito conhecido. Aqui estão alguns exemplos:

- "A Apple TV é como um aparelho de DVD do século XXI." (Lançamento da Apple TV, em 9 de janeiro de 2007.)
- "O iPod Shuffle é menor e mais leve que um pacote de chiclete." (Lançamento do iPod Shuffle, em janeiro de 2005.)
- "O iPod tem o tamanho de um baralho." (Lançamento do iPod, outubro de 2001.)

Quando você encontrar uma analogia que funciona, persista nela. Quanto mais repeti-la, maior a probabilidade de seus clientes se lembrarem dela. Se fizer uma busca no Google dos artigos sobre os produtos que acabamos de mencionar, encontrará milhares de *links* com as comparações exatas utilizadas por Jobs. A seguir, apresento as três analogias que acabei de pesquisar (cruzando os termos das frases) e a quantidade de *links* para artigos que utilizam essas frases:

- *Apple TV + DVD player for twenty-first century* (Apple TV + aparelho de DVD para o século XXI): 40 mil *links.*
- *iPod Shuffle + pack of gum* (iPod Shuffle + pacote de chiclete): 46,5 mil *links.*
- iPod + deck of cards (iPod + baralho): 227 mil *links.*

Uma cura para uma abordagem de vendas ruim

Não venda soluções, crie histórias. David Pogue, colunista do *New York Times*, gosta de uma boa abordagem de vendas. Ele revela que a maioria de suas colunas resulta desse tipo de abordagem. O que ele não quer ouvir é jargão. De maneira surpreendente, os profissionais de relações públicas estão entre os piores vilões, superados apenas por burocratas, gerentes seniores e consultores da IBM. Para Pogue, lugares-comuns – terminologias como "integrado", melhor do mercado, "B2B"* e centrado no consumidor – são desnecessários. A abordagem de vendas ideal é um parágrafo curto, dizendo a Pogue exatamente o que o produto é e o que faz. Por exemplo, uma empresa escreveu-lhe para contar que tinha um novo *notebook* que poderia ser jogado de uma altura de 1,80 metro, molhado, submetido a um calor de 150°C e ainda funcionaria. Essa descrição inteligente foi suficiente para chamar a atenção dele.

O *blog Bad Pitch* ("conversa chata") é obrigatório para as relações públicas e os profissionais de vendas. O *site* apresenta abordagens de vendas reais de profissionais de relações públicas, que deveriam saber melhor do que ninguém que não se deve utilizar jargões impenetráveis disfarçados de *press releases*.

Eis um exemplo: "Tudo bem com você? Espero que sim. Gostaria de apresentar-lhe ...., uma rede digital nova situada fora do ambiente doméstico que oferece mídia localizada e relevante, no ritmo dos rituais diários dos consumidores, como o café vespertino ou os sanduíches do almoço". Essa abordagem de vendas específica é de uma empresa que coloca vídeos com anúncios em cafés, bares e lanchonetes. Por que ela não pode dizer só isso? É muito simples, eis o porquê: as pessoas têm medo da simplicidade. Esse não é um exemplo isolado. O *site* é atualizado diariamente com abordagens de vendas de grandes e pequenas agências de relações públicas e outros tipos de empresas. As abordagens de vendas da Apple raramente aparecem no *site*, pois os *press releases* da empresa contam uma história na mesma linguagem coloquial que Jobs emprega em suas apresentações.

Como o mantra do *site* explica: "Uma boa abordagem de vendas desaparece e se transforma em uma história, enquanto uma má se torna a história". Siga os *posts* do *blog* em http://badpitch.blogspot.com.

---

* B2B: abreviatura de *business to business*, nome dado às relações de compra e venda de produtos, informações ou serviços efetivadas via *internet* ou por qualquer outro meio eletrônico que elimine os processos físicos de transações comerciais. (N.E.)

Diversão com os nomes dos cargos

Seus clientes são seus entusiastas mais poderosos. Lembro uma conversa com um dos meus clientes, Richard Tait, fundador da Cranium, que revelou que vendeu um milhão de videogames sem fazer propaganda, só por meio da divulgação boca a boca. "Nunca esqueça que seus clientes são sua força de vendas", ele disse para mim.

Seus clientes - ele os chama de *craniacs* - querem se divertir. Como diversão é o xis da questão, por assim dizer, Tait decidiu que cada área da empresa deveria ter algum humor estranho associado a ela. Ele começou com os nomes dos cargos. Os funcionários da Cranium podem inventar seus próprios nomes de cargos. Por exemplo, Tait não é o presidente da Cranium. Ele é o "Grand Poobah".* Sem brincadeira. Está no seu cartão de visitas.

Você pode achar que isso é uma tolice. No entanto, quando visitei pela primeira vez a sede da empresa, em Seattle, fui atingido por uma onda de diversão, entusiasmo e compromisso do tipo que nunca tinha visto antes e nunca mais vi desde então.

Seus ouvintes e espectadores estão tentando categorizar um produto; eles precisam pôr o conceito em uma prateleira mental. Crie essa prateleira para eles. Se você não criar, fará o cérebro deles trabalhar muito. De acordo com o doutor Gregory Berns, professor de psicologia da Emory University, o cérebro quer consumir a menor quantidade de energia possível. Isso significa que ele não quer trabalhar muito para entender o que as pessoas estão tentando dizer. "O princípio da eficiência possui ramificações importantes", ele sustenta. "Significa que o cérebro pega atalhos sempre que pode."[157] As analogias são atalhos.

Nada destruirá mais o poder de sua abordagem de vendas que o uso de lugares-comuns e abstrações. Você não impressiona ninguém dizendo "melhor do mercado", "tecnologia de ponta", "soluções ágeis". Ao contrário, coloca

* "Grand Poobah" é o nome que se dá informalmente a alguém com posição de destaque, para zombar de sua autoestima exacerbada. Ele surgiu a partir do nome do personagem Pooh-Bah, da ópera cômica *The Mikado*, de Gilbert e Sullivan (1885), em *Os Flintstones*, denominando o líder do grupo de boliche do qual Fred e Barney faziam parte. (N.E.)

as pessoas para dormir, perde negócios e atrasa sua carreira. Uma linguagem clara, concisa e empolgante ajudará a transformar seus prováveis compradores em clientes, e clientes em entusiastas. Deleite seus clientes com as palavras que você escolher. Acaricie os receptores de dopamina do cérebro deles com palavras que os façam se sentir bem sempre que pensarem em você e em seu produto. Eles não conseguirão acompanhar sua visão ou compartilhar seu entusiasmo caso se percam no nevoeiro.

NOTAS DO DIRETOR

- Organize o conteúdo que vai transmitir. Elimine a linguagem redundante, os lugares-comuns e o jargões. Edite mais e mais.
- Analise seus parágrafos por meio do *software* da UsingEnglish para verificar o quão densos eles estão.
- Divirta-se com as palavras. Tudo bem expressar entusiasmo por seu produto mediante superlativos ou adjetivos descritivos. Jobs achou que os botões na tela do Macintosh pareciam tão gostosos que gostaríamos de lambê-los. Isso é confiança.

CENA 11

Compartilhe o palco

Não fique preso à história.
Extravase e crie algo maravilhoso.

ROBERT NOYCE, COFUNDADOR DA INTEL.

Na Macworld, em 10 de janeiro de 2006, Jobs revelou que o novo iMac seria o primeiro computador da Apple a utilizar um processador Intel. Algum tempo antes, no ano anterior, Jobs anunciou que o "transplante de cérebro" começaria em junho de 2006. Em 10 de janeiro, ele disse à plateia que queria atualizar o cronograma. Quando ele começou a apresentação, uma fumaça de gelo seco flutuou suavemente para cima, no meio do palco. Um homem entrou vestindo a famosa *bunny suit,* uma roupa especial utilizada nas instalações ultraesterelizadas de fabricação de microprocessadores da Intel. O homem estava carregando um *wafer,* isto é, a placa redonda e fina de silício da qual os circuitos integrados são fabricados. Ele se aproximou de Jobs e eles apertaram as mãos. Conforme a iluminação aumentava, ficou evidente que a pessoa dentro da *bunny suit* era Paul Otellini, presidente da Intel.

"Steve, quero avisar que a Intel está pronta", Otellini disse, enquanto entregava o *wafer* para Jobs. "A Apple também está pronta", Jobs afirmou. "Começamos uma parceria menos de um ano atrás para que isso acontecesse", Jobs revelou à plateia. "Nossas equipes trabalharam duro em conjunto para isso se concretizar em tempo recorde. Foi incrível ver como nossos engenheiros se entenderam e como tudo caminhou bem."[158] Em retribuição, Otellini creditou o mérito à equipe da Apple. Os dois conversaram sobre o feito, voltaram a apertar as mãos, e Otellini deixou o palco. Então, Jobs voltou-se para a plateia e revelou a surpresa: a Apple lançaria o primeiro Mac com processadores Intel não em junho, como estava inicialmente previsto, mas *naquele dia* (Figura 11.1).

Poucas empresas são tão ligadas a seus fundadores como a Apple a Jobs. De qualquer maneira, o próprio Jobs fica mais do que feliz em dividir os holofotes no palco com funcionários e parceiros. Raramente, uma apresentação de Jobs é um monólogo. Ele apresenta personagens secundários, que desempenham papéis importantes na narrativa.

Bill Gates, fundador da Microsoft, foi um dos parceiros mais inesperados a dividir o palco com Jobs. Em 1997, na Macworld Expo, em Boston, Jobs, que tinha voltado recentemente à Apple como presidente interino, disse à plateia que, a fim de recuperar a saúde da Apple, alguns relacionamentos tinham de ser revistos. Ele anunciou que o Internet Explorer, da Microsoft, seria o navegador padrão do Macintosh e que a Microsoft faria um investimento estratégico de 150 milhões de dólares na empresa. Depois dessa observação, ele chamou um convidado especial, ao vivo, via satélite. Quando Bill Gates apareceu, podiam-se ouvir alguns aplausos, juntamente com muitas vaias. Gates falou por alguns minutos e expressou gentilmente sua admiração pelas realizações da Apple.

Foto de Justin Sullivan/Getty Images.

FIGURA 11.1
Steve Jobs dividindo o palco com Paul Otellini, presidente da Intel.

Jobs voltou ao palco e, sabendo que muitas pessoas não estavam contentes, pareceu um pai duro e severo, aconselhando a plateia a aceitar o relacionamento. "Se quisermos avançar e ver a Apple feliz e próspera, temos de desistir da ideia de que, para a Apple ganhar, a Microsoft precisa perder", Jobs disse. "Se fomos incompetentes, a culpa não é de ninguém, é nossa... Se precisamos do Microsoft Office no Mac, é melhor tratar a empresa que o produz com um pouco mais de gratidão."[159]

É sempre dito que os grandes atores "se entregam", ajudam os outros atores em cena a obter desempenhos melhores. Quando Jobs introduz outra pessoa no palco – um funcionário, um parceiro ou um ex-inimigo como Gates – ele é o mais generoso dos atores. Todos precisam brilhar para o bem do espetáculo.

O cérebro deseja variedade

O cérebro não presta atenção a coisas chatas. Não que Jobs seja chato. Longe disso. No entanto, nosso cérebro deseja variedade. Ninguém, não importa quão fluente e refinado, pode capturar a atenção de uma plateia durante muito tempo antes dos ouvintes começarem a olhar para o relógio. Os grandes redatores de discursos sabem disso há anos. Os discursos de John F. Kennedy, Ronald Reagan e Barack Obama foram escritos para durar não mais do que 20 minutos. Uma apresentação de Jobs dura muito mais, é claro, perto de uma hora e meia, mas ele a mantém interessante, incluindo demonstrações, videoclipes e – muito importante – palestrantes convidados.

Saiba o que você não sabe

Em outubro de 2008, a Apple lançou os novos *notebooks* MacBook produzidos a partir de monoblocos de alumínio. O *design* inovador permitiu que a empresa produzisse computadores portáteis mais leves e mais fortes do que os *designs* anteriores. "Falemos sobre os *notebooks*. Queremos falar a respeito de algumas tecnologias e descobertas que fizemos e que nos ajudaram a produzir *notebooks* de uma nova maneira", Jobs afirmou.[160] No entanto, em vez de descrever o novo processo, Jobs chamou Jony Ive, vice-presidente sênior de *design*.

Ive entrou no palco, Jobs se sentou, e Ive deu à plateia um curso intensivo de seis minutos sobre *design* de *notebook*. Ele explicou como o novo processo permitiu que a Apple usinasse uma chapa de alumínio de um quilo até obter o bloco final com peso de apenas 110 gramas. O resultado era um computador mais forte, mais fino e mais leve. Jobs reassumiu o comando, concluiu a apresentação, agradeceu Ive e reafirmou o *bordão* daquela parte da apresentação: "Uma nova maneira de produzir *notebooks*". Jobs pode ter o controle absoluto sobre a Apple, mas sabe o que não sabe, quer dizer, tem consciência dos pontos que não domina. Então, ele divide os holofotes com outros atores, que somam credibilidade e entusiasmo ao enredo.

Sua melhor ferramenta de vendas

Quando a Apple lançou um serviço de aluguel de filmes *on-line*, Jobs revelou a lista de estúdios que disponibilizariam os filmes via iTunes. A lista incluía todos os pesos-pesados: Touchstone, Sony, Universal, MGM, Walt Disney e outros. No entanto, a Apple enfrentou ceticismo. A empresa estava lançando um serviço de aluguel de filmes em um setor com concorrentes estabelecidos, como Blockbuster e Netflix. A Apple estava apostando que as pessoas desejavam a opção de assistir a filmes em seus computadores, iPods, iPhones ou aparelhos de TV com tela *widescreen* via Apple TV. Jobs adicionou credibilidade à iniciativa, dividindo o palco com um dos principais parceiros da Apple.

"Temos o apoio dos principais estúdios", revelou Jobs. "Nosso primeiro contrato foi assinado com a Twentieth Century Fox. Desenvolvemos uma relação de trabalho realmente excelente com a Fox. Tenho o prazer de apresentar o presidente da Twentieth Century Fox, Jim Gianopulos."

Gianopulos, empolgado, entrou no palco e falou a respeito do que as pessoas queriam: filmes incríveis; acesso fácil; conveniência; controle sobre onde, quando e como assistir aos filmes; e o poder de levar o filme consigo para todo lugar que fossem. "Quando Steve nos procurou com essa ideia, era uma ideia coerente e que ninguém havia pensado. Foi a coisa mais estimulante e bacana que já ouvimos", Gianopulos afirmou. "O aluguel de vídeos não é uma coisa nova. Mas agora havia música e, então, o iPod. Havia o telefone e, então, o iPhone. A Apple faz coisas de um modo intuitivo, perspicaz e inovador. Será uma versão transformadora do modelo de locação, e nos sentimos muito empolgados com isso. Não podíamos estar mais felizes e orgulhosos da nossa parceria."[161]

Gianopulos forneceu a Jobs a melhor ferramenta de vendas de uma empresa: o aval do cliente. E o melhor de tudo: os dois apareceram lado a lado. Uma referência é bom, mas um cliente ou parceiro dividindo fisicamente o palco é ainda melhor.

A principal razão de as pessoas comprarem

Seus clientes estão sempre ligados em orçamentos e, em tempos de crise econômica, ainda mais, lançando um olhar crítico sobre cada centavo. Os possíveis clientes não querem agir como cobaias. Seu produto deve cumprir o que promete, economizando o dinheiro de seus clientes, dando dinheiro a eles ou oferecendo ferramentas para um uso mais eficiente do dinheiro deles. Os testemunhos e os avais são persuasivos, pois, como discutido antes, o boca a boca é a principal influência das decisões de compra.

As empresas bem-sucedidas sabem que clientes respeitáveis e satisfeitos são fundamentais para o sucesso de vendas. De fato, algumas empresas têm até funcionários específicos cujo trabalho é coletar estudos de caso e classificá-los em relação aos seus prováveis compradores. Os donos de empresas menores não dispõem de recursos para contratar um especialista em estudo de casos, mas podem facilmente adotar algumas das técnicas utilizadas pelas empresas mais bem-sucedidas do mundo. Uma estratégia comprovada é aplicar uma das dicas do manual de estratégias de Jobs e convidar seus clientes para dividir os holofotes, quer pessoalmente, em vídeo ou, no mínimo, mediante citações.

Não se esqueça da mídia. Dividir o palco com publicações que elogiam muito seu produto reforçará sua mensagem. Jobs possui uma relação de amor e ódio com a mídia, mas, para propósitos de apresentação, há muito amor no palco. Nos primeiros minutos de sua apresentação na Macworld 2008, Jobs revelou que o Leopard (a última versão do sistema operacional OS X) tinha vendido 5 milhões de cópias nos primeiros 90 dias, representando o lançamento de maior sucesso do OS X. Também assegurou que todos sabiam que o Leopard fora um sucesso com a mídia. "A imprensa foi muito gentil. Foi um sucesso tanto de crítica quanto comercial", afirmou Jobs.[162] Enquanto ele lia as resenhas dos principais formadores de opinião em tecnologia, um *slide* apareceu com as citações deles. Aqui estão os avais, juntamente com suas fontes:

- "Em minha opinião, o Leopard é melhor e mais rápido que o Vista." (Walt Mossber, *Wall Street Journal.*)
- "O Leopard é poderoso, refinado e cuidadosamente concebido." (David Pogue, *New York Times.*)
- "Com o Leopard, o sistema operacional da Apple amplia sua liderança, estética e tecnologicamente." (Ed Baig, *USA Today.*)
- "De longe, é o melhor sistema operacional já criado para a maioria dos consumidores." (Ed Mendelson, *PC Magazine.*)

Estudo de caso do século XXI

O estudo de caso ainda é uma ferramenta de *marketing* importante. A maioria de nós está familiarizada com dados de relatórios de órgãos do governo ou simples estudos de caso apresentados no *site* de empresa, mas, à medida que os audiovisuais ficam menos onerosos para criar e serem distribuidos *on-line*, algumas empresas inovadoras estão utilizando o poder do YouTube para apresentar os testemunhos dos clientes. Comprar uma minicâmera de vídeo de 200 dólares, criar um vídeo barato de um testemunho de cliente e divulgá-lo no YouTube tem tanta influência quanto uma produção de *marketing* eficiente. Divulgar testemunhos audiovisuais em seu *site* e incluí-los em suas apresentações acrescentará um nível valioso de autenticidade e credibilidade à sua história.

Se você for dono de uma empresa ou empreendedor, desenvolva uma lista de clientes que possam ser utilizados como referência. De fato, um cliente que dá um testemunho vale mais do que um que não dá. Procure clientes que o ajudarão a conquistar novos clientes. Então, dê a eles motivos para que ofereçam referências. Isso pode ser simples, como oferecer um relacionamento mais próximo com sua empresa, proporcionando mais acesso a você ou à sua equipe quando tiverem problemas. Entre outros benefícios, pode-se incluir acesso a equipes do produto, informações sobre novos projetos ou produtos e visibilidade.

Dê aos seus parceiros motivos para participar e, depois que isso acontecer, inclua-os em suas apresentações. A maioria dos clientes não está disponível para participar de sua apresentação, mas tente alternativas: produza um testemunho em vídeo. Pode não causar o mesmo impacto da presença de Paul Otellini no palco com Jobs, mas pode dar a você uma vantagem em relação aos seus concorrentes.

A última citação provocou risadas da plateia, pois era irônico a *PC Magazine* veicular uma resenha favorável em relação ao Mac. A leitura de resenhas favoráveis é uma técnica comum em uma apresentação de Steve Jobs. Embora os norte-americanos classifiquem os jornalistas entre os profissionais menos confiáveis – somente um degrau abaixo dos políticos –, um aval favorável de um veículo de mídia ou blogueiro de primeira linha ainda tem influência, dando aos compradores a segurança de que eles estão fazendo uma opção sensata.

Geralmente, as empresas bem-sucedidas, antes de lançar um produto impactante, testam-no com um grupo de parceiros, que concordam em endossá-lo publicamente ou em assinar resenhas para a mídia e formadores de opinião. Esse arranjo dá a essas empresas referências imediatas, avais e testemunhos. Seus clientes precisam de um motivo para acreditar em você; eles querem minimizar o risco associado a um novo produto ou serviço. Ter especialistas, clientes ou parceiros para testemunhar a eficiência do seu produto ajudará você a superar a barreira psicológica que impediria a adesão.

Dar crédito a quem de direito

Os funcionários também são levados muito em conta na apresentação de Steve Jobs. Na conclusão da Macworld 2007, ele afirmou: "Quero destacar as pessoas que trabalharam nesses produtos. Fiquem de pé todos vocês que trabalharam nos produtos apresentados aqui hoje. Vamos aplaudi-los. Muito obrigado. Também quero agradecer aos familiares. Eles não nos viram muito nos últimos seis meses. Sem o apoio das nossas famílias, não conseguiríamos fazer o que fazemos. Temos de fazer esse trabalho incrível. Elas compreendem quando não estamos em casa para jantar na hora certa, pois temos de estar no laboratório, trabalhando em algo porque a apresentação está chegando. Vocês não têm ideia do quanto precisamos e gostamos de vocês. Então, muito obrigado".[163]

É muito fácil fazer a apresentação sobre você e seu produto. Mas não se esqueça de agradecer as pessoas que tornam isso possível. Revela aos seus clientes que você é uma pessoa íntegra, e, ao elogiar seus funcionários ou colegas publicamente, você os inspira a trabalhar mais duro para você.

Jobs divide o palco com sua plateia, seus clientes, muitas vezes agradecendo-os muito. Ele iniciou a Macworld 2008 recapitulando o ano anterior. "Preciso de apenas um instante para dizer a vocês: muito obrigado. Tivermos um apoio enorme de todos os nossos clientes e realmente apreciamos isso. Assim, muito obrigado por um excepcional 2007."[164] Jobs cria uma afinidade com sua plateia, reconhecendo as pessoas que são importantes: as pessoas que desenvolvem os produtos e as pessoas que os compram.

Jobs, inclusive, divide o palco consigo mesmo!

Steve Jobs é a única pessoa que pode chamar outro Steve Jobs ao palco. Em 1999, Noah Wyle, estrela do seriado ER, trocou seu traje de médico por um jeans, interpretando Jobs no filme televisivo *Piratas do Vale do Silício*. Em uma pegadinha, na Macworld Expo de 1999, em Nova York, Wyle apareceu no palco para iniciar a apresentação. À primeira vista, e para as pessoas sentadas mais distante do palco, ele parecia Jobs: jeans, camiseta de manga comprida e tênis. Wyle tinha os mesmos trejeitos e até usava algumas das famosas frases de Jobs. "Essa vai ser uma Macworld incrível", ele disse. "Alguma coisa vai acontecer aqui. O ressurgimento da Apple. Hoje veremos alguns novos produtos. Novos, incríveis e sensacionais. Alguns produtos realmente, totalmente, loucamente novos!" A plateia ficou maluca quando o verdadeiro Jobs entrou em cena.

Jobs se divertiu muito com Wyle, dizendo ao ator que ele estava desperdiçando uma oportunidade. Ele mostrou para Wyle como deveria atuar, falar e andar se realmente quisesse imitá-lo à perfeição.

"Convido Noah a ver como realmente atuo, pois ele é um *eu* muito melhor do que eu!", Jobs disse para a plateia.

"Obrigado. Me alegra o fato de você não estar bravo por causa do filme", afirmou Wyle.

"O quê? Bravo eu? É só um filme", revelou Jobs. "Mas, se você quiser ser correto, seria bom você me arrumar um papel no ER."[165]

A troca de papéis gerou uma grande gargalhada e a cena mostrou que Jobs era capaz de zombar de si próprio. Ainda não vi nenhum outro apresentador capaz de dividir o palco consigo mesmo!

NOTAS DO DIRETOR

- No lançamento de um produto ou serviço, você deve ter clientes que já o testaram e estão disponíveis para apoiar suas afirmações. As resenhas da mídia também são úteis, principalmente de publicações de boa reputação ou de *blogs* conhecidos.
- Inclua testemunhos em sua apresentação. A maneira mais fácil é fazer um vídeo do seu cliente falando sobre seu produto. Edite esse vídeo, deixando-o com menos de dois minutos de duração, e inclua em sua apresentação.
- Agradeça publicamente aos seus funcionários, parceiros e clientes. E faça isso com frequência.

CENA 12

Realize sua apresentação com objetos cênicos

Jobs transformou suas apresentações na Macworld em eventos de mídia grandiosos. É um teatro de *marketing*, encenado para a imprensa mundial.

LEANDER KAHNEY

Os analistas do setor atribuem à Apple a redefinição do *design* do *notebook*, com sua família MacBook, lançada em 14 de outubro de 2008. Como descrito na cena anterior, Jobs pediu que Jony Ive, *designer* da Apple, explicasse o processo de produção do computador. Os novos MacBooks eram fabricados a partir de um bloco único de alumínio. Aparentemente não era nada de mais, porém representava um feito da engenharia que produziu *notebooks* mais finos, mais leves e mais resistentes e que pareciam ser muito mais bacanas que seus antecessores. Na apresentação de outubro, por cerca de 25 minutos, Jobs discutiu a nova estrutura de alumínio. Ele poderia ter falado sobre isso e talvez mostrado uma ou duas fotos, mas Jobs sendo Jobs foi além. Ele transformou a apresentação em uma experiência cinestésica, deixando a plateia de analistas e jornalistas ver e tocar a estrutura.

"Esse é o monobloco. É especialmente bonito", Jobs disse, enquanto erguia uma amostra. "É uma construção muito mais rígida, mais forte. É muito legal. Gostaria que vocês vissem. Vamos iluminar a sala, por favor. Vou passar amostras para que vocês possam ver como a estrutura é bonita e como sua tecnologia é avançada."

Nesse momento, representantes da Apple posicionados na extremidade de cada fileira entregaram para as pessoas da plateia amostras das estruturas de alumínio. Enquanto as pessoas tocavam e examinavam as estruturas, Jobs brincou: "Precisamos delas de volta", arrancando risos da plateia. Nos próximos 60 segundos, Job ficou em silêncio. Ele deixou o produto falar por si mesmo.

Então, Jobs começou a fazer um comentário interessante, enquanto as pessoas da plateia continuavam a examinar as estruturas: "Equipes de centenas de pessoas trabalharam nisso durante muitos meses para descobrir como projetar essas coisas e produzi-las de modo econômico. É uma grande proeza da engenharia".

Jobs voltou a ficar em silêncio por 30 segundos até todos terem a oportunidade de manusear as estruturas. "Muito bem. Um monobloco de precisão. Vocês são os primeiros a pôr as mãos em um", ele afirmou, enquanto concluía a sessão e seguia adiante para outro recurso dos novos *notebooks*.[166] Usando objetos cênicos, Jobs transformou o que poderia ter sido uma explanação chata em uma experiência multissensorial interessante.

Método Kawasaki

Jobs utiliza objetos cênicos em todas as apresentações, geralmente durante as demonstrações. Em *O jeito Macintosh*, Guy Kawasaki afirma que os grandes comunicadores fazem boas demonstrações. "A boa demonstração não custa muito", ele assinala, "mas pode neutralizar o *marketing* e a propaganda dos seus concorrentes. Uma boa demonstração informa a plateia sobre seu produto, comunica os benefícios de possuí-lo e inspira a plateia a agir".[167] Kawasaki descreve as cinco qualidades de uma demonstração excepcional. De acordo com Kawasaki, a boa demonstração deve ser:

- **Curta.** Não pode entediar a plateia.
- **Simples.** Compreensível e fácil de acompanhar. "Não deve comunicar mais de uma ou duas mensagens importantes. O objetivo é exibir para a plateia o suficiente para que ela fique seduzida, mas não tanto para que fique desnorteada."[168]
- **Gratificante.** Exibir "os recursos mais incríveis, diferenciando seu produto dos concorrentes". E mais: "Você deve mostrar a funcionalidade real. Imagine que cada vez que você mostrar um recurso alguém grite: 'E daí?'"[169]
- **Ágil.** Ter um ritmo acelerado. "Nunca faça nada em uma demonstração que dure mais que 15 segundos."[170]
- **Substancial.** Mostrar claramente como seu produto oferece uma solução para um problema que sua plateia está enfrentando no mundo real. "Os clientes querem fazer coisas com seu produto e, assim, querem saber como ele funciona."[171]

Como observado na Cena 9, Jobs preencheu todas as condições de Kawasaki para uma boa demonstração quando lançou o iPhone 3G, na WWDC, em outubro de 2008. O telefone funcionava nas rápidas redes 3G, um aprimoramento em relação às redes de dados sem fio 2G. As palavras de Jobs na apresentação estão listadas na coluna da esquerda do Quadro 12.1, e a coluna da direita descreve os *slides* correspondentes.[172]

Em uma demonstração breve, Jobs satisfez os critérios de Kawasaki para uma demonstração incrível. Ela foi:

- **Curta.** A demonstração EDGE *versus* 3G levou menos de dois minutos.
- **Simples.** O que pode ser mais simples do que exibir dois *sites* carregando em um *smartphone*? Essa foi a parte mais complexa.
- **Gratificante.** Jobs colocou a rede 3G em um confronto direto com sua maior concorrente, a rede EDGE.
- **Ágil.** Jobs colocou a demonstração em prática, mas ficou em silêncio nos momentos críticos para criar o drama.
- **Substancial.** A demonstração soluciona um problema do mundo real: aguardar um tempo dolorosamente longo para o carregamento de *sites* com muitos recursos visuais.

QUADRO 12.1 DEMONSTRAÇÃO DE JOBS NA WWDC 2008

PALAVRAS DE JOBS	*SLIDES* DE JOBS
"Para que vocês querem o 3G? Bem, vocês querem para *downloads* mais rápidos. E não há outro lugar em que vocês desejem isso do que no navegador e na hora de descarregar anexos do *e-mail*."	[Fotos de dois ícones: um representa a *internet* e o outro representa um *e-mail*.]
"Então, vamos examinar o navegador. Pegamos um iPhone 3G e, no mesmo lugar e na mesma localização, fizemos o *download* de um *site* via rede EDEG e via 3G."	[Imagem animada de dois iPhones carregando um *site* simultaneamente: o mesmo *site* da *National Geographic* começa a carregar em cada aparelho. O iPhone da esquerda está usando a rede EDGE, enquanto o da direita está usando a nova rede 3G.]
"Vamos ver o que aconteceu." [Jobs fica em silêncio, enquanto as duas imagens mostram o carregamento na tela. É um *site* com muitas imagens e um *layout* complexo.]	[O *site* carrega as imagens nos dois iPhones.]
"Vinte e um segundos na rede 3G. [Espera em silêncio por mais 30 segundos, cruzando as mãos na frente do corpo, sorrindo, observando a plateia. Provoca risos.] E 59 segundos, na rede EDGE. O mesmo telefone, o mesmo local: a 3G é 2,8 vezes mais rápida. Está se aproximando das velocidades da Wi-Fi. É incrivelmente rápida!"	[O *site* já havia carregado completamente pela rede 3G, enquanto o telefone que usava a EDGE continuava carregando.]

Demonstrações fazendo história

As demonstrações e os objetos cênicos desempenham uma função em cada apresentação de Steve Jobs. Algumas apresentações fazem mais história que outras. "Hoje vamos fazer história", Jobs afirmou, no início da Macworld 2007. O evento para fazer história era o lançamento do iPhone.

"Queremos reinventar o telefone", revelou Jobs. "Quero mostrar quatro coisas para vocês: os aplicativos do telefone, as fotos, o calendário e o SMS [serviço de envio de mensagens entre dois telefones celulares]. O tipo de coisas que vocês encontrariam em um celular normal, mas, no iPhone, são encontrados de forma atípica. Então, vamos em frente." Como sempre faz,

Jobs se dirigiu para o lado direito do palco (à esquerda da plateia), sentou-se e ofereceu a eles uma visão clara da tela.

"Você estão vendo esse ícone no canto inferior esquerdo do telefone? Pressiono ele e, pronto, tenho o telefone. Agora estou em Contatos. Como me desloco em Contatos? Simplesmente faço a rolagem por eles. Digamos que quero ligar para Jony Ive. Só pressiono aqui e vejo o contato Jony Ive, com todas as informações. Se quero ligar para Jony, tudo o que tenho de fazer é pressionar seu número. Vou ligar para o seu celular neste exato momento." O telefone toca, Ive atende e diz: "Alô!"

Jobs continuou: "Foram dois anos e meio, e me sinto muito empolgado ao fazer a primeira chamada pública com o iPhone". Neste momento da demonstração, Phil Schiller, vice-presidente de *marketing* da Apple, liga. Jobs mantém Ive na linha e faz uma conferência com os dois, para demonstrar uma reunião possível com um clique. Jobs prossegue, demonstra a função SMS e, depois, mostra o pacote de fotos padrão fornecido com o iPhone. "Temos o aplicativo de gerenciamento de fotos mais legal já feito em um telefone celular; e talvez o melhor de todos os tempos." Então, Jobs exibe os recursos da galeria de fotos, usando os dedos para expandir, estreitar e manipular as imagens. "Muito bacana", ele diz. "Não é impressionante?"[173] Jobs mostra-se verdadeiramente empolgado com os novos recursos e, como ele frequentemente faz ao demonstrar novos produtos, parece uma criança em uma loja de doces.

Divertindo-se com demonstrações

Não se esqueça de se divertir com as demonstrações. Sem dúvida, Jobs se diverte. Ele terminou a demonstração do iPhone expondo o funcionamento do Google Maps no aparelho. Buscou uma loja Starbucks, em São Francisco, perto da Moscone West, o local da conferência. Uma lista de lojas Starbucks apareceu no telefone, e Jobs afirmou: "Vamos ligar para uma delas". Um funcionário da loja atendeu e disse: "Bom dia, Starbucks. Posso ajudá-lo?"

"Sim", respondeu Jobs. "Quero pedir 4 mil *lattes* para viagem, por favor. Esqueça, estou brincando. Foi engano. Tchau."[174] Esse diálogo provocou muitas risadas. Jobs tinha literalmente passado um trote na Starbucks como parte da demonstração. Jobs revela tanto prazer expondo os novos produtos que seu entusiasmo salta do palco e atinge todos os presentes. É exatamente porque ele sente prazer que as pessoas gostam de assistir às suas apresentações.

Muitos objetos cênicos para um apresentador de TV italiano

Estou sempre procurando comunicadores que, como Jobs, são inovadores e criam formas estimulantes de envolver uma plateia. Raramente vi alguém que utiliza mais objetos cênicos que Marco Montemagno, jovem empreendedor e apresentador de TV italiano.

Frequentemente, Montemagno fala sobre um tópico da *internet*, mostrando aos italianos por que a *internet* deve ser adotada e não temida. Ele se apresenta para grupos grandes, de 3 mil pessoas, em cidades como Roma, Milão e Veneza. Como a maioria das pessoas de sua plateia é novata em *internet*, ele utiliza uma linguagem que todos conseguem compreender (bem, presumindo que você saiba italiano). Seus *slides* são muito simples e visuais; muitas vezes, Montemagno utiliza somente fotografia, animações e vídeos. Mas o que verdadeiramente diferencia Montemagno da maioria dos apresentadores é sua inacreditável quantidade de objetos cênicos e demonstrações. Eis três diretrizes que ele segue para criar momentos dinâmicos:

1. **Dê à sua plateia algo para fazer.** As pessoas da plateia de Montemagno pegam uma caneta e um papel antes de sentar. Na apresentação, ele pede que cada pessoa faça um desenho do seu vizinho de assento, em 30 segundos. Depois disso, ele pede que cada um escreva o título de sua música favorita, de seu filme favorito e assim por diante. As pessoas, então, passam o papel para a frente, prosseguindo até cada papel ter trocado de mão cinco vezes. No fim, cada um leva para casa um papel que pertenceu a outra pessoa. O exercício tem o objetivo de demonstrar como a informação é partilhada entre as pessoas por meio das redes.
2. **Peça para alguém vir ao palco.** Em outra parte da sua apresentação, Montemagno pede a voluntários que se juntem a ele no palco. Em um exercício, ele pede aos participantes que dobrem uma camiseta. A maioria das pessoas leva cerca de 20 segundos para fazê-lo da forma convencional. Depois, Montemagno mostra um vídeo conhecido do YouTube de alguém demonstrando

como dobrar uma camiseta em cinco segundos. Então, ele repete a façanha enquanto a plateia aplaude. Sua ideia é demonstrar que a *internet* pode ensinar em um nível profundo e intelectual, mas também é capaz de facilitar a mais trivial das tarefas.

3. **Utilize suas habilidades no palco.** Montemagno é um ex-jogador de tênis de mesa. Foi um dos melhores do mundo. Ele trabalha essa habilidade excepcional em suas apresentações. Ele convida outro jogador profissional, e eles começam a jogar pingue-pongue no palco com rapidez e facilidade. Enquanto isso, Montemagno, falando em um *headseat*, compara o tênis de mesa com a *internet*.

Steve Jobs transformou a visão a respeito das apresentações em uma forma de arte, mas poucos de nós lançaremos alguma vez um produto que tranforme tanto o mundo quanto um novo e revolucionário computador. Esse fato é ainda mais um motivo para encontrar modos novos e estimulantes de envolver uma plateia. Para ver os videoclipes de Montemagno, visite seu *site*: http://montemagno.typepad.com/marco_blog/blog_index.html.

Em outro exemplo importante sobre sentir prazer com demonstrações, Jobs tirou algumas fotos engraçadas de si mesmo enquanto exibia um recurso chamado Photo Booth, em 12 de outubro de 2005. O Photo Booth é um aplicativo que usa uma *webcam* para tirar fotos e gravar vídeos.

"Agora quero mostrar o Photo Booth para vocês", afirmou. "É um modo incrível de se divertir. Posso seguir em frente e tirar minha foto." Jobs olhou para a *webcam* embutida no computador e sorriu por alguns segundos enquanto sua foto era tirada e aparecia na tela. Ele disse: "Não é incrível? Vou mostrar alguns efeitos bem legais". E continuou tirando fotos engraçadas de si mesmo usando recursos como Thermal, X-Ray e Andy Warhol. "Mas fica ainda melhor", revelou, sorrindo e esfregando as mãos. "Decidimos acrescentar efeitos só para tirar um sarro."[175] Jobs tirou mais fotos de si mesmo enquanto o aplicativo distorcia seu rosto em formas curiosas: comprimindo, alargando e contorcendo as imagens. A plateia urrava conforme Jobs saboreava o momento.

Concentre-se em só uma coisa

Cada novo produto ou aplicativo Apple apresenta diversos benefícios e recursos, mas Jobs muitas vezes destaca apenas um. Pense nisso como o *trailer* de um filme, que provoca a plateia revelando somente os melhores trechos. Se as pessoas quiserem a experiência completa, elas terão de assistir ao filme.

Na WWDC, em outubro de 2007, Jobs passou a maior parte da apresentação discutindo o Leopard, mas, como frequentemente faz, ele tinha "mais uma coisa" para a plateia. Jobs apresentou o Safari para Windows, o "navegador mais inovador do mundo, e agora o navegador mais rápido para Windows". Depois de dizer para a plateia que gostaria de mostrar o novo navegador, ele se encaminhou para o lado direito do palco, sentou atrás de um computador e começou a demonstração. Ele falou para a plateia que queria comparar a velocidade do Safari com a do Internet Explorer (IE 7).

Agregando entusiasmo em reuniões *on-line*

Setenta novas reuniões pela *internet* acontecem por minuto em plataformas como WebEx, de acordo com a Cisco, que adquiriu o serviço de reuniões *on-line*. Atualmente, ferramentas de colaboração e *webinar** *on-line* conhecidas, incluindo WebEx, Citrix GoToMeeting, Adobe Connect e Microsoft Office Live Meeting, permitem que você agregue algum entusiasmo de alta tecnologia nas demonstrações. Por exemplo, você pode criar pesquisas de opinião e receber *feedback* instantâneo. Os profissionais de venda podem realizar uma demonstração ao vivo de um produto a partir de um computador, desenhando, sublinhando e apontando diretamente na tela. Ainda melhor, esses mesmos profissionais de venda podem transferir o controle do *mouse* para o cliente, ou possível cliente, deixando-o, no outro lado, ver, tocar e "sentir" o produto. As demonstrações são elementos importantes em qualquer apresentação, *off-line* ou *on-line*.

* Seminário pela *internet*. (N.T.)

A tela da demonstração trazia os dois navegadores, lado a lado. Jobs carregou diversos *sites* simultaneamente em ambos. O Safari cumpriu a tarefa em 6,64 segundos, enquanto o IE 7 levou 13,56 segundos. "O Safari é o navegador mais rápido para Windows", Jobs concluiu.[176] Toda a demonstração levou menos de três minutos. Poderia ter durado muito mais, mas Jobs decidiu concentrar-se em um único recurso. ele não sobrecarrega sua plateia. Da mesma forma que elimina a confusão nos *slides*, suas demonstrações também não contêm mensagens irrelevantes.

Em 2006, a Apple adicionou um estúdio de *podcast* ao GarageBand, uma ferramenta incluída na suíte de aplicativos iLife, visando facilitar a criação e a distribuição de conteúdo multimídia pelos usuários. "Adicionamos muita coisa legal ao GarageBand", afirmou Jobs, "mas vou me concentrar em *uma única coisa* para demonstrar hoje: adicionamos um estúdio de *podcast*. Achamos que o GarageBand agora vai se tornar a melhor ferramenta do mundo para criar *podcasts*. É muito bacana. Vamos em frente. Vou fazer uma demonstração para vocês".

Jobs caminhou para o lado direito do palco, sentou e criou um *podcast* curto em quatro etapas. Primeiro, gravou a trilha de áudio e se divertiu muito com isso. Ele até interrompeu a primeira gravação e começou de novo porque a plateia o fez rir muito. Jobs gravou o seguinte: "Olá, eu sou Steve. Bem-vindos ao meu *podcast* semanal, 'Boatos supersecretos da Apple', apresentando os rumores mais quentes sobre nossa empresa favorita. Tenho algumas fontes muito boas dentro da Apple, e é isso o que estou ouvindo: o próximo iPod será *imenso*, pesando mais de 3,5 quilos e com uma tela de 10 polegadas! Bem, isso é tudo por hoje. Vejo vocês na próxima semana".

Após fazer essa gravação divertida, Jobs avançou para as três próximas etapas, mostrando para a plateia como adicionar imagens artísticas e música de fundo. Depois disso, reproduziu o *podcast* e disse: "Muito legal, não? Esse é o estúdio de *podcast* que agora está incluído no GarageBand".[177]

Embora Jobs tenha feito uma demonstração interessante do estúdio de *podcast*, não foi páreo para o lançamento do GarageBand, em 2005: "Hoje estamos lançando algo muito descolado: um quinto aplicativo, que integrará a família iLife. Seu nome é GarageBand. O que é o GarageBand? O GarageBand é uma nova e importante ferramenta pró-música. Mas é para todos. Não sou músico. Assim, para demonstrar o GarageBand, pedi ao meu amigo

John Mayer que nos ajudasse".[178] Jobs sentou atrás de um computador, e Mayer sentou diante de um miniteclado conectado em um Mac. Enquanto Mayer tocava, Jobs manipulava o som para fazer o teclado parecer um baixo, um coro, um violão e outros instrumentos. Então, Jobs elaborou diversas trilhas, criando um som semelhante a uma banda. Ele tomou cuidado para explicar o que estava fazendo em cada etapa, mostrando para a plateia como era fácil criar uma experiência semelhante a um estúdio.

Jobs deve ter ensaiado a demonstração durante horas, pois parecia um exímio músico. No entanto, ele sabe o que não sabe, e, às vezes, como no caso do GarageBand, faz mais sentido trazer um estranho que fale diretamente com a plateia pretendida.

Elemento surpresa

Jobs surpreendeu os programadores ao anunciar a transição que foi cercada de muitos rumores, assim como outros tantos desmentidos: a transição dos processadores PowerPC da IBM/Motorola para os Intel. Na WWDC 2005, quando fez o anúncio, Jobs sabia que um dos principais desafios seria garantir que o sistema operacional OS X funcionasse de modo eficiente com o processador Intel. Brincando com a plateia, ele afirmou que o OS X estava "vivendo uma dupla identidade" por cinco anos, sendo secretamente desenvolvido para funcionar tanto com o PowerPC como com o Intel, "por via das dúvidas". O resultado, revelou Jobs, era o que o Mac OS X estava "tinindo com os processadores Intel".

Então, ele atinge a plateia com algo inesperado: "Na realidade, esse sistema que eu estava usando...". Sua voz diminui, ele abre um sorriso sabido, e a plateia ri quando começa a entender que o sistema está funcionando com os novos processadores Intel. "Vamos dar uma olhada", Jobs diz, enquanto caminha para o lado do palco. Ele senta e começa a explorar diversas tarefas convencionais do computador, como as funções do calendário, o *e-mail*, as fotografias, a navegação e os filmes, carregando e trabalhando com rapidez e facilidade. Ele concluiu a demonstração em dois minutos, afirmando: "Esse é o Mac OS X usando o Intel".[179]

A segunda coisa mais importante depois de John Mayer

Claro que você não vai convencer John Mayer a tocar em seu próximo evento, mas pense a respeito de formas criativas de falar com seu público-alvo. Assisti a um empreendedor apresentando seu novo serviço de *internet* para investidores de capital de risco em São Francisco. O serviço destinava-se ao público adolescente, de modo que não fazia sentido que um empreendedor de cerca de 40 anos o demonstrasse. Em vez disso, ele fez as apresentações iniciais e, em seguida, passou a palavra a dois adolescentes (um garoto e uma garota), que falaram sobre sua experiência com o *site* e de que mais gostaram. A demonstração foi diferente, envolvente e, no final das contas, bem-sucedida.

Conecte-se com três tipos de aprendizes

As demonstrações ajudam os apresentadores a criar uma conexão emocional com todo tipo de aprendiz da plateia: o visual, o auditivo e o cinestésico.

Aprendizes visuais. Cerca de 40% de nós somos aprendizes visuais, que aprendem por meio da visualização. Esse grupo retém a informação que é altamente visual. Para alcançar os aprendizes visuais, evite colocar muito texto na tela. Elabore *slides* com poucas palavras e muitas imagens. Lembre-se: as pessoas provavelmente se influenciam mais com informação que com conexão, mas não são capazes de se conectar com algo que não têm internalizado. Os aprendizes visuais conectam-se por meio da visualização.

Aprendizes auditivos. Essas pessoas aprendem por meio da audição. Os aprendizes auditivos representam cerca de 20% a 30% da sua plateia. As pessoas que aprendem por meio da audição se beneficiam das técnicas verbais e retóricas que serão apresentadas no Terceiro Ato. Conte histórias pessoais ou utilize exemplos eloquentes para apoiar suas mensagens principais.

Aprendizes cinestésicos. Essas pessoas aprendem fazendo, movendo-se e tocando. Em resumo, elas participam ativamente. Elas ficam entediadas ouvindo uma voz por longos períodos. Assim, inclua atividades em sua apresentação para manter os aprendizes cinestésicos envolvidos: passe adiante objetos, como Jobs fez com a estrutura de alumínio; realize exercícios escritos; ou para que eles participem das demonstrações.

O auxiliar do presidente

Jim Grubb, da Cisco, é o auxiliar de John Chambers, presidente da empresa. O título funcional de Grubb é, literalmente, diretor de demonstração. Quase todas as apresentações de Chambers envolvem uma demonstração, e Grubb é o auxiliar de Chambers em cerca de 60 eventos por ano. As demonstrações são singulares e verdadeiramente incríveis. A Cisco reproduz um cenário completo no palco, com mobiliário e objetos cênicos: pode ser um escritório, uma loja ou os aposentos de uma casa. Em uma demonstração, na Consumer Electronics Show 2009, em Las Vegas, Chambers e Grubb ligaram para um médico em um local a milhares de quilômetros de distância e, usando a tecnologia TelePresence, da Cisco, que deixa você ver uma pessoa como se ela estivesse na sua frente, realizaram uma avaliação médica pela rede.

Chambers gosta de alfinetar Grubb com frases como: "Você está nervoso, Jim? Você parece um pouco tenso" ou "Tudo bem se você atrapalhar. Eu demitirei você". A maioria das piadas entre os dois é roteirizada, mas continua sendo engraçado ver Grubb sorrir, fingir estar se divertindo com as alfinetadas e prosseguir com a demonstração: o perfeito pateta. Grubb estudou música e teatro na faculdade. Seu desempenho refinado reflete sua formação. Embora pareça fácil, ele e sua equipe passam muitas horas ensaiando e praticando. Não somente para simplificar a complicada tecnologia de rede, de modo a facilitar sua compreensão em uma demonstração de 15 minutos, mas também para ter certeza de que ela funcionará, para que seu chefe não fique enfezado!

O lançamento do iPhone, em 2007, também proporcionou a oportunidade de Jobs realizar uma demonstração inesquecível. Ele mostrou para as pessoas da plateia como elas poderiam ouvir suas músicas prediletas e reproduziu uma de suas músicas favoritas do Red Hot Chili Peppers. Uma ligação telefônica interrompeu a música e uma foto de Phil Schiller, vice-presidente de *marketing* da Apple, apareceu no telefone. Jobs atendeu e falou com Schiller, que estava na plateia em outro telefone. Schiller pediu uma fotografia. Jobs localizou-a, enviou-a por *e-mail* e voltou a ouvir sua música. Jobs é um *showman*, incorporando apenas a quantidade certa de teatro para tornar os recursos cheios de vida.

NOTAS DO DIRETOR

- Elabore uma demonstração do produto na fase de planejamento de sua apresentação. A demonstração deve ser curta, gratificante e substancial. Se puder introduzir outra pessoa da sua equipe para participar da demonstração, faça isso.
- Envolva-se com a demonstração. Segundo os comediantes, uma piada funciona somente se você se comprometer com ela. Da mesma maneira, comprometa-se com a sua demonstração, principalmente se o seu produto for de entretenimento. Sinta prazer com isso.
- Proporcione algo para cada tipo de aprendiz em sua plateia: o visual, o auditivo e o cinestésico.

CENA 13

Surpreenda com um momento inesquecível

As pessoas esquecerão o que você disse, esquecerão o que você fez, mas nunca esquecerão o que você as fez sentir.

MAYA ANGELOU

Todo funcionário de escritório já viu um envelope pardo. Mas enquanto a maioria das pessoas vê um envelope pardo como meio de distribuir documentos, Steve Jobs enxerga um momento inesquecível, que deixará sua plateia admirada.

"Esse é o MacBook Air", ele disse em janeiro de 2008, "tão fino que até cabe dentro de um desses envelopes que você vê aos montes no escritório". Então, Jobs caminhou para o lado do palco, pegou um envelope e tirou um *notebook*. A plateia ficou eufórica, enquanto o auditório se enchia com o som dos obturadores e com a luz dos *flashes* das centenas de câmeras fotográficas. Como um pai orgulhoso mostrando o filho recém-nascido, Jobs elevou o computador acima da cabeça para todos verem. "Vejam como ele é fino.

Possui um teclado e uma tela de tamanho normal. Não é incrível? É o *notebook* mais fino do mundo", afirmou.[180]

A foto de Jobs tirando o computador do envelope foi a mais divulgada do evento e saiu nos principais jornais, revistas e *sites*. A introdução teatral até estimulou um empresário a fabricar uma capa para o MacBook Air que parecia – sim, você adivinhou! –, um envelope pardo (Figura 13.1). Quando Jobs tirou o computador do envelope, ouviram-se os gritos de surpresa da plateia. Naquele dia, era possível saber o que a maioria das pessoas estava pensando: "Caramba. Como é fino!" O programa jornalístico *ABC News* declarou: "O MacBook Air possui o potencial de reformular o setor dos *notebooks*. O *notebook* cabe dentro de um envelope de escritório, exatamente como Jobs o apresentou, tornando-o a sensação da conferência anual da Apple".[181] A sensação foi planejada desde o princípio. Muito antes de Jobs executar o feito diante da plateia, *press releases* foram escritos, imagens elaboradas para o *site*; e anúncios, criados, mostrando uma mão tirando um *notebook* de um envelope. O momento inesquecível foi roteirizado para provocar uma reação emocional: a apresentação como uma peça teatral.

Foto: Tony Avelar/AFP/Getty Images.

FIGURA 13.1

Jobs segurando o MacBook Air depois de tirá-lo de forma teatral de um envelope.

Transformando o lançamento de um produto em arte

Em 24 de janeiro de 2009, o Macintosh comemorou seu 25º aniversário. O Macintosh da Apple reinventou o setor do computador pessoal na década de 1980. Um computador com um *mouse* e uma interface gráfica para o usuário foi a maior transformação a partir das antigas interfaces por linha de comando predominantes na época. O Mac era muito mais fácil de usar do que qualquer produto que a IBM tinha na ocasião. O lançamento do Mac também foi uma das apresentações de produto mais fascinantes de sua época. Ele ocorreu há 25 anos durante um encontro de acionistas da Apple, no Flint Center, da De Anza College, perto da sede da empresa. Todos os 2.571 lugares do auditório estavam ocupados por funcionários, analistas, acionistas e representantes da mídia.

Jobs – vestido com uma calça cinza, um paletó com duas fileiras de botão e uma gravata borboleta – iniciou a apresentação com uma citação de Bob Dylan, seu músico favorito. Após descrever os recursos do novo computador, Jobs afirmou: "Todos eles cabem em uma caixa que é um terço do tamanho e peso de um PC IBM. Vocês só viram fotos do Macintosh. Agora quero mostrar o Macintosh ao vivo. Todas as imagens que vocês estão prestes a ver no telão foram geradas pelo produto que está nesta bolsa". Ele apontou para uma sacola de lona no centro do palco. Depois de uma pausa, Jobs caminhou até lá e tirou o Macintosh da sacola. Ele o ligou, inseriu um disquete e ficou de lado.

As luzes do auditório se apagaram, a música tema de Vangelis do filme *Carruagens de Fogo* começou a tocar, e uma série de imagens apareceu no telão – o MacWrite e o MacPaint, que vinham gratuitamente com o Mac. À medida que a música ia sumindo, Jobs disse: "Falamos muito sobre o Macintosh recentemente, mas, hoje, pela primeira vez, vamos deixar o Macintosh falar por ele mesmo". Depois dessa deixa, o Macintosh falou com uma voz digitalizada: "Oi, sou o Macintosh. É ótimo sair da bolsa. Como não estou acostumado a falar em público, quero partilhar com vocês uma máxima que pensei da primeira vez que vi um *mainframe* da IBM: nunca confie em um computador que você não consegue levantar. Sem dúvida, posso falar neste momento, mas prefiro sentar e escutar. Assim, é com muito orgulho que chamo um homem que foi como um pai para mim: Steve Jobs".[182] A plateia ficou eufórica e se colocou de pé, aplaudindo e gritando.

Deixar o Macintosh falar por si mesmo foi uma técnica brilhante para obter o máximo de divulgação e publicidade. Vinte e cinco anos depois, o videoclipe dessa parte do lançamento já foi visto 500 mil vezes no YouTube. Jobs criou um momento inesquecível, do qual as pessoas falariam por décadas. Uma autêntica sensação.

Um único tema

O segredo de criar um momento inesquecível é identificar a única coisa – o único tema – que você quer que sua plateia lembre depois de deixar o recinto. Sua plateia não precisa rever anotações, *slides* ou transcrições da apresentação para lembrar a *única coisa*. Ela esquecerá muitos detalhes, mas lembrará 100% do que sente. Considere a única coisa que a Apple quis que você soubesse sobre o MacBook Air: é o *notebook* mais fino do mundo. É isso. Um cliente pode descobrir mais coisas visitando o *site* de uma loja Apple. A apresentação teve o propósito de criar uma experiência e trazer à tona o *slogan*. Ela provocou uma conexão emocional com o ouvinte.

Jobs tinha uma única mensagem-chave que quis transmitir sobre o primeiro iPod: ele põe mil músicas no seu bolso. A mensagem era simples e constante nas apresentações, *press releases* e no *site* da Apple. No entanto, ela só ganhou vida quando Jobs a trouxe à tona em outubro de 2001.

Da mesma forma que o dramaturgo que primeiro apresenta o cenário e depois revela a trama ao longo da peça, Jobs nunca entrega o grande momento no início. Ele elabora o drama. Jobs entra no palco e fala sobre o iPod; lentamente, adiciona camadas à mensagem, até chegar a uma grande fala.

"O incrível a respeito do iPod é que ele armazena mil músicas", Jobs revelou.

"Ter toda a sua biblioteca musical sempre com você representa um grande avanço no ato de ouvir música." (Não era o único aparelho que armazenava mil músicas na época; o que vinha a seguir era a grande novidade.) "Mas a coisa mais legal a respeito do iPod é que toda a sua biblioteca musical cabe no seu bolso. É ultraportátil. O iPod tem o tamanho de um baralho de cartas." O *slide* de Jobs mostrou a foto de um baralho. "Tem seis centímetros de largura, dez centímetros de altura e não chega a dois centímetros de espessura. Ele é muito pequeno. Também pesa somente 185 gramas, mais leve que a maioria dos celulares que vocês carregam nos bolsos. Isso é o que é tão incrível em relação ao iPod. Ele é ultraportátil. Vejam como ele é." Jobs mostrou uma série de fotos. Ele ainda não tinha mostrado o aparelho real. "De fato, tenho um aqui no meu bolso!" Então ele tira o aparelho do bolso e o segura bem alto, enquanto a plateia vibra e aplaude. Ele tinha a foto diante dele. "Esse aparelhinho incrível armazena mil músicas e cabe no meu bolso."[183]

A manchete do *New York Times* dizia: "Mil músicas no seu bolso". Jobs não seria capaz de escrever um título melhor. Na realidade, ele tinha escrito! Ele também criou um evento carregado de emoção, que fixou o título no córtex frontal que despeja dopamina nos cérebros dos seus ouvintes.

O *post-it* mental

"O cérebro não presta atenção a coisas chatas", escreve o pesquisador John Medina. Ele presta atenção a um "evento carregado de emoção", como explica Medina: "A amídala está cheia de dopamina neurotransmissora... No momento em que o cérebro detecta um evento carregado de emoção, a amídala libera dopamina no sistema. Como a dopamina ajuda muito a memória e o processamento das informações, podemos dizer que, no *post-it* mental, está escrito: 'Lembre-se disso!'".[184]

De acordo com Medina, se você conseguir que o cérebro coloque o que importa em um *post-it* químico a respeito de uma ideia ou informação, o item será melhor processado e lembrado com mais facilidade. Como podemos imaginar, esse conceito se aplica tanto para profissionais de negócios como para professores e pais.

Deixando cair uma bomba bem-vinda

Jobs retornou à Apple como presidente interino em 1997. Ele eliminou a palavra interino do título do seu cargo dois anos e meio depois. Em vez de divulgar essa notícia por meio de um *press release*, como a maioria dos presidentes de empresa teria feito, ele criou uma experiência a partir disso.

No final de uma apresentação de duas horas de duração, em 5 de janeiro de 2000, Jobs disse, quase como uma fala à parte: "Há mais uma coisa". Mas não anunciou a novidade imediatamente. Ele criou a expectativa. Primeiro agradeceu aos funcionários da Apple que tinham trabalhado na estratégia para *internet* que ele acabara de descrever na apresentação, pedindo-lhes que se levantassem para os aplausos. Ele também agradeceu ao escritório de artes gráficas e à agência de publicidade. Então, anunciou a novidade.

Contar histórias inesquecíveis

Um momento inesquecível não precisa ser o anúncio de um novo e importante produto. (Afinal de contas, poucos de nós anunciaremos produtos inovadores como o iPod.) Algo tão simples como uma história pessoal pode ser inesquecível.

Certa vez trabalhei com um grande produtor de alimentos orgânicos. Os executivos estavam preparando uma apresentação e a encheram de estatísticas monótonas para demonstrar que os produtos orgânicos eram melhores que as frutas e as verduras cultivadas de forma convencional. As estatísticas proporcionavam pontos de apoio, mas não seria um evento carregado de emoção, até um produtor se virar para mim e me contar a seguinte história: "Carmine, quando eu trabalhava em plantações não orgânicas, chegava em casa e meus filhos queriam me abraçar, mas não podiam. Eu tinha de tomar um banho primeiro, e minhas roupas precisavam ser lavadas e desinfetadas. Hoje, posso sair da plantação de alfaces e abraçar meus filhos diretamente, pois não há nada tóxico no meu corpo que seja capaz de fazer mal a eles". Muitos anos depois, não consigo lembrar de nenhuma estatística apresentada, mas lembro a história. A história se tornou o ponto culminante, carregado de emoção, da apresentação.

"Todos os funcionários da Apple trabalharam muito duro nos últimos dois anos e meio. E, durante esse tempo, fui o presidente interino. Tenho outro emprego como presidente, na Pixar, que eu adoro. Espero que, depois desses dois anos e meio, sejamos capazes de demonstrar aos nossos acionistas da Pixar que talvez possamos eliminar essa coisa de interino. Assim, não estou mudando nenhuma das minhas atribuições na Pixar nem na Apple, mas tenho a satisfação de anunciar hoje que estou eliminando a palavra interino do meu título." A plateia enlouqueceu; as pessoas pulavam dos assentos, berrando e aplaudindo. Jobs assumiu uma postura de humildade e deixou claro que não merecia todo crédito pelo ressurgimento da Apple. "Estou me sentindo estranho por causa de vocês, pois tenho de ir ao trabalho todos os dias e trabalhar com as pessoas mais talentosas do mundo. Aceito os agradecimentos de vocês em nome de todos os funcionários da Apple", concluiu.[185]

Um produto revolucionário

Vinte e seis minutos depois do início de sua apresentação na Macworld 2007, Jobs tinha acabado de falar a respeito da Apple TV. Ele tomou um gole de água e caminhou lentamente para o centro do palco, ficando em silêncio por 12 segundos. Então, contou uma história que levaria a um dos maiores lançamentos de produto da história empresarial. Já discutimos diversos elementos dessa apresentação, incluindo o uso de *slogans* e da regra de três por Jobs. Para essa discussão, vamos analisar uma parte mais longa da apresentação. Como podemos observar nos trechos expostos no Quadro 13.1, Jobs dedicou seu tempo a revelar a notícia que agitaria o setor e mudaria o modo como milhões de pessoas acessavam a *internet* móvel.[186] E assim que o burburinho diminuiu, ele passou o resto da apresentação explicando as limitações dos *smartphones* existentes, revelando o iPhone e analisando seus principais recursos. Quem quer que tenha assistido à apresentação provavelmente dirá que a introdução de três minutos descrita no quadro foi a parte mais inesquecível.

Observe como Jobs aumentou a expectativa para criar a experiência. Ele poderia simplesmente ter dito: "O próximo produto que gostaríamos de apresentar se chama iPhone. Representa a entrada da Apple no mercado dos *smartphones*. Aqui está o aparelho. Agora vou falar mais sobre ele para vocês". Nada muito inesquecível, não? Em contrapartida, a introdução real aguçou o apetite da plateia com cada frase. Após descrever os produtos revolucionários do passado, um ouvinte poderia estar pensando: "O que será esse terceiro produto revolucionário? Ah, certo, Jobs vai anunciar três novos produtos dessa categoria. Legal. Ei, espera. São três? Ah, meu Deus, ele está falando de um único produto! Todos esses recursos em um único produto. Isso é o que quero ver!".

QUADRO 13.1 TRECHOS DA APRESENTAÇÃO DE JOBS NA MACWORLD 2007

PALAVRAS DE STEVE	*SLIDES* DE STEVE
"Esse é o dia que eu estava esperando há dois anos e meio. De vez em quando, um produto revolucionário surge e muda tudo. Alguém tem muita sorte se conseguir desenvolver um produto assim em sua carreira. A Apple teve muita sorte. A empresa tem sido capaz de apresentar alguns desses produtos ao mundo."	[Imagem do logotipo da Apple.]
"Em 1984, lançamos o Macintosh. Ele não mudou apenas a Apple, mas mudou todo o setor de informática."	[Foto em tela inteira do Macintosh; a data 1984 aparece na parte superior esquerda, perto da imagem.]
"Em 2001, lançamos o primeiro iPod. Ele não mudou apenas o modo como ouvimos música, mas mudou toda a indústria da música."	[Foto em tela inteira do iPod original; a data 2001 aparece na parte superior esquerda.]
"Bem, hoje estamos lançando três produtos revolucionários desta categoria."	[Imagem do logotipo da Apple novamente.]
"O primeiro é um iPod com tela *widescreen* e controles sensíveis ao toque."	[A única imagem no *slide* é um desenho artístico do iPod; há uma legenda abaixo da imagem: "iPod com tela *widescreen* e controles sensíveis ao toque".]
"O segundo é um telefone celular revolucionário."	[Desenho artístico de um telefone, com as palavras: "Celular revolucionário".]
"E o terceiro é um dispositivo inovador de acesso à *internet*."	[Desenho artístico de uma bússola com o texto: "Acesso à *internet* inovador".]
"Então, três coisas: um iPod com tela *widescreen* e controles sensíveis ao toque, um telefone celular revolucionário e um dispositivo inovador de acesso à *internet*."	[As três imagens aparecem no mesmo *slide*, com as palavras: "iPod, telefone, *internet*".]
"Um iPod, um telefone e um dispositivo de acesso à *internet*. Um iPod, um telefone – vocês estão entendendo? Não são três aparelhos separados."	[As três imagens giram.]
"É um único aparelho. O nome dele é iPhone."	[Somente texto, centralizado no *slide*: "iPhone".]
"Hoje a Apple vai reinventar o telefone!"	A Apple reinventa o telefone.

PALAVRAS DE STEVE	*SLIDES* DE STEVE
"E aqui está o iPhone." [risos]	[Uma imagem engraçada aparece: é a foto do iPod, mas, em vez de uma *scroll wheel* (roda de rolagem), um artista colocou um antiquado disco giratório sobre o tocador de MP3.]

Todas as apresentações de Steve Jobs – lançamento de produtos importantes e secundários – são roteirizadas para ter um momento que permite que todos comentem. O produto ocupa o centro do palco, mas Jobs desempenha o papel de diretor. Jobs é o Steven Spielberg das apresentações corporativas. Qual é a maior lembrança dos filmes de Spielberg? Spielberg sempre apresenta uma cena que gruda em sua memória por anos: Indiana Jones puxando uma arma para matar o espadachim em *Caçadores da arca perdida*, a cena de abertura de *Tubarão*, ou ET querendo ligar para casa. Da mesma forma, Jobs cria um momento que definirá a experiência.

Jobs mudou muitas coisas a respeito da sua maneira de realizar uma apresentação nos últimos 30 anos, incluindo seu figurino, seus *slides* e seu estilo. Porém, uma coisa foi constante: seu amor ao drama.

NOTAS DO DIRETOR

- Planeje um momento inesquecível. Não precisa ser um lançamento revolucionário. Algo tão simples como contar uma história pessoal, revelar alguma informação inesperada ou realizar uma demonstração pode ajudar a criar um momento inesquecível para sua plateia. Diretores de cinema como Steven Spielberg procuram essas emoções que empolgam as pessoas, que as fazem rir ou que as fazem pensar. As pessoas anseiam por momentos belos e inesquecíveis. Crie-os em sua apresentação. Quanto mais inesperados, melhor.
- Roteirize o momento. Construa o grande momento antes de oferecê-lo à sua plateia. Da mesma forma que um grande romance não revela a trama inteira na primeira página, o drama deve ser construído durante sua apresentação. Você viu o filme *O sexto sentido*, com Bruce Willis? A cena-chave estava no final do filme; uma reviravolta que a maioria dos espectadores não percebeu chegar. Pense a respeito de como adicionar o elemento surpresa à sua apresentação. Crie, no mínimo, um momento inesquecível, que surpreenderá sua plateia e que ela comentará por muito tempo depois do término de sua apresentação.
- Ensaie o grande momento. Não cometa o erro de criar uma experiência inesquecível e fracassar porque não ensaiou. Esse momento deve parecer alegre, perfeito e espontâneo. Certifique-se de que as demonstrações funcionam e que os *slides* aparecem no instante correto.

INTERVALO 2

Schiller aprende com o melhor

Paul Schiller tinha muitas expectativas a atender em 6 de janeiro de 2009. Schiller, vice-presidente de *marketing* de produto da Apple, substituía Steve Jobs como apresentador na Macworld. (A Apple tinha anunciado previamente que seria o último ano de participação da empresa no evento.) Schiller tinha a infeliz função de ser comparado ao seu chefe, que tinha mais de 30 anos de experiência no grande palco. Porém, ele foi inteligente, e proporcionou um lançamento de produto que incluiu os melhores elementos de uma típica apresentação de Steve Jobs. A seguir, apresentamos sete técnicas de Schiller que o próprio Jobs certamente teria utilizado se tivesse realizado a apresentação:[187]

- **Crie *slogans* como se escrevesse no Twitter.** Schiller definiu o tema do dia logo de saída. "Hoje é tudo sobre o Mac", ele revelou à plateia. Essa abertura é recordativa de como Jobs abriu as duas Macworld anteriores. Jobs disse à plateia de 2008 que havia algo no ar, prenunciando o anúncio do MacBook Air, e, em 2007, afirmou que a Apple faria história naquele dia. Sem dúvida, ela fez, pois Jobs, logo depois, apresentou o iPhone.
- **Elabore um roteiro.** Oralmente, Schiller esquematizou uma lista simples no início da apresentação e fez lembretes orais ao longo do caminho. Da mesma forma que Jobs utiliza a regra de três para descrever os produtos, Schiller também introduziu a apresentação

como três categorias distintas. "Hoje tenho três coisas novas para falar para vocês", afirmou (o *slide* de acompanhamento dizia: "Três coisas novas"). A primeira era uma nova versão do iLife. O segundo produto discutido foi uma nova versão do iWork. Finalmente, o terceiro era um novo *notebook* MacBook Pro, com tela de 17 polegadas.

- **Dê uma nova roupagem a seus números.** Como seu chefe faz, Schiller deu significado aos números. Ele revelou à plateia que 3,4 milhões de clientes visitam uma loja Apple todas as semanas. Para fornecer uma perspectiva relevante à plateia, afirmou: "Isso equivale a cem Macworlds todas as semanas".
- **Realize sua apresentação com objetos cênicos.** As demonstrações desempenham uma função importante em todas as apresentações de Steve Jobs. Schiller também utilizou a técnica de modo consistente e efetivo. Como Jobs provavelmente faria se tivesse realizado a apresentação, Schiller, no palco, sentou-se diante de um computador, demonstrando diversos recursos novos, que tinham se tornado padrão nas versões 2009 do iLife e do iWork. Minha demonstração favorita envolveu o novo Keynote 2009, que chegou mais perto do que nunca de permitir que usuários comuns criassem *slides* semelhantes aos de Jobs sem precisar ter habilidades em *design*.
- **Compartilhe o palco.** Schiller não monopolizou os holofotes. Ele dividiu o palco com funcionários que tinham mais experiência em áreas que eram relevantes para os novos produtos que introduziu. Para uma demonstração do iMovie 2009, nova versão do *software* de edição de vídeo, Schiller chamou o engenheiro da Apple que criou a ferramenta. Quando Schiller apresentou o novo MacBook Pro, com tela de 17 polegadas, ele revelou que a bateria era o recurso mais inovador do *notebook*. Para explicações adicionais, exibiu um vídeo que apresentava três funcionários da Apple descrevendo como eles foram capazes de desenvolver uma bateria com autonomia de oito horas mediante uma única carga sem aumentar o tamanho, o peso ou o preço do *notebook*.
- **Criar *slides* visuais.** Há bem poucas palavras em um *slide* de Steve Jobs, e também havia poucas nos *slides* de Schiller. Os primeiros *slides* não tinham nenhuma palavra, somente fotografias. Schiller começou apresentando à plateia algumas das novas lojas da Apple que haviam sido abertas em todo o mundo no ano anterior. Não

existiam marcadores nos *slides*. Quando Schiller apresentou uma lista de recursos, ele utilizou o mínimo de palavras possível e, muitas vezes, casou as palavras com uma imagem. Você pode ver o conjunto de *slides* assistindo à apresentação no *site* da Apple ou visitando Slidesshare.net.[188]

- **Surpreenda com um momento inesquecível.** À la Steve Jobs, Schiller surpreendeu a plateia anunciando "só mais uma coisa" para encerrar sua apresentação. Ele aplicou a regra de três como fizera antes, mas, desta vez, o tema era o iTunes. Ele revelou que existiam três coisas novas para o iTunes em 2009: uma mudança na prática de preços; a capacidade dos usuários do iPhone de fazer o *download* e comprar músicas na sua rede 3G; e o fato de que todas AS músicas do iTunes estariam isentas de DRM (isto é, sem proteção de cópia). Schiller recebeu fortes aplausos quando revelou que 8 milhões de músicas estariam isentas de DRM "a partir de hoje" e obteve uma salva de palmas ainda maior quando disse que todas as 10 milhões de músicas no iTunes estariam isentas de DRM até o fim do trimestre. Schiller sabia que as músicas isentas de DRM no iTunes seriam a grande manchete do dia, e ele a deixou para o fim. De fato, a divulgação dessa declaração dominou toda a imprensa.

TERCEIRO ATO

Refinar e ensaiar

Até aqui aprendemos como Steve Jobs planeja suas apresentações. Falamos sobre como ele apoia a narrativa por meio de palavras e *slides*. Discutimos como ele monta o elenco, cria demonstrações e impressiona a plateia com um momento dinâmico que deixa todos admirados. Finalmente, estudaremos como Jobs refina e ensaia suas apresentações para obter uma conexão emocional com a plateia. Essa etapa final é essencial para alguém que quer falar, andar e parecer um líder. Eis uma apresentação prévia das cenas deste ato:

- **CENA 14 – Presença de palco primorosa.** *Como* você diz é tão importante quanto *o que* você diz, se não for mais. A linguagem corporal e a comunicação verbal são responsáveis por 63% a 90% da impressão que você causa em sua plateia, dependendo do estudo mencionado. O estilo de Jobs vem do poder de suas palavras.
- **CENA 15 – Faça parecer fácil.** Poucos apresentadores ensaiam mais do que Steve Jobs. Seu tempo de preparação é famoso entre as pessoas próximas a ele. Os pesquisadores científicos descobriram

exatamente quantas horas de prática são necessárias para se alcançar a maestria em uma determinada habilidade. Neste capítulo, saberemos como Jobs confirma essas teorias e como você pode aplicá-las para melhorar suas próprias habilidades de apresentação.

- **CENA 16 – Use roupas adequadas.** Jobs possui a seleção de guarda-roupa mais fácil do mundo: é a mesma para todas as suas apresentações. Seus trajes são tão conhecidos que até os programas de humor da TV *Saturday Night Live* e *30 Rock* os ridicularizam. Aprenda por que os trajes que Jobs usa são adequados para ele, mas podem representar o fim da sua carreira.
- **CENA 17 – Ponha de lado o roteiro.** Jobs fala para a plateia e não para seus *slides*. Ele estabelece um contato visual intenso, pois ensaiou efetivamente. Este capítulo ensinará a você como praticar de forma certa, e, assim, você também poderá pôr de lado o roteiro.
- **CENA 18 – Divirta-se.** Apesar da ampla preparação por trás de uma apresentação de Steve Jobs, as coisas nem sempre acontecem conforme o planejado. Nada abala Jobs, pois seu primeiro objetivo é se divertir!

CENA 14

Presença de palco primorosa

Fui fisgado pela energia e pelo entusiasmo de Steve.

GIL AMELIO

Steve Jobs possui uma presença de palco imponente. Sua voz, gestos e linguagem corporal comunicam autoridade, confiança e energia. O entusiasmo de Jobs se mostrou plenamente na Macworld 2003. O Quadro 14.1 expõe suas palavras e também seus gestos para apresentar o PowerBook Titanium.[189] As palavras que ele enfatizou em sua apresentação estão em itálico.

As palavras que Jobs emprega para descrever um produto são evidentemente importantes, assim como a maneira como ele as expressa. Destaca as palavras-chave em cada parágrafo, enfatizando adicionalmente as mais importantes da frase. Faz gestos expansivos para complementar sua expressão vocal. Neste capítulo, analisaremos posteriormente a linguagem corporal e a expressão vocal com mais detalhes. Por ora, a melhor forma de avaliar a habilidade é recorrer a um palestrante convidado, que é ofuscado na comparação.

"Quem é o 'Senhor Ficha de Anotação'?"

No lançamento do iPhone, na Macworld 2007, Jobs convidou Stan Sigman, presidente da Cingular/AT&T, para se juntar a ele no palco e trocar algumas palavras a respeito da parceria. Então, Sigman tomou a palavra e logo sugou a energia do recinto. Imediatamente, enfiou as mãos nos bolsos e começou a fazer comentários em um tom comedidamente monótono. Pior de tudo: tirou fichas de anotação do bolso da jaqueta e começou a lê-las, palavra por palavra. Em consequência, a expressão verbal de Sigman ficou mais hesitante, e ele perdeu todo o contato visual com a plateia. E assim prosseguiu por seis longos minutos, que pareceram 30. A plateia ficou irrequieta, esperando o retorno de Jobs.

QUADRO 14.1 TRECHOS DA APRESENTAÇÃO DE JOBS NA MACWORLD 2003

PALAVRAS DE STEVE	GESTOS DE STEVE
"Dois anos atrás lançamos um produto *memorável* da Apple. O PowerBook Titanium tornou-se *em um instante* o melhor *notebook* do setor. *O objeto de desejo número um.*"	Levanta o dedo indicador.
"Todas as resenhas disseram isso."	Separa as mãos, com as palmas para cima.
"E sabem de uma coisa? Ninguém conseguiu superá-lo em *dois anos*."	Levanta dois dedos da mão direita.
"Hoje quase todo analista diz que ele *ainda* é o melhor *notebook* do setor. Nenhum outro *chega perto*."	Corta o ar com a mão esquerda.
"Isso é importante para a Apple, pois acreditamos que algum dia os *notebooks* vão vender mais que os *desktops*... Queremos substituir ainda *mais desktops* por *notebooks*."	Faz um gesto expansivo com as duas mãos.
"Então, como vamos fazer isso? E agora? Bem, o PowerBook Titanium é um produto-marco e não vai desaparecer. Mas vamos apressar o passo para atrair ainda *mais* pessoas para os *notebooks*."	Gestos, movendo a mão em um amplo golpe, da direita para a esquerda.
"E como fazemos isso? Fazemos isso com *isso*."	Pausa.
"O novo *PowerBook* de 17 polegadas. Uma tela panorâmica de 17 polegadas."	Outro gesto expansivo, mãos separadas, com as palmas para cima.
"É sensacional."	Pausa.
"E quando o fechamos, só tem *2,5 centímetros* de espessura."	Faz um gesto como se segurasse algo muito fino com os dedos da mão esquerda.

PALAVRAS DE STEVE	GESTOS DE STEVE
"O PowerBook *mais fino já fabricado*. Vamos em frente. Quero mostrar um para vocês. Tenho um aqui."	Caminha para o lado direito do palco, mantendo o contato visual com a plateia.
"É o produto mais incrível que já fizemos."	Levanta o computador e o abre.
"O novo PowerBook de 17 polegadas. É maravilhoso. Vejam essa tela."	Segura o computador para mostrar a tela.
"Vejam como ele é *fino*. Não é incrível? Também é muito bonito."	Fecha o computador e o levanta.
"Sem dúvida, é o *notebook* mais avançado já produzido *no mundo*. Nossos concorrentes ainda não conseguiram fazer o que lançamos dois anos atrás. Não sei o que vão fazer agora a respeito *disso*."	Sorri e olha diretamente para a plateia.

Um *post* no *blog* internacional da CNN dizia: "Sigman (...) lê formalmente a partir de um texto, fazendo pausas de modo desajeitado para consultar anotações. Em comparação, o eloquente Jobs veste sua característica camiseta preta de manga comprida e jeans desbotado (...). Jobs é um dos melhores *showmen* dos Estados Unidos corporativos, raramente consultando textos e rápido com piadas de improviso". Os blogueiros foram implacáveis com a participação de Sigman. Entre os comentários, destacam-se: "Quem é o 'Senhor Ficha de Anotação'?"; "blá-blá-blá"; "ruim demais"; e "um chato".

Sigman deixou a AT&T naquele mesmo ano. O *site* Macworld.com observou: "Sigman talvez seja mais bem lembrado pelos fãs da Apple como alguém que negou completamente o campo de distorção da realidade de Jobs, em uma exposição que, aparentemente, pôs para dormir quase metade da plateia da apresentação. Ele foi sentenciado a uma cruel vida futura, sendo o alvo de aproximadamente 99% das piadas de Scott Bourne [macguru e criador de *podcasts*]... E o que Stan fará aposentado? O que se diz é que ele está pensando em ministrar cursos de como falar em público para jovens carentes".[190]

Sigman passou 42 anos na AT&T, subindo dos escalões mais baixos da empresa até dirigir sua divisão *wireless*. No entanto, para muitas pessoas não familiarizadas com sua liderança, a apresentação dele na Macworld será seu legado duradouro. Não foi culpa de Sigman. Ele tinha de seguir o mestre. Mas, infelizmente, este livro ainda não tinha sido publicado para ajudá-lo a se preparar.

Três técnicas para melhorar a linguagem corporal

Em 1985, Steve Jobs demitiu-se da Apple após perder uma batalha na sala da diretoria pelo controle da empresa, em uma luta intensa com o então presidente John Sculley. Ele ficaria afastado por 11 anos, retornando de forma triunfante depois que Gil Amelio, presidente da Apple em 1996, anunciou que a Apple estava adquirindo a empresa NeXT, de Jobs, por 427 milhões de dólares. "Fui fisgado pela energia e entusiasmo de Steve", Amelio escreveu em *On the firing line: my five hundred days at Apple*. "Lembro a sua animação, a maneira como suas habilidades mentais se materializam quando ele está em atividade, de como ele fica mais expressivo."[191]

Jobs fica cheio de vida enquanto se movimenta pelo palco. Ele possui uma energia aparentemente inesgotável. Quando está no clímax, faz três coisas que qualquer um pode e deve fazer para aprimorar as habilidades oratórias e de apresentação: ele estabelece contato visual, mantém uma postura aberta e faz gestos frequentes com as mãos.

CONTATO VISUAL

Os grandes comunicadores como Jobs estabelecem muito mais contato visual com a plateia do que os apresentadores comuns. Eles raramente fazem uma leitura a partir de *slides* ou anotações. Jobs não eliminou por completo as anotações. Muitas vezes, ele consulta discretamente alguma anotação durante as demonstrações. O Keynote, *software* de apresentação da Apple, também facilita a visualização de anotações pelo apresentador, enquanto a plateia observa os *slides* exibidos na tela. Se Jobs está lendo, ninguém pode dizer. Ele mantém contato visual com sua plateia quase o tempo todo. Dá uma olhada no *slide* e, de imediato, traz sua atenção de volta para quem interessa: a plateia.

A maioria dos apresentadores dedica muito tempo lendo cada palavra do texto de um *slide*. Nas demonstrações, os apresentadores medíocres quebram completamente o contato visual. A pesquisa científica descobriu que o contato visual está associado a honestidade, confiança, sinceridade e segurança. A falta de contato visual é mais frequentemente associada a falta de confiança e de capacidade de liderança. A quebra do contato visual é infalível para perder a conexão com sua plateia.

Jobs é capaz de estabelecer um contato visual firme com seus espectadores porque ensaia suas apresentações durantes semanas (Cena 15). Ele sabe exatamente o que há em cada *slide* e o que vai dizer no momento em que o *slide* aparecer. Quanto mais ensaia, mais ele incorpora o conteúdo e mais fácil fica sua conexão com a plateia. A maioria dos apresentadores não ensaia, e isso fica evidente.

O segundo motivo pelo qual Jobs consegue estabelecer um contato visual firme é que seus *slides* são essencialmente visuais. Em muitos casos, não há palavra alguma nos *slides*, mas somente fotos (Cena 8 e Cena 17). Quando existem palavras, são poucas; às vezes, apenas uma em um *slide*. Os *slides* visuais forçam o apresentador a transmitir a informação oralmente para o público-alvo daquela mensagem – a plateia.

POSTURA ABERTA

Jobs raramente cruza os braços ou fica atrás de um púlpito. Sua postura é aberta. Uma postura aberta significa simplesmente que Jobs não colocou nada entre si e sua plateia. Nas demonstrações, ele senta em paralelo ao computador e, assim, nada bloqueia sua visão da plateia, e vice-versa. Ele realiza uma atividade no computador e, imediatamente, volta-se para a plateia para explicar o que acabou de fazer, raramente quebrando o contato visual por muito tempo. Nas primeiras apresentações de Jobs, em especial, no lançamento do Macintosh, em 1984, ele ficou atrás de um púlpito. Ele abandonou o púlpito logo depois e nunca mais usou um desde então – com exceção do discurso de paraninfo em Stanford, em 2005 (Figura 14.1).

GESTOS COM AS MÃOS

Jobs enfatiza quase toda frase com um gesto que complementa suas palavras. Alguns orientadores de oratória antiquados ainda instruem os clientes a manterem as mãos fixas ao lado do corpo. Não tenho certeza de quando isso começou, mas é fatal para qualquer orador que espera cativar uma plateia. Ao manter as mãos paradas, você parecerá rígido, formal e, sinceramente, um pouco esquisito. Comunicadores excepcionais como Jobs utilizam mais gestos do que os oradores normais, e não menos. Há até uma pesquisa para respaldar essa observação.

O doutor David McNeill, da Universidade de Chicago, é conhecido por sua pesquisa apurada na área de gestos de mãos. É sua paixão desde 1980. Sua pesquisa revelou que os gestos e a linguagem estão intimamente ligados. De fato, a gesticulação pode ajudar o apresentador a se expressar melhor, aclarando seu processo de pensamento. De acordo com ele, o fato de não usar gestos, na realidade, exige um esforço concentrado. McNeill descobriu que os pensadores muito disciplinados, rigorosos e confiantes utilizam gestos de mãos que refletem a clareza do seu pensamento; é como uma janela para seu processo intelectual.

Utilize gestos de mãos para enfatizar sua ideia; contudo, tenha cuidado para que eles não se tornem robotizados ou ensaiados demais. Em outras palavras, não copie Jobs e seus maneirismos. Seja espontâneo. Seja autêntico.

Foto: John G. Mabanglo/AFP/Getty Images

FIGURA 14.1
Steve Jobs envolve a plateia com contato visual firme, gestos de mãos e postura aberta.

É um presidente de empresa ou um pregador?

Poucos entre nós têm tanta confiança para falar em público como John Chambers, presidente da Cisco. As pessoas costumam ficar surpresas quando assistem a uma apresentação dele pela primeira vez. Como um pregador, Chambers perambula entre a plateia. Ele passa apenas um minuto ou dois no palco, no início da sua apresentação, antes de se misturar com os espectadores. Caminha direto até as pessoas, mira em seus olhos, chama algumas pelo nome e até põe a mão no ombro de outras. São poucos os apresentadores que se sentem seguros o bastante para fazer isso.

Sei que a confiança de Chambers resulta de horas de treinamento rígido. Ele sabe cada palavra de cada um dos seus *slides*, e sabe exatamente o que vai dizer a seguir. Para os analistas, observar uma apresentação de Chambers é uma experiência surpreendente. Surpreenda! Ensaie sua apresentação e preste muita atenção a sua linguagem corporal e sua expressão verbal.

Fale com estilo

Steve Jobs utiliza sua voz tão efetivamente quanto seus gestos. O conteúdo da apresentação, os *slides* e as demonstrações geram entusiasmo, e sua expressão verbal amarra o pacote. Quando ele lançou o iPhone, em janeiro de 2007, contou uma história tramada de forma magnífica, e sua expressão vocal proporcionou exatamente a quantidade certa de drama. Nós já analisamos a apresentação e seus *slides* nos capítulos anteriores. Agora, vamos nos concentrar em *como* Jobs disse o que disse. Afinal de contas, é um conjunto de fatores. *Slides* incríveis significam pouco sem uma grande expressão verbal. Uma história incrível fracassará se for apresentada de modo medíocre.

O Quadro 14.2 ilustra a expressão verbal de Jobs. Envolve a mesma apresentação do iPhone exposta na Cena 13, com foco na sua comunicação efetiva. As palavras que Jobs decidiu enfatizar estão em itálico, na primeira coluna; a segunda coluna lista observações sobre sua comunicação, incluindo o momento de pausa logo após uma frase.[192] Preste atenção especial ao ritmo, à pausa e ao volume.

Jobs diversificou sua expressão verbal para criar suspense, entusiasmo e emoção. Nada contribuirá mais para destruir todo o trabalho que você investiu para produzir uma apresentação espetacular do que expressá-la de modo monótono. E é o que Jobs com toda certeza não faz.

A voz de Jobs complementou a dramatização da trama. Ele utiliza recursos semelhantes em todas as apresentações. Esta cena detalha quatro técnicas afins que Jobs emprega para manter sua plateia envolvida: inflexões, pausas, volume e ritmo.

INFLEXÃO

Jobs muda sua inflexão elevando ou abaixando o tom de voz. Pense como teria soado monótono o lançamento do iPhone se todas as palavras fossem expressas exatamente no mesmo tom. Em vez disso, Jobs elevou o tom ao dizer: "Vocês estão entendendo?" e "é um único aparelho". Jobs possui alguns descritores favoritos, que alcançam seu objetivo em diversas apresentações: "inacreditável", "impressionante", "legal" e "imenso". Essas palavras não têm o mesmo impacto se o tom em que são expressas soar exatamente como o resto da frase. Jobs modifica seu tom com frequência, mantendo a plateia em suspense.

PAUSAS

Nada é mais dramático que uma pausa bem colocada. "Hoje estamos lançando um terceiro tipo de *notebook*", Jobs disse à plateia da Macworld, em janeiro de 2008. Então, fez uma pausa e, em seguida, afirmou: "Seu nome é MacBook Air". Fez uma nova pausa antes de transmitir o *slogan*: "É o *notebook* mais fino do mundo".[193]

Jobs não apressa sua apresentação. Ele a deixa tomar fôlego. Muitas vezes, ele fica em silêncio durante alguns segundos, enquanto espera o clímax chegar. A maioria dos apresentadores parece como se estivesse tentando despejar rapidamente o conteúdo. Sob vários aspectos, eles fazem isso, pois roteirizaram mais conteúdo do que o tempo disponível para a apresentação. Jobs nunca corre. Sua apresentação é cuidadosamente ensaiada, dando-lhe muito tempo para falar mais devagar, pausar e deixar a mensagem se consolidar.

VOLUME

Jobs abaixa ou eleva a voz para aumentar o drama. Em geral, ele faz isso quando apresenta um novo produto especial. Frequentemente, ele abaixa a voz enquanto constrói o anúncio e, depois, eleva o volume para dar a grande notícia. Mas, às vezes, ele também faz o oposto. Quando apresentou o primeiro iPod, elevou a voz e disse: "Ter toda sua biblioteca musical sempre com você representa um grande avanço no ato de ouvir música". Depois, ele abaixou a voz e deu o golpe decisivo: "Mas a coisa mais legal a respeito do iPod é que toda sua biblioteca musical cabe no seu bolso".[194] Assim como as inflexões e as pausas mantêm sua plateia ligada em cada palavra que você diz, o volume da sua voz exerce o mesmo poder.

RITMO

Jobs acelera o ritmo em algumas frases e desacelera em outras. Em geral, as demonstrações são transmitidas em um ritmo normal de discurso, mas ele fala bem mais devagar quando comunica um *slogan* ou uma mensagem-chave, que ele deseja que todos lembrem. Quando lançou o iPod, ele abaixou a voz até quase sussurrar para enfatizar a novidade em destaque. Da mesma forma, também desacelera o ritmo de suas frases para construir o drama. O Quadro 14.3 apresenta pontos de interesse especial.[195]

QUADRO 14.2 APRESENTAÇÃO DO IPHONE POR JOBS EM 2007

PALAVRAS DE STEVE	EXPRESSÃO VERBAL DE STEVE
"Esse é o dia que eu esperava há dois anos e meio."	Pausa.
"De vez em quando, um produto revolucionário surge e *muda tudo*."	Pausa.
"A Apple teve muita sorte. A empresa tem sido capaz de apresentar alguns desses produtos ao mundo. Em 1984, lançamos o *Macintosh*. Ele não mudou apenas a Apple, mas mudou todo o setor de informática."	Pausa.
"Em 2001, lançamos o primeiro *iPod*."	Pausa.
"Ele não mudou apenas o modo pelo qual ouvimos música, mas mudou toda a indústria da *música*."	Pausa.
"Bem, hoje estamos lançando *três* produtos revolucionários desta categoria. O *primeiro...*"	Pausa.
" ...é um iPod com tela *widescreen* e controles sensíveis ao toque. O *segundo...*"	Pausa.
" ...é um telefone celular revolucionário."	A voz fica mais alta.

"E o terceiro..."	Pausa.
" ...é um dispositivo *inovador* de acesso à *internet*. Então, três coisas: um iPod com tela *widescreen* e controles sensíveis ao toque, um telefone celular revolucionário e um dispositivo inovador de acesso à *internet*."	Pausa.
"Um iPod, um telefone e um dispositivo de acesso à *internet*."	A voz fica mais alta.
"Um iPod, um telefone – vocês estão entendendo?"	Fala mais rápido, a voz fica mais alta.
"Não são três aparelhos separados. É *um único* aparelho."	A voz continua alta.
"O nome dele é *iPhone*."	A voz fica ainda mais alta.
"Hoje a Apple vai *reinventar* o telefone!"	Volume mais alto da apresentação.

QUADRO 14.3 TRECHOS DA APRESENTAÇÃO DO IPOD POR JOBS, COM NOTAS SOBRE A EXPRESSÃO VERBAL

PALAVRAS DE STEVE	EXPRESSÃO VERBAL DE STEVE
"Agora vocês podem estar dizendo: 'Isso é legal, mas tenho um disco rígido no meu computador portátil, no meu iBook. Estou usando o iTunes. Estou contente de verdade. Não tenho uma bateria com autonomia de dez horas no meu iBook, mas o iBook tem uma bateria com autonomia maior que qualquer outro computador portátil."	Desacelera o ritmo da fala.
"Então, o que é o iPod tem de tão especial?"	Pausa e abaixa o volume.
"Ele é ultraportátil. Um iBook é portátil, mas um iPod é ultraportátil. Vou mostrar para vocês o que quero dizer."	Acelera o ritmo da fala.
"O iPod tem o tamanho de um baralho.Tem seis centímetros de largura, dez centímetros de altura e não chega a dois centímetros de espessura. Ele é muito pequeno. Também pesa somente 185 gramas, mais leve que a maioria dos celulares que vocês carregam nos bolsos. Isso é o que é tão incrível em relação ao iPod."	Desacelera e abaixa a voz.
"Ele é ultraportátil."	Fala quase sussurrando.

Bueller? Bueller?

Ben Stein nos proporciona um dos melhores exemplos de uma expressão verbal monótona e desinteressante. Em *Curtindo a vida adoidado,* filme de 1986, Ben Stein interpreta o papel de um professor de economia muito chato. Na fala mais famosa de Stein no filme, ele verificava a presença dos alunos, e Bueller (o personagem de Matthew Broderick) não respondia à lista de chamada. No momento mais enfadonho do filme, Stein perguntava: "Bueller...? Bueller...? Bueller...?", enquanto a câmera focalizava uma carteira vazia. Em outra cena, discutia o Ato Tarifário Hawley-Smoot e a economia vodu. As expressões faciais dos alunos são hilariantes. Um deles está com a cabeça deitada sobre a carteira, com uma baba escorrendo do canto da boca. O personagem de Stein é muito chato, mas é engraçado.

Se Stein lesse uma cópia da apresentação de Steve Jobs da mesma maneira em que representava o professor, seria, sem dúvida, uma das apresentações mais longas e maçantes da história dos Estados Unidos corporativos.

Isso demonstra novamente que as palavras têm importância; e que uma comunicação eficaz faz a diferença.

Atue como o líder que você quer ser

Não cometa o erro de acreditar que a linguagem corporal e a expressão verbal não são importantes, ou melhor, habilidades não técnicas. Albert Mehrabian, pesquisador científico da UCLA, estudou expressão e comunicação para seu livro *Silent messages*.[196] Ele descobriu que os sinais não verbais causam maior impacto em uma conversa. O tom de voz – a expressão vocal – é o segundo fator mais influente. As palavras realmente ditas são o terceiro, e o menos importante.

Em geral, a maneira pela qual Steve Jobs fala e transmite sua mensagem causa admiração em sua plateia, que confia nele como líder. Barack Obama, presidente dos Estados Unidos, revelou, certa vez, que a lição mais importante que aprendeu na sua passagem de organizador comunitário para a pessoa mais poderosa do mundo foi "sempre agir com confiança".

As pessoas julgam você o tempo todo, mas, principalmente, nos primeiros 90 segundos do encontro. O modo como você expressa suas palavras e aquilo que sua linguagem corporal revela sobre você deixarão sua plateia desiludida ou inspirada. Steve Jobs é um comunicador eletrizante, pois é expressivo tanto na voz como nos gestos.

NOTAS DO DIRETOR

- Preste atenção a sua linguagem corporal. Mantenha contato visual, tenha uma postura aberta e utilize gestos de mãos quando apropriado. Não tenha medo de usar as mãos. A pesquisa revelou que os gestos refletem o pensamento complexo e fazem o ouvinte ter confiança no orador.
- Varie sua expressão verbal, adicionando inflexões em sua voz, aumentando ou diminuindo o volume e também alternando o ritmo. Além disso, deixe o conteúdo ganhar fôlego. Faça uma pausa. Nada é mais expressivo que uma pausa bem colocada.
- Grave sua voz. Observe com atenção sua linguagem corporal e escute sua expressão verbal. Observar-se em vídeo é a melhor forma de aprimorar suas habilidades de apresentação.

CENA 15

Faça parecer fácil

A prática não é algo que você faz quando já está bom.
É algo que você faz para se tornar bom.

MALCOM GLADWELL

Steve Jobs é um grande *showman*, que domina o palco com precisão. Todos os movimentos, demonstrações, imagens e *slides* estão em sintonia. Ele parece à vontade, confiante e muito tranquilo. No mínimo, fazer uma apresentação parece fácil para a plateia. Aqui está o segredo: Jobs ensaia muitas horas. Para ser mais exato, muitas e muitas horas durante muitos e muitos dias.

"Jobs lança os últimos produtos da Apple como se fosse um amigo particularmente atualizado e bem-informado, mostrando as invenções na sua sala de estar. Acredite, essa informalidade é resultado de muitas horas de prática", observou um jornalista da *BusinessWeek*. Um executivo do varejo lembra uma ida a um ensaio da Macworld, a pedido de Jobs, e, depois, esperar por quatro horas até Jobs sair do palco para fazer uma entrevista. Jobs considera suas *keynotes* uma arma competitiva. Marissa Mayer, executiva do Google, que desempenha um papel importante no lançamento das inovações do gigante das buscas, insiste que profissionais promissores de *marketing* de produto frequentem as apresentações de Jobs. "Steve Jobs é o melhor para o lançamento de produtos", ela afirma. "Eles precisam ver como ele faz."[197]

Como ele faz isso? O jornalista da *BusinessWeek* deu a resposta no artigo: "Steve Jobs investe em horas de prática extenuante. Quando foi a última vez que você pode dizer que dedicou horas de prática extenuante para se preparar para uma apresentação? A resposta honesta é provavelmente nunca. Se você realmente quiser fazer uma apresentação à la Steve Jobs, planeje dedicar mais tempo ao ensaio de cada parte dela".

Um vislumbre atrás da cortina mágica

Em um artigo publicado no jornal *Guardian*, de 5 de janeiro de 2006, Mike Evangelist, ex-funcionário da Apple, escreveu sobre sua experiência pessoal ensaiando uma parte da demonstração para uma *keynote* de Steve Jobs: "Para um observador acidental, essas apresentações parecem ser apenas um cara usando blusa preta e jeans, e falando a respeito de alguns novos produtos tecnológicos. Mas são, de fato, uma mistura inacreditavelmente complexa e sofisticada de abordagem de vendas, demonstração de produto e torcida organizada corporativa, com uma pitada de campanha entusiasta como extra. Representam semanas de trabalho, orquestração precisa e pressão intensa para muitas pessoas, que, coletivamente, engendram o 'homem atrás da cortina'".[198]

De acordo com o relato pessoal de Evangelist, Jobs inicia sua preparação com semanas de antecedência, analisando os produtos e as tecnologias de que falará a respeito. Evangelist foi requisitado a demonstrar o novo iDVD (*software* para gravação de DVD), para a Macworld 2001. Ele revelou que sua equipe passou centenas de horas preparando um pedaço da apresentação que durou cinco minutos. Não é um erro de digitação: *centenas* de horas para uma demonstração de cinco minutos.

Segundo Evangelist, Jobs ensaiou dois dias inteiros antes da apresentação, pedindo *feedback* para os gerentes de produto presentes no recinto. Jobs passou grande parte do tempo cuidando dos *slides*, escrevendo e idealizando pessoalmente boa parte do conteúdo, juntamente com alguma ajuda da equipe de *design*. "Um dia antes da apresentação, as coisas ficam muito mais estruturadas, com no mínimo um ou, às vezes, dois ensaios gerais. Nesses ensaios, Steve fica extremamente concentrado. Enquanto estávamos no recinto, toda energia dele era direcionada no sentido de tornar a apresentação o reflexo perfeito das mensagens da Apple."[199]

Nas semanas anteriores à apresentação, Evangelist observou toda gama de emoções em Steve, da decepção à euforia. "Acredito que esse seja um dos aspectos mais importantes do impacto de Steve Jobs sobre a Apple: ele tem pouca ou nenhuma paciência para alguma coisa, exceto a excelência dele ou dos outros", concluiu Evangelist.[200]

Em outubro de 1999, Michael Krantz, jornalista da revista *Time*, foi entrevistar Jobs um dia antes do lançamento de uma linha de iMacs multicoloridos. Jobs estava ensaiando o grande momento, quando ele anunciaria: "Digam 'Olá!' para os novos iMacs". Os computadores então deveriam aparecer deslizando, vindos de trás de uma cortina escura, mas, de acordo com Krantz, Jobs não estava satisfeito com a iluminação. Ele queria uma iluminação mais forte e que aparecesse antes. "Vamos repetir até conseguir, está bem?", disse Jobs.[201] Os operadores de luz da apresentação repetiram muitas vezes, enquanto Jobs ficava cada vez mais frustrado.

"Finalmente", Krantz relata, "eles conseguiram. Os cinco iMacs perfeitamente iluminados, reluzentes, enquanto deslizavam suavemente para frente do telão. 'Ah! Perfeito! Genial!', Jobs gritou, exultante com a própria ideia de um universo capaz de produzir essas máquinas incrivelmente belas. 'Genial!', Jobs voltou a gritar, com a voz ressoando através do auditório vazio. 'Uau!' E vocês sabem o quê? Ele tinha razão. Os iMacs tinham uma aparência melhor quando a iluminação entrava antes."[202] A cena que Krantz descreveu poderia ser interpretada de duas maneiras diferentes: ou Jobs é um microdiretor ou, como um dos amigos de Jobs observou no artigo, "ele é obstinado, quase maníaco, na sua busca de qualidade e excelência".

O que Steve Jobs, Michael Jordan e Winston Churchill têm em comum

O doutor K. Anders Ericsson, professor de psicologia, estudou atletas de alto nível, como Michael Jordan, e também super-realizadores de outras profissões: enxadristas, jogadores de golfe, médicos e até arremessadores de dardos. Ericsson descobriu que essas pessoas refinam suas habilidades por meio de prática deliberativa. Em outras palavras, elas não fazem a mesma coisa repetidamente, esperando melhorar. Em vez disso, definem objetivos específicos, pedem *feedback* e se esforçam continuamente para melhorar no longo prazo. Da pesquisa de Ericsson, aprendemos que os profissionais de melhor desempenho praticam habilidades específicas frequentemente, durante muitos e muitos anos.

Os oradores comuns tornam-se excepcionais porque praticam. Winston Churchill foi um dos principais comunicadores do século XX. Foi um mestre da persuasão, influência e motivação. Churchill também praticava deliberadamente as habilidades necessárias para impulsionar milhões de britânicos nos dias mais negros da Segunda Guerra Mundial. "Ele se preparava nos dias anteriores a um grande discurso parlamentar, praticando gracejos ou defesas contra diversas críticas possíveis. Churchill praticava tão a fundo que parecia estar falando de improviso... Ele mantinha a plateia enfeitiçada", escreveu a neta de Churchill, Celia Sandys, e o coautor Jonathan Littman, em *We shall not fail*. "A lição é simples, mas exige muito trabalho. A prática é essencial, principalmente se você quiser parecer espontâneo."[203] Os maiores comunicadores do mundo sempre souberam que a espontaneidade é o resultado da prática planejada.

Você pode falar como Jobs, mas isso requer prática. Jobs faz uma apresentação elaborada parecer fácil porque ele dedica muito tempo a isso. Em *A segunda vinda de Steve Jobs*, Paul Vais, executivo da NeXT, foi citado: "Cada *slide* era escrito como um poema. Dedicávamos horas a coisas que a maioria das pessoas consideraria detalhes. Steve aperfeiçoava a apresentação. Procurávamos coordenar e coreografar, deixando tudo com mais vida".[204] Deixar sua apresentação com mais vida requer prática. Se você aceitar esse princípio simples, suas apresentações se sobressairão em um mar de mediocridade.

Dez mil horas para a maestria

Ninguém tem um dom inato. Steve Jobs é um apresentador excepcional porque trabalha para isso. De acordo com Malcolm Gladwell, em *Fora de série – Outliers*, "a pesquisa indica que, se um músico possuir talento suficiente para ser admitido em uma escola de música de alto nível, o que distinguirá um instrumentista de outro será o quanto ele se dedica à prática. É isso. Ademais, as pessoas fora de série não trabalham tão duro ou até mais duro do que as outras pessoas. Elas trabalham muito, muito mais duro".[205]

Embora a observação que Gladwell faz em *Outliers* se aplique especificamente a músicos, as muitas pesquisas sobre o assunto do alto desempenho revelam que a prática é o denominador comum entre todos os indivíduos que se destacam em uma tarefa específica. Daniel Levitin, neurocientista e músico, acredita que o número mágico seja 10 mil.

> O quadro que emerge dessas pesquisas é que são necessárias 10 mil horas de prática para se alcançar o nível de maestria associado a um especialista de nível internacional, em qualquer área... Em inúmeros estudos a respeito de compositores, jogadores de basquete, ficcionistas, patinadores de gelo, pianistas de concerto, enxadristas, criminosos de alto nível etc., esse número aparece repetidamente. Claro que isso não esclarece por que certas pessoas parecem não conseguir ir a lugar nenhum quando praticam ou por que certas pessoas parecem ter melhores resultados com suas sessões de prática do que outras, mas ninguém ainda descobriu um caso em que a verdadeira habilidade de nível mundial foi alcançada em menos tempo. Parece que o cérebro precisa desse tempo para assimilar tudo o que precisa saber para alcançar a verdadeira maestria.[206]

A teoria das 10 mil horas é compatível com o que sabemos a respeito da aprendizagem do cérebro, de acordo com Levitin e Gladwell. Para eles, a aprendizagem requer a consolidação da informação no tecido neural: quanto mais experiências temos com uma ação específica, mais fortes tornam-se essas conexões.

Agora, façamos algumas contas. Dez mil horas equivalem a cerca de três horas por dia, ou 20 horas por semana, em um período de dez anos. Para comprovar essa teoria, Gladwell relata a história dos Beatles, que tocaram juntos em Hamburgo durante muito tempo antes de se darem bem. De acordo com Gladwell, antes de os Beatles conseguirem seu primeiro sucesso, em 1964, eles se apresentaram ao vivo cerca de 1,2 mil vezes, algumas vezes por oito horas sem parar. É uma façanha notável, pois os grupos, em sua maioria, não tocam com essa frequência durante suas carreiras inteiras. Os integrantes da banda ficavam melhores e mais confiantes quanto mais tocavam juntos. "Casualmente", escreve Gladwell, "o tempo transcorrido entre o surgimento dos Beatles e suas indiscutíveis maiores realizações artísticas – *Sgt. Pepper's Lonely Hearts Club Band* e *The Beatles* [Álbum Branco] – é dez anos".[207]

Com a teoria das 10 mil horas em mente, voltemos nossa atenção de novo para Jobs. Embora a Apple tenha sido fundada em 1976, Jobs e Steve Wozniak, amigo e cofundador, começaram a frequentar as reuniões do Homebrew Computer Club, em 1974. O Homebrew foi um dos primeiros clubes de aficionados por informática do Vale do Silício, na Califórnia. No Homebrew, Jobs começou a mexer com computadores e a falar a respeito de como eles poderiam mudar o mundo. Exatamente dez anos depois, Jobs fez uma apresentação espetacular: o lançamento do Macintosh, em 1984. As pessoas que assistiram à apresentação a consideram um feito magnífico, incluindo suspense, drama e emoção. Mas, notavelmente, Jobs continuou a praticar, refinar e aprimorar seu estilo de apresentação.

Na década seguinte, em 1997, retornou e estava no palco da Macworld de Boston para discutir os passos que tinha de adotar para recuperar as boas condições da empresa. Naquele dia, tudo a respeito de seu desempenho foi mais refinado e natural do que tinha sido nos anos anteriores. Ele abandonara o uso do púlpito, caminhando à vontade pelo palco, e começara a criar *slides* visualmente mais atraentes.

Outros dez anos se passaram e chegamos à Macworld 2007. Em minha opinião, é a maior apresentação de Jobs até hoje, se levarmos em consideração cada elemento da *keynote*, do início ao fim. Ele faz um gol de placa em cada apresentação, mas, em 2007, foi o mais lindo deles. Tudo deu certo. Diversas seções da apresentação foram discutidas ao longo deste livro. A apresentação completa foi fluente e refinada, com nuances dramáticas, linguagem corporal confiante, expressão verbal cativante e *slides* maravilhosos. A apresentação do iPhone inclusive ofuscou o lançamento de todos os produtos da, muito mais expressiva, Consumer Electronics Show, realizada em Las Vegas, na mesma semana.

O mito principal a respeito de Jobs é que ele é um apresentador inato, que nasceu com o carisma que exibe no palco. Não é verdade. Como a pesquisa mostrou, ninguém tem um dom inato. Você poderá alcançar o mesmo nível de proficiência dos maiores comunicadores do mundo se trabalhar infinitamente mais duro do que as outras pessoas.

Jogando fora 25 mil dólares

Certa vez, assisti ao executivo de uma importante empresa de capital aberto fazer uma apresentação para uma grande plateia de clientes, jornalistas e analistas. Soube depois que a empresa tinha gastado mais de 25 mil dólares com *designers* profissionais para criação de *slides* animados e inteligentes. Essa quantia não levava em conta os gastos com iluminação, equipamento de áudio e aluguel do local. Os *slides* mais criativos não conseguirão impressionar sua plateia a menos que você ensaie sua apresentação. Esse executivo não ensaiou e isso ficou óbvio. Como ele não tinha praticado a coordenação entre suas palavras e a animação, os *slides* ficaram dessincronizados e ele se perdeu diversas vezes. O executivo gaguejou ao longo de quase toda apresentação e, em certo momento, demonstrou grande irritação. Se você gastar tempo e dinheiro com uma apresentação - e tempo é dinheiro –, deverá praticar, praticar e praticar!

Transforme o vídeo em seu melhor amigo

Quase todos os anos, sou solicitado a trabalhar com presidentes de empresas que fazem apresentações importantes na Consumer Electronics Show, em Las Vegas. Em geral, a conferência é programada para a primeira semana de janeiro, o que significa que temos de ensaiar durante as festas de final de ano, enquanto o restante dos funcionários das empresas, muitas vezes, está de folga. De qualquer maneira, os presidentes das empresas aparecem para os ensaios, pois reconhecem sua importância.

Em um certo ano, após diversos dias de ensaios, um de meus clientes, presidente de uma empresa, entrou no palco em Las Vegas, mas enfrentou problemas com os *slides*. O controle remoto falhou, e os *slides* não avançaram. A maioria dos palestrantes amadores, que nunca dedicam tempo suficiente para os ensaios, teria ficado sem saber o que fazer, chamando ainda mais atenção para o problema. Mas não ele. Ele estava tão bem preparado que, naturalmente, fez sinal para um assistente avançar os *slides* – nós ensaiamos planos de emergência. Ele não gaguejou e continuou falando. Não acabou ali: algo estava errado com o computador; ele tinha travado e teria de ser reinicializado para a apresentação dos *slides* continuar. O assistente simplesmente balançou a cabeça negativamente, mas o presidente da empresa não perdeu o prumo. Continuou a fazer sua apresentação sem *slides*. E fez isso com facilidade e confiança.

Depois, ele me disse que, sem os ensaios (que insisti que ele fizesse), teria perdido a confiança e se atrapalhado diante dos funcionários, analistas, investidores, clientes e imprensa. Após a apresentação, quando perguntei aos funcionários o que tinham achado, nenhum deles percebera que algo havia dado errado.

DICAS PARA TREINAMENTO COM VÍDEO

Tínhamos usado uma câmera de vídeo durante os ensaios. Poucos apresentadores se veem em vídeo, ainda que câmeras muito boas estejam à venda por menos de 300 dólares. Sei que se ver em vídeo, principalmente em uma tela *widescreen*, não é a experiência mais agradável, mas acredite em mim: é essencial. Grave sua apresentação e a reproduza. Se possível, chame amigos e colegas sinceros, que darão um *feedback* honesto. Utilize um microfone externo e acoplável e não o microfone embutido padrão de todas as câmeras de vídeo. Sua voz soará mais alta, mais clara e mais ressonante.

Enquanto assiste ao vídeo, preste muita atenção a esses cinco itens:

- **Contato visual.** Memorize o máximo de sua apresentação, evitando a leitura de anotações. Seus *slides* devem funcionar como deixas. Andrew Carnegie, especialista em oratória, observou que as anotações destroem a intimidade entre o orador e a plateia, fazendo o orador parecer menos poderoso e confiante. Note que eu não disse para você fazer sua apresentação completamente sem anotações. Steve Jobs mantém suas anotações fora do alcance da visão da plateia. Somente um observador cuidadoso o perceberia dando uma olhada nelas. Ele consulta as anotações durante as demonstrações, mas desde que a atenção da plateia esteja na própria demonstração. As anotações de Jobs não diminuem sua apresentação, pois as que ele mantém no palco são discretas e simples. Ele só precisa dar uma olhada nelas para se localizar. Embora seja mais fácil ter anotações à vista do orador no Keynote do que no PowerPoint, você deve esforçar-se para realizar a maior parte de sua apresentação sem elas.

- **Linguagem corporal.** Sua linguagem corporal é forte, confiante e imponente? Seus braços ficam cruzados ou abertos? Você mantém as mãos nos bolsos em vez de mantê-las em uma postura receptiva? Você é irrequieto, balança-se muito, ou tem outros hábitos que podem distrair a plateia? Seus gestos são naturais e decididos ou rígidos e inexpressivos? Lembre que a linguagem corporal e a expressão verbal são responsáveis pela maior parte da impressão que você causa em seus ouvintes. Sua linguagem corporal deve refletir a confiança das suas palavras.
- **Cacoetes verbais.** Você usa constantemente expressões como "O.k.?", "Né?" e "Veja bem" para preencher o espaço entre as ideias? Da mesma forma que o texto não deve preencher cada centímetro do seu *slide*, suas palavras não devem preencher cada pausa entre as frases. Analisar seu desempenho é a melhor maneira de eliminar esses cacoetes. Depois que perceber isso algumas vezes, você terá mais consciência do hábito da próxima vez. A consciência corresponde a mais de 90% da solução!
- **Expressão verbal.** Varie o volume e a inflexão da voz para manter a atenção da plateia concentrada em suas palavras. Aumente e diminua o volume em diferentes momentos da apresentação. Mude a cadência. Varie a velocidade da fala, impedindo que a apresentação pareça monótona. Acelere em certos pontos e, em seguida, desacelere. Faça pausas para provocar impacto. Novamente, nada é tão dramático quanto uma pausa bem colocada. Não pareça apressado. Deixe a apresentação ganhar fôlego.
- **Energia.** Você parece que está saindo da cama no domingo de manhã ou parece vibrante, empolgado e genuinamente estimulado para compartilhar sua história com a plateia? Nós todos gostamos de estar ao lado de pessoas com energia. Elas nos inspiram. Elas são estimulantes, divertidas e para cima. Uma pessoa "elétrica" tem paixão na voz, firmeza no andar e um sorriso no rosto. A energia torna a pessoa agradável, e a simpatia é um elemento-chave nas comunicações persuasivas. Muitos executivos subestimam o nível de energia necessário para gerar entusiasmo entre seus ouvintes. Os oradores "elétricos", como Jobs, trazem essa energia. Jobs sempre dispõe de mais energia que a maioria dos outros oradores que dividem o palco com ele.

ABANDONE SUA ZONA DE CONFORTO

A maioria dos executivos pode melhorar sua energia estimulante. Mas como você projeta o nível correto de energia sem parecer exagerado? Avaliando-se em uma escala de energia. E, nessa escala, quanto mais, melhor.

Frequentemente pergunto aos clientes: "Em uma escala de um a dez – um equivalendo a dormindo profundamente e dez correspondendo a muito animado, como o orador motivacional Tony Robbins –, diga onde você se situa neste momento".

"Três", a maioria dos meus clientes responde.

"Tudo bem", digo. "E se tentássemos chegar a sete, oito ou nove?"

Se for honesta, a maioria dos apresentadores se põe entre três e seis na escala de energia. Isso significa que há muito espaço para aumentar o nível de energia deles.

A energia é difícil de descrever, mas você reconhece quando a vê. A apresentadora de TV Rachel Ray tem energia. O presidente Barack Obama e Tony Robbins também têm. Essas três pessoas possuem estilos diferentes, mas falam com energia.

Tente esse exercício: pratique deixar sua zona de conforto. Primeiro grave alguns minutos da sua apresentação, como você normalmente a faria. Reproduza-a, de preferência com alguém assistindo. Pergunte a si mesmo e ao observador: "Onde estou na escala de energia?". Agora tente de novo. Dessa vez, deixe sua zona de conforto. Represente como um ator canastrão. Eleve a voz. Use gestos largos. Sorria com exagero. Chegue a um ponto em que você se sinta um pouco desajeitado e desconfortável se realmente fizer a apresentação daquela maneira. Agora assista de novo. Provavelmente sua energia estará no nível correto. A maioria das pessoas subestima quão pouca energia elas realmente usam durante uma apresentação. Quando são solicitadas a exagerar e deixar sua zona de conforto, elas alcançam o nível correto.

Cinco etapas para ensaiar comentários "improvisados"

Com a economia mergulhando mais fundo na recessão, 2009 foi um ano difícil para o lançamento de carros, mas as fábricas de automóveis não podiam interromper projetos e planos iniciados anos atrás. Em janeiro, falei com um grupo de executivos do setor. Eles foram designados porta-vozes dos novos modelos de carros, que logo chegariam às concessionárias norte-americanas, e buscavam conselhos a respeito de como responder a perguntas difíceis da mídia. No mesmo dia, Hillary Clinton, indicada à secretária de Estado, estava respondendo a perguntas da Comissão de Relações Exteriores do Senado, em uma audiência para confirmação de sua indicação ao posto. Para a Associated Press, o desempenho dela foi sereno, e Tom Brokaw, da rede de TV NBC, afirmou que Hillary Clinton é conhecida por sua lendária preparação. Disse, então, aos executivos do setor automobilístico que se preparassem para perguntas difíceis da mesma forma que Hillary provavelmente se preparou para a audiência de cinco horas de duração.

Trata-se de uma técnica que chamo "método do balde", sendo utilizada, de uma forma ou de outra, por presidentes de empresa, políticos e, sim, também por Steve Jobs, que parece ter respostas prontas para todas as perguntas. Você pode usar esse método para se preparar para apresentações, promoções de venda, *telemarketing* ou qualquer outra situação sujeita a perguntas difíceis ou delicadas.

1. Identifique as perguntas mais comuns que podem ser formuladas. Hillary Clinton esperava uma pergunta a respeito da fundação internacional do seu marido e sua lista de doadores. Muitos críticos abordaram o assunto, afirmando que a indicação dela ao cargo de secretária de Estado representaria um conflito de interesse. Ela também sabia que cada um dos "barris de pólvora" do mundo, na época, seria alvo de questionamento: Gaza, Irã, Iraque, Paquistão e outros. Para os executivos da indústria automobilística, as perguntas mais prováveis seriam algumas como: "Como você espera vender carros nessa situação econômica?" ou: "O ano de 2009 será pior para a indústria automobilística?".
2. Coloque as perguntas em "baldes" ou categorias. Em um balde, pode haver somente uma única pergunta, como no caso da Fundação Clinton, ou muitas, como no caso dos fabricantes de carros sobre a economia. A ideia é reduzir a quantidade de perguntas para a qual você deve se preparar. É estranho, mas na minha experiência de treinamento de milhares de palestrantes a maioria das perguntas recai em sete categorias – ou sete baldes.

3. Elabore a melhor resposta que puder dar para a categoria. E isso é fundamental: a resposta deve sempre fazer sentido, independentemente de como a pergunta é feita. Você deve evitar tentar responder pormenores em relação à pergunta formulada. Por exemplo, aqui está a resposta de Hillary Clinton sobre as iniciativas de arrecadação de fundos do marido: "Estou muito orgulhosa de ser indicada pelo presidente eleito para o cargo de secretária de Estado e também estou muito orgulhosa a respeito das realizações do meu marido, da Fundação Clinton e das iniciativas associadas que ele empreendeu".[208] Ela teria dito exatamente a mesma coisa, independentemente de quão incisiva fosse a pergunta dos senadores republicanos.
4. Ouça com atenção a pergunta, identificando a palavra-chave – um gancho – que o ajudará a escolher o balde correto do qual tirar sua resposta.
5. Olhe a pessoa nos olhos e responda com confiança.

Os palestrantes bem preparados não memorizam respostas para centenas de possíveis perguntas. Em vez disso, eles preparam respostas para categorias de perguntas. A maneira como uma pergunta é formulada é secundária. Pense sobre isso do seguinte modo: seu objetivo é realizar uma miniapresentação dentro de uma apresentação.

Você pode utilizar o método do balde para recompor a pergunta a seu favor. Suponhamos que o produto da sua empresa é mais caro que um similar oferecido por um dos seus concorrentes. Também suponhamos que haja um bom motivo que justifique o preço mais alto. A maneira como a pergunta é formulada não é tão importante quanto a resposta que você elaborou para a categoria "preço". O diálogo pode ser o seguinte:

CLIENTE: Por que você está cobrando 10% a mais pelo mesmo produto que posso obter da empresa X?

VOCÊ: Você está perguntando sobre preço. [Nesse caso, "cobrando a mais" é o gancho para a resposta que você elaborou a respeito de "preço". Embora a formulação adotada pelo cliente seja diferente da palavra escolhida por você, ela é a deixa para sua resposta preparada sobre o assunto.] Acreditamos que nosso produto tem um preço competitivo, principalmente para um produto que melhora o lucro dos nossos clientes em 30%, em média. É importante lembrar que temos a melhor equipe de assistência técnica do setor. Isso significa que, se você precisar de suporte, você o terá. Nossa equipe está disponível 24 horas por dia, 7 dias por semana. Nenhum dos nossos concorrentes pode dizer o mesmo.

Conheço o presidente de uma grande empresa de capital aberto que utiliza esse método com muita competência. Por exemplo: durante uma reunião muito tensa, um analista pediu que ele respondesse a respeito de alguns comentários desfavoráveis feitos pelo seu maior concorrente. "Concorrência" era a palavra gancho. Esse presidente sorriu e manteve-se com confiança no caminho certo, afirmando: "Nosso conceito sobre o que é concorrência é diferente de muitos outros. Achamos que você deve ter classe para disputar. Concorremos oferecendo aos nossos clientes um serviço de alta qualidade e compartilhamos nossa visão do rumo que o setor está seguindo. À medida que obtemos mais sucesso, vemos mais concorrentes ingressando no mercado. É parte do processo de ser líder". Com essa única resposta, o presidente da empresa rechaçou os comentários do concorrente e recompôs a questão, concentrando-se na liderança da sua empresa.

Quando Henry Kissinger, ex-secretário de Estado, foi questionado a respeito de como ele lidava com as perguntas da mídia, retrucou: "Que perguntas você tem para minhas respostas?". Suas respostas já estavam elaboradas. A mídia é uma plateia difícil, e, hoje em dia, seus clientes também o são. Não deixe que perguntas incômodas tirem-no do jogo.

Os cacoetes verbais de Caroline Kennedy

Cacoetes como "O.k.?", "Certo?" e "Né?" não deveriam desqualificar ninguém para um cargo público, nem deveriam pôr em questão a eficiência de uma pessoa como líder empresarial. Geralmente, no entanto, os cacoetes reduzem a influência da pessoa aos olhos dos outros. No início de 2009, Caroline Kennedy manifestou interesse pelo cargo de senadora pelo estado de Nova York, que ficou vago em virtude da indicação de Hillary Rodham Clinton para secretária de Estado dos Estados Unidos. A mídia alfinetou a *performance* de Caroline Kennedy devido à sua tendência em abusar de cacoetes verbais em seus comentários. Caroline disse "sabe?" mais de 30 vezes em uma entrevista de dois minutos. Escutar seus cacoetes tornou-se um passatempo entre os blogueiros e os apresentadores de programas de rádio. Em pouco tempo, ela desistiu de seu pleito.

Aqui estão três formas de eliminar os cacoetes de seus comentários, antes de eles prejudicarem sua mensagem:

- **Peça *feedback*.** A maioria de seus colegas tem medo de ofendê-lo. Quando alguém me pede conselho, e eu percebo algumas áreas que precisam ser aprimoradas, sou durão. Ao mesmo tempo, e também como ocorre com a maioria das outras pessoas na mesma situação, hesito em oferecer conselhos quando não solicitados, mesmo se sinto muita vontade de dizer algo que possa melhorar as habilidades de apresentação de alguém. Por isso, uma vez que a maior parte da sua família, amigos e colegas evita fazer críticas por receio de ofendê-lo, eles não lhe dirão, de modo voluntário, que seus maneirismos são irritantes. Talvez se Caroline Kennedy tivesse pedido um *feedback* honesto, alguém poderia ter lhe dito: "Caroline, antes de tentar pleitear junto ao governador o cargo de senadora pelo estado de Nova York, precisamos trabalhar a maneira como você responderá às perguntas. Suas respostas terão de ser específicas, inspiradoras e isentas dos cacoetes que você usa nas conversas cotidianas".
- **Dê uma pancadinha no copo.** Descobri essa técnica totalmente por acaso. Mas ela funcionou muito bem. Estava ajudando uma mulher a ensaiar uma apresentação e percebi que uma palavra sim, outra não, era um "Né?" ou um "O.k.?". Aquilo estava irritando. Assim, disse a ela que daria uma pancadinha em um copo de água com uma pequena colher sempre que ela recorresse a um cacoete verbal. Minhas pancadinhas ficaram frequentes – e também irritantes –, estimulando-a a eliminar seus cacoetes quase de imediato. Desde então, utilizei essa técnica algumas vezes, com igual sucesso. Naturalmente, essa técnica requer uma segunda pessoa para observar você e dar uma pancadinha no copo durante seu ensaio da apresentação.
- **Grave seu ensaio e o reproduza na presença de outras pessoas.** Se realmente quiser melhorar suas habilidades de apresentação, grave seu ensaio em vídeo e o reproduza para uma outra pessoa. Não é necessário gravar toda a apresentação, somente

os primeiros cinco minutos. Esse vídeo deve lhe dar todas as informações necessárias para a realização de alguns ajustes. Você pode ficar surpreso com a quantidade de cacoetes verbais que empregou. Para a maioria das pessoas, observar-se em sua própria apresentação é o suficiente para superar certos problemas. O *feedback* de um vídeo é ainda mais eficaz na presença de outras pessoas, que podem captar alguns maneirismos que você não percebeu.

Alguns cacoetes verbais, de vez em quando, não atrapalham sua capacidade de persuadir uma plateia, mas o uso excessivo deles pode prejudicar seus esforços. A boa notícia é que, assim que tomar consciência do problema, você pode facilmente seguir as sugestões aqui apresentadas para reduzi-lo ou eliminá-lo.

Melhor antídoto para os nervos

A preparação contínua é a melhor maneira de superar o medo do palco: saiba o que você vai dizer, quando você vai dizer e como você vai dizer. Muitas pessoas focam no seu *eu* durante suas apresentações, gerando ainda mais ansiedade para si mesmas. Elas se perguntam: "Minha camisa está amarrotada? O que a pessoa da terceira fila está pensando?". Em outras palavras: o foco está em você. Em vez disso, passe de "eu" para "nós". Ponha sua atenção em o que seu produto, ou serviço, significa para a vida dos ouvintes e confie em sua preparação. Trabalhei com diversos executivos que valem milhões (em alguns casos, bilhões) de dólares. Adivinhem só: eles ficam nervosos falando na frente de grupos de pessoas. Uma coisa engraçada a respeito "dos nervos": quanto mais você pratica, menos nervoso ficará.

Conheço um líder empresarial famoso mundialmente que fica muito nervoso em apresentações importantes. Ele supera isso se preparando à exaustão. Ele sabe o conteúdo de cada *slide* e exatamente o que vai dizer. Chega cedo ao local da apresentação, para que possa testar o som, o projetor e os *slides*. Esse executivo até sabe onde estão os refletores de luz do espaço, nunca ficando na sombra. Isso é preparação. Ele pode ficar nervoso, mas a rotina o faz se sentir mais confiante, e ele é considerado um dos melhores palestrantes dos Estados Unidos corporativos.

Vijay Singh, jogador profissional de golfe, treina milhares de jogadas por dia para se preparar para um torneio. Michael Phelps, ganhador de diversas medalhas de ouro olímpicas, nada 80 quilômetros por semana para se preparar para uma competição, e Steve Jobs dedica muitas horas de prática cansativa antes de uma apresentação. Os melhores de todas as áreas não deixam nada ao acaso. Se você quiser empolgar uma plateia, siga o manual de estratégias de Steve Jobs e comece a praticar.

NOTAS DO DIRETOR

- Pratique, pratique e pratique. Não dê ponto sem nó. Analise cada *slide*, cada demonstração e cada mensagem-chave. Você deve saber exatamente o que vai dizer, quando vai dizer e como vai dizer.
- Grave em vídeo sua apresentação. Arranje uma câmera de vídeo e grave seu desempenho. Você não precisa gravar toda sua apresentação. Os primeiros cinco minutos são capazes lhe dar muita informação. Preste atenção à linguagem corporal e aos cacoetes verbais. Eles atrapalham e distraem. Se possível, analise o vídeo com a ajuda de outra pessoa.
- Utilize o método do balde para se preparar para perguntas difíceis. Você descobrirá que a maioria das perguntas recai sempre nas mesmas categorias.

CENA 16

Use roupas adequadas

É difícil acreditar que uma empresa de 2 bilhões de dólares, com 4.300 funcionários, seja incapaz de concorrer com seis pessoas de jeans.

STEVE JOBS, RESPONDENDO A UMA AÇÃO JUDICIAL DA APPLE CONTRA ELE, DEPOIS DE ELE RENUNCIAR À PRESIDÊNCIA DESTA PARA CRIAR A NEXT.

Steve Jobs é o antiCher.* Em seu *show* de Las Vegas, Cher e seus dançarinos faziam 140 trocas de figurino; Jobs possui um único figurino para cada *performance*. Para as apresentações, ele sempre usa camiseta preta de manga comprida, jeans desbotado e tênis branco. Se você quiser saber com mais detalhes, ele usa camiseta St. Croix, jeans Levi's 501 e tênis New Balance. Não que isso tenha muita importância, pois você não vai se vestir como ele. Ele pode se dar a esse luxo porque é Steve Jobs e você não. Sério. Se você é um mito empresarial, que reinventou todo o setor de informática, pode usar quase tudo o que quiser.

Embora a maioria das pessoas esteja familiarizada com a camiseta preta e o jeans de Jobs – até mesmo os criadores dos *The Simpsons* vestiram o personagem Jobs com jeans e camiseta preta para um episódio de 2008 –, ele nem sempre se vestiu dessa maneira. Quando Jobs era jovem, tentando ser

* Conhecida cantora e atriz norte-americana, famosa pelo exagero dos seus figurinos. (N.T.)

levado a sério pelos investidores e pelo público, ele se vestia de forma muito mais conservadora. O Jobs de 1984 parecia muito diferente do Jobs de 2009. A primeira capa da revista *Macworld*, de janeiro de 1984, mostrava Jobs parado atrás de uma mesa de escritório com três dos primeiros computadores Macintosh. Ele estava usando um terno marrom listrado, gravata marrom e camisa soçial branca. Sim, Jobs já vestiu listrado. Ele se vestiu de modo ainda mais conservador para uma apresentação, quando lançou o Macintosh, aparecendo de camisa social branca, calça cinza, blazer azul escuro com duas fileiras de botão e gravata borboleta verde. Imaginem só! Jobs de gravata borboleta. É verdade!

Jobs é esperto. Seu guarda-roupa sempre refletiu o líder que ele queria se tornar. Sempre teve consciência da impressão que as roupas podem causar nas pessoas. Enquanto estava afastado da Apple, ele foi apresentar sua nova empresa, a NeXT, para o Bank of America. Dan'l Lewin, executivo de *marketing* da NeXT, apareceu na casa de Jobs de jeans para acompanhá-lo na reunião. Jobs estava usando um caríssimo terno Brioni, da Wilkes Bashford, loja de artigos finos de São Francisco. "Ei", disse Jobs, "estamos indo ao banco hoje".[209] Para Jobs, jeans era adequado para o escritório, mas não para uma visita ao banco. Agora você pode ter ficado confuso. Jobs usava um terno para ir ao banco e jeans no escritório. Que lição podemos tirar disso?

Um verdadeiro herói militar, Matt Eversmann, ex-oficial dos Rangers do exército norte-americano, certa vez me deu o melhor conselho sobre guarda-roupa que já ouvi. Eversmann liderou as tropas em uma batalha feroz em Mogadício, na Somália, em outubro de 1993. A batalha se converteu em um filme intitulado *Falcão Negro em perigo.* Conheci Eversmann em uma conferência empresarial e pedi a ele algum conselho sobre liderança que poderia dividir com meus leitores. Segundo ele, os grandes líderes se vestem um pouco melhor que todos os demais. Ele revelou que, quando se encontrava com um subordinado pela primeira vez, seus sapatos brilhavam mais, seus trajes brancos estavam mais brancos e sua calça estava mais bem passada.

Nunca me esqueci desse conselho. Tempos depois, entrevistei George Zimmer, fundador da rede de lojas de roupas Men's Wearhouse. Zimmer concordou com Eversmann, mas acrescentou: "Roupas apropriadas para a situação". Faz sentido: você não vai a um piquenique da empresa com a mesma roupa que usa no escritório. Além disso, as empresas apresentam culturas diferentes. A Apple é rebelde, criativa e comprometida em pensar diferente. Tudo bem um funcionário da Apple usar trajes mais informais do que um executivo de Wall Street.

Quando você inventar um produto que transforme o mundo, podemos falar sobre se vestir informalmente para as circunstâncias formais... Por enquanto, eis o melhor conselho sobre guarda-roupa que posso lhe dar: sempre se vista um pouco melhor que todos os demais, mas com roupas apropriadas para a situação.

NOTAS DO DIRETOR

- Vista-se como o líder que você quer se tornar, e não de acordo com a posição que você tem atualmente. Os grandes líderes se vestem um pouco melhor que todos os demais do recinto. Lembre-se: quando Jobs foi procurar financiamento em um banco, ele usava um terno caríssimo.
- Use roupas apropriadas para a situação. Steve Jobs pode se dar ao luxo de vestir camiseta preta, jeans e tênis porque tudo a respeito de sua marca é construído sobre o conceito de abalar o *status quo*.
- Se você for se vestir como um rebelde, vista-se como um rebelde bem-sucedido. Jobs usa camisetas St. Croix. Pode parecer uma camiseta preta, mas, no mínimo, ele gastou muito dinheiro nela.

CENA 17

Deixe de lado o roteiro

Seja seu próprio padrão de qualidade. Algumas pessoas não estão acostumadas com um ambiente em que se espera a excelência.

STEVE JOBS

Steve Jobs é o apresentador perfeito para as plateias do século XXI, que querem se envolver em conversas e não em palestras. Jobs possui um estilo casual de oratória; uma informalidade, como discutido nos capítulos anteriores, resultante de horas de prática. A prática permite que ele trabalhe geralmente sem um roteiro. Durante as demonstrações, Jobs oculta discretamente suas anotações da plateia e nunca as lê palavra por palavra. As anotações servem somente como fichas de sugestão para a próxima etapa da demonstração. Em geral, ele faz a maior parte de sua apresentação sem recorrer a anotações.

Como sugerido na Cena 8, a maioria dos apresentadores cria "slidocumentos", ou seja, documentos disfarçados de *slides*. Os slidocumentos servem como muletas para apresentadores medíocres, que leem cada palavra do *slide*, muitas vezes dando as costas para a plateia para fazer isso. Jobs tem um roteiro, normalmente, em sua mente. Seus *slides*, que são muito visuais, atuam como um incitador. Cada *slide* possui uma ideia-chave e somente uma única ideia.

Após Jobs tirar o novo MacBook Air de um envelope pardo no momento inesquecível da Macworld 2008, ele analisou o novo computador com mais detalhes. Como podemos observar no Quadro 17.1, seu *slide* continha bem poucas palavras, mas incluía informação suficiente para atuar como um incitador para uma única ideia. Um único tema por *slide*.[210]

Jobs explicou que o MacBook Air possuía o mesmo processador utilizado em todos os outros *notebooks* e iMacs da Apple. Ele se admirou com o fato de a Intel ter conseguido acompanhar o desafio, criando um processador da mesma capacidade mas em um tamanho que era 60% menor. Em seguida, Jobs apresentou Paul Otellini, presidente da Intel, que entregou a Job uma amostra do processador. O dispositivo era dificilmente visível para qualquer pessoa sentada depois da primeira fila, mas Jobs alegrou a plateia com seu sorriso. "Isso é uma tecnologia impressionante", ele disse, não tentando ocultar seu entusiasmo (Figura 17.1).

QUADRO 17.1 UM ÚNICO TEMA POR *SLIDE* NA APRESENTAÇÃO DE JOBS NA MACWORLD 2008

PALAVRAS DE STEVE	*SLIDES* DE STEVE
"É o *notebook* mais fino do mundo."	[Somente texto.] O *notebook* mais fino do mundo.
"Abra-o e ele tem um fecho magnético; nenhum gancho para prender na sua roupa."	[Foto do computador com as palavras do lado esquerdo do *slide* .] Fecho magnético.
"Tem uma tela *widescreen* de 13,3 polegadas."	[Foto do computador com as palavras no meio de um fundo preto.] *Widescreen* de 13,3 polegadas.
"A tela é maravilhosa. É retroiluminada por LEDs. Economiza energia, é brilhante e funciona no instante que você a abre."	[Foto do computador com as palavras do lado esquerdo do *slide*.] Retroiluminado por LEDs.
"No alto da tela, há uma câmera iSight embutida para videoconferências pronta para uso."	[Foto do computador desaparece gradualmente, revelando a câmera iSight no alto da tela.]
"Olhe para baixo. Há um teclado de tamanho normal. Esse é talvez o melhor teclado de *notebook* que já fizemos. É um teclado fenomenal."	[Foto do teclado com as palavras do lado esquerdo do *slide*.] Teclado de tamanho normal.

PALAVRAS DE STEVE	*SLIDES* DE STEVE
"Temos um *trackpad* bem grande, que é incrível. Também existe um apoio multitoque embutido."	[Foto do *trackpad* com as palavras do lado esquerdo do *slide*.] Apoio multitoque.
"Novamente, vocês podem ver como ele é bonito e fino. Agora, como nós encaixamos um Mac aqui? Ainda estou impressionado como nossos engenheiros foram capazes de conseguir isso."	[Foto da vista lateral do computador.] Como encaixamos um Mac aqui?
"A mágica real está na eletrônica. Existe um Mac completo sobre uma placa. O que há de tão especial a respeito disso? Essa placa é tão grande quanto isso. [Não menciona um lápis; deixa o *slide* falar por si mesmo.] É realmente muita pequena. Foi uma façanha incrível de engenharia encaixar todo um Mac aí."	[Foto da placa-mãe com a imagem de um lápis ao lado. A placa é menor que o comprimento do lápis.]
"Não abrimos mão do desempenho. O MacBook Air é equipado com um processador Intel Core 2 Duo. Realmente, é um processador muito rápido... Fora de série."	[Foto do microprocessador Intel Core 2 Duo.]

Foto: Tony Avelar/AFP/Getty Images.

FIGURA 17.1
Jobs revela autêntico entusiasmo ao segurar o minúsculo processador Intel do MacBook Air.

Cinco etapas para deixar de lado o roteiro

Os grandes atores ensaiam durante meses antes da noite de estreia. A plateia iria embora se um ator aparecesse no palco com um roteiro na mão. Esperamos que os atores falem naturalmente, e não como se tivessem decorado as falas, ainda que seja exatamente isso o que eles fazem. A plateia espera o mesmo de você: um orador coloquial, que, em vez de falar errado, atinja cada alvo com precisão. A seguir, apresentamos cinco etapas que o ajudarão a memorizar seu roteiro, fazendo você parecer tão natural quanto um ator talentoso ou um apresentador sensacional como Steve Jobs:

1. **Escreva seu roteiro com frases completas na seção "anotações" do PowerPoint.** Não é o momento para uma edição extensa. Simplesmente escreva suas ideias em frases completas. Procure, contudo, manter as ideias restritas a não mais que quatro ou cinco frases.
2. **Destaque ou sublinhe a palavra-chave de cada frase e exercite sua apresentação.** Ensaie rapidamente seu roteiro, sem se preocupar com tropeços ou esquecimento de algum ponto. Dê uma olhada nas palavras-chave para refrescar a memória.
3. **Elimine as palavras irrelevantes das suas frases do roteiro, deixando somente as palavras-chave.** Exercite sua apresentação novamente, desta vez usando as palavras-chave apenas como lembretes.
4. **Memorize a única ideia-chave por *slide*.** Pergunte-se: "Qual é a única coisa que quero que minha plateia se lembre do *slide*?". O visual do *slide* deve complementar o único tema. Nesse caso, o visual torna-se seu incitador. Por exemplo: quando Jobs falou sobre o Intel Core 2 Duo como o processador padrão que equipava o MacBook Air, seu *slide* mostrou somente uma foto do processador. A "única coisa" que ele quis que a plateia soubesse era que a Apple tinha produzido um computador ultrafino, sem abrir mão do desempenho.
5. **Exercite toda a apresentação sem anotações, usando simplesmente os *slides* como incitador.** Depois que cumprir essas cinco etapas, você terá ensaiado cada *slide* quatro vezes, o que representa muito mais tempo do que a média que um palestrante dedica a exercitar uma apresentação.

Agora vamos pôr em prática o método das cinco etapas. Deparei-me com um anúncio do fundo mútuo Vanguard.[211] Mostrava dois copos de água: o da esquerda continha uma pequena quantidade de água e o da direita estava totalmente cheio. O título dizia: "Quanto menor o custo, mais você ganha". Anúncios como esse proporcionam exemplos excelentes de como criar *slides* com visual cativante. Suponhamos que o anúncio seja um *slide*: o Quadro 17.2 mostra o que poderia ser um roteiro hipotético, redigido com as cinco etapas em mente. (Criei o conteúdo com base nas informações do material de *marketing* da Vanguard.)

QUADRO 17.2 APLICANDO O MÉTODO DAS CINCO ETAPAS PARA DEIXAR DE LADO O ROTEIRO.

ETAPA	ROTEIRO DA APRESENTAÇÃO
1	O quanto custa seu investimento é muito importante e pode ter um impacto sobre quanto dinheiro você ganha em longo prazo. Em geral, quanto menor o custo, mais você ganha. Muitos bancos de investimento afirmam que são de baixo custo, mas, na realidade, cobram seis vezes mais do que nós. Isso pode custar milhares de dólares a você. Por exemplo, se investir 10 mil dólares por 20 anos, com um retorno de 8% ao ano, você ganhará 58 mil dólares com nosso fundo, um valor muito maior em relação à média do setor.
2	Seus *custos de investimento* são muito *importantes* e podem ter um impacto sobre quanto dinheiro você ganha no longo prazo. Em geral, *quanto menor o custo, mais você ganha*. Muitos bancos de investimento afirmam que são de baixo custo, mas, na realidade, cobram *seis vezes mais* do que nós. Isso pode custar milhares de dólares a você. Por exemplo, se investir 10 mil dólares por 20 anos, com um retorno de 8% ao ano, você *ganhará 58 mil dólares* com nosso fundo, um valor muito maior em relação à média do setor.
3	Custos de investimento são importantes. Quanto menor o custo, mais você ganha. Seis vezes mais. Ganhará 58 mil dólares.
4	Quanto menor o custo, mais você ganha.
5	Ensaie a apresentação sem anotações. O *slide* de dois copos de água – um vazio e outro cheio – deve ser o suficiente para incitá-lo a apresentar a informação: os quatro marcadores da etapa 3.

No momento em que você realmente fizer a apresentação final, se as anotações lhe derem paz de espírito, mantenha-as ao alcance. Um benefício importante do *software* de apresentação Keynote da Apple é que ele permite que o apresentador veja as anotações na tela do computador enquanto a plateia vê o *slide* projetado. Isso é mais difícil fazer com o PowerPoint, mas não é impossível. No entanto, independentemente do *software* utilizado, se você praticar bastante, perceberá que não precisa recorrer às suas anotações.

Como Joel Osteen inspira milhões de fiéis

Joel Osteen é o pastor mais popular da Igreja de Lakewood, em Houston. Ele prega para cerca de 47 mil pessoas por semana, que comparecem para vê-lo pessoalmente, e para milhões de outros fiéis pela TV. Osteen fala em um estilo coloquial e natural, e raramente perde o ritmo, apesar de criar 30 minutos de conteúdo por semana. Como ele faz isso? Primeiro, Osteen se empenha. Ele começa a trabalhar nos sermões na quarta-feira anterior à sua apresentação e passa a maior parte dos quatro dias praticando. Segundo, Osteen utiliza anotações, mas dá uma olhada nelas com muita discrição. Ele põe as anotações em um púlpito, mas nunca fica atrás dele. Essa abordagem permite que ele mantenha um contato visual com a plateia e conserve uma postura aberta. Ele nunca lê uma frase completa das suas anotações. Em vez disso, caminha por trás do púlpito, dá uma olhada nas anotações e continua caminhando para o lado oposto, transmitindo suas mensagens diretamente para os fiéis.

Como utilizar anotações quando estas forem necessárias

Anotações não são inerentemente ruins. Em um raro vislumbre de como Jobs realmente utiliza as anotações, um blogueiro tirou uma foto das anotações da demonstração de Jobs na Macworld 2007, notória pelo lançamento do iPhone. As anotações eram ligadas de modo ordenado, e etiquetas codificadas por cor separavam as seções. A foto do blogueiro mostrava o livreto aberto na página em que Jobs demonstrava os recursos de *internet* do iPhone. Quatro categorias estavam claramente marcadas em negrito e em uma fonte maior: Mail, Safari, Widgets e Maps.[212] Sob cada categoria principal, havia de dois a cinco pontos de apoio. Consideremos um em particular, a seção Maps. Eis exatamente o que estava impresso na página:

MAPS

- Moscone West
- Starbucks: pedir 4 mil *lattes* para viagem
- Monumento de Washington
- Mostrar satélite
- Torre Eiffel, Coliseu

É isso. Essas anotações eram todas as incitações que Jobs precisava para encaminhar sua plateia para uma parte específica da demonstração.

Jobs começou dizendo à plateia que queria mostrar a ela algo "realmente incrível": o Google Maps no iPhone. Primeiro, ele abriu o aplicativo e deu um *zoom* no mapa da cidade de São Francisco, mostrando a rua da Moscone West, o local da Macworld.

A segunda coisa que Job fez foi digitar "Starbucks" para procurar a cafeteria mais próxima. Em seguida, ele ligou para a loja Starbucks pelo iPhone e passou o trote apresentado na Cena 12, pedindo 4 mil *lattes* para viagem. (Eu não fazia ideia de que a piada a respeito dos *lattes* estava no roteiro, até ver a foto das anotações de Jobs no palco. Ele a representou como se fosse um momento espontâneo, mostrando, de novo, que Jobs não dá ponto sem nó.)

A terceira coisa que ele fez foi visitar o Monumento de Washington, dando dois toques na tela para aproximar o mapa. Quarto: Jobs selecionou a opção para substituir o mapa por fotos de satélite. Ele trouxe uma imagem do Monumento de Washington. "Não é incrível, direto para o meu telefone?", afirmou. Finalmente, Jobs visitou a torre Eiffel e o Coliseu romano, mostrando ambos na visão de satélite. Ele concluiu, afirmando: "Imagem de satélite direto para o nosso telefone. Inacreditável. Não é incrível?".[213] Jobs valeu-se do seu roteiro para a demonstração, mas o roteiro foi escrito e ensaiado amplamente, para que poucas palavras-chave fossem necessárias para guiá-lo.

Sim, Steve Jobs parece coloquial, mas, a esta altura, sabemos que ser coloquial exige muita prática. Além disso, o modo como você pratica faz toda a diferença. Utilize os *slides* como um *teleprompter,* abordando um único tema por *slide* e se baseando em diversos pontos de apoio. Se esquecer alguns pontos de apoio, você terá, no mínimo, atingido o tema principal. Sobretudo, deixe de lado o roteiro. As anotações interferirão com a conexão emocional que você precisa estabelecer com a plateia, prejudicando a experiência da apresentação. A atitude teatral pode transformar uma apresentação comum em um evento excepcional; o uso de um roteiro durante a apresentação impede que isso aconteça.

NOTAS DO DIRETOR

- Não leia as anotações, exceto em circunstâncias específicas, em que você deve seguir um processo passo a passo, como uma demonstração.
- Quando você precisar ler anotações, crie não mais do que três ou quatro marcadores, com texto em fonte grande, em uma ficha de anotação ou folha de papel. Crie uma ficha de anotação por *slide*. Se estiver usando as anotações do *software* de apresentação Keynote ou PowerPoint, não crie mais do que três ou quatro marcadores. Um único marcador é ainda melhor.
- Utilize o visual do seu *slide* para incitá-lo a transmitir apenas um único tema-chave – uma mensagem principal – por vez. Pense: "Um tema por *slide*".

CENA 18

Divirta-se

Todos querem um MacBook Pro
porque são muito descolados.

STEVE JOBS

Em 2002, o sistema operacional Mac OS X era novo em folha, e a Apple esforçava-se para conseguir clientes e desenvolvedores que o adotassem. Jobs decidiu liquidar a questão literalmente na Worldwide Developers Conference.

Quando a apresentação começou, Jobs não estava no palco. Em vez disso, fumaça branca cercava um caixão. Como fundo, uma sombria música de órgão. Jobs finalmente emergiu por trás de uma cortina, caminhou até o caixão, levantou a tampa e tirou uma cópia em grande escala do OS 9, o sistema operacional anterior da Apple. A plateia entendeu a piada imediatamente e começou a rir e a aplaudir.

Jobs estava comprometido com a piada e a levou adiante. Com a cópia do OS 9 encostada no caixão, ele tirou uma folha de papel e escreveu um elogio para o sistema operacional. "O Mac OS 9 era muito amigo de todos nós", começou.

> Ele trabalhou de forma incansável em nosso favor, sempre analisando nossos aplicativos, nunca recusando um comando, sempre pronto para nossas solicitações, exceto ocasionalmente, quando esquecia quem era e precisava ser reinicializado. Ele nasceu em outubro de

> 1998... Estamos aqui hoje para prantear a morte do OS 9. Ele está no grande armazenador de *bits* do céu, sem dúvida olhando para baixo com o mesmo sorriso que exibia sempre que era inicializado. O espírito do Mac OS 9 se conserva em sua próxima geração, o Mac OS X... Por favor, juntem-se a mim em um minuto de silêncio, enquanto lembramos nosso velho amigo, o Mac OS 9.[214]

Jobs caminhou de volta para o caixão, recolocou a cópia do OS 9 lá dentro, fechou a tampa e pôs uma rosa sobre ela. A plateia foi ao delírio. Jobs atingiu seu objetivo e se divertiu muito fazendo isso.

Jobs se diverte e demonstra isso. Apesar do planejamento e da preparação árduos, das muitas horas de ensaios e da dedicação desmedida para não errar nenhum *slide* e demonstração, algumas coisas dão errado, mas ele não deixa que elas o aborreçam. Ele se diverte, quer a demonstração funcione ou não.

"Observemos como esse mercado é grande", afirmou Jobs, ao descrever a oportunidade de mercado para o iPhone, na Macworld 2007. Inesperadamente, seus *slides* não avançaram. "Meu controle remoto não está funcionando", ele disse. Quando Jobs caminhou para o lado direito do palco, para verificar o computador, o *slide* pareceu avançar. "Ah, talvez esteja funcionando. Não, não está." Jobs pegou outro controle remoto, mas este também não funcionou. Sorrindo, ele afirmou: "O controle não está funcionando. Eles estão se engalfinhando nos bastidores neste momento".[215] A plateia riu, e, após alguns momentos tentando consertar o controle remoto, Jobs fez uma pausa, sorriu e contou a seguinte história:

> Sabe, isso me lembra o tempo do colégio. Steve Wozniak e eu – principalmente Steve – construímos um aparelhinho que bloqueava o sinal de TV. Era um pequeno oscilador, que gerava frequências que distorciam as imagens. Woz carregava o aparelho no bolso. Fomos até um dormitório em Berkeley, onde Woz estudava, e um bando de caras estava assistindo a *Jornada nas estrelas*. Ele, então, distorceu a imagem e alguém foi arrumá-la. Quando o cara estava voltando para seu lugar, Woz voltou a distorcer a imagem. Em cinco minutos, o cara estava assim [contorce o corpo conforme a Figura 18.1]... Tudo bem, parece que está funcionando agora.[216]

Nessa história de um minuto, Jobs revelou uma faceta de sua personalidade que poucas pessoas conheciam. Isso o deixou mais humano, cativante e natural. Ele também nunca se perturba. Já vi alguns apresentadores experientes ficarem bem atrapalhados por causa de pequenos problemas.

Um usuário do YouTube postou um vídeo de cinco minutos mostrando dezenas de micos de Jobs.[217] A quantidade de coisas que dão errado é surpreendente dado o nível de prática tão detalhada que entra em uma apresentação de Steve Jobs. Esse vídeo sobre micos demonstra que mesmo os melhores planos dão errado de vez em quando: um *slide* pode não avançar, um *slide* errado pode aparecer e uma demonstração pode não funcionar. Essas coisas acontecem até com o apresentador melhor preparado e podem acontecer – e provavelmente acontecerão – com você em algum momento.

Foto: David Paulo Morris/Getty Images.

FIGURA 18.1
Jobs demonstra uma peça que ele e Steve Wozniak, cofundador da Apple, pregaram em colegas do colégio.

A diferença entre apresentadores medíocres e um verdadeiro mestre como Jobs é que, quando as demonstrações não saem como o planejado, Jobs reage com muita confiança. A plateia vê um *showman* no controle completo do seu material. Se algo não funciona, Jobs não perde tempo com isso, nem chama atenção exagerada para o fato. Ele sorri, diverte-se, explica para a plateia o que ela deveria ter visto e segue em frente.

Não se preocupe com as coisas pequenas

Na Macworld 2008, durante uma demonstração da Apple TV, Jobs estabeleceu uma conexão com o Flickr, um *site* de compartilhamento de fotos. Ele selecionou diversas categorias para mostrar à plateia como as fotografias podiam ser acessadas no *site* e exibidas em uma TV com tela *widescreen*, em uma sala de estar. Infelizmente, a tela da TV escureceu. Depois de cerca de 20 segundos tentando recuperar as imagens, Jobs simplesmente se virou para a plateia, sorriu e disse: "Bem, receio que o Flickr não esteja exibindo fotos nesta TV".[218]

Jobs não deixa nada perturbá-lo no palco. Ao contrário, reconhece o problema, continua a apresentação, resume o material e se diverte. Ele concluiu a demonstração da Apple TV dizendo: "Tudo isso a partir da sua TV com tela *widescreen*: filmes, programas de TV, músicas, *podcasts*, fotos do dot-Mac e – quando eles estiverem exibindo fotos – do Flickr! Então, é isso que eu quis mostrar para vocês hoje. Não é incrível?".[219] Jobs nunca perde o entusiasmo. A demonstração pode não ter saído à perfeição, mas isso não diminui a alegria que ele sente pelo produto.

Independentemente de quanto você se preparar, algo pode – e provavelmente vai – sair diferente do que foi planejado. Note que eu não disse que algo dará errado. Dá errado somente quando você chama a atenção para o fato ou deixa isso arruinar o resto da sua apresentação. As pessoas estão ali para ouvi-lo, para aprender algo novo sobre o produto, serviço ou iniciativa que pode melhorar suas vidas.

Quando uma demonstração não acontece de modo tão perfeito quanto Jobs ensaiou, ele nunca perde a calma. Ele diz algo como: "Opa, não é isso que eu queria" ou "Preciso de alguma ajuda aqui, amigos; essa coisa não está funcionando". Ele dedicará alguns minutos para fazer a coisa funcionar e fará isso com muita tranquilidade.

Em uma apresentação de Jobs, uma câmera digital pode não funcionar. Então, ele se diverte com isso, joga-a para um funcionário da Apple sentado na primeira fila e diz: "Preciso de um especialista para consertá-la. É muito técnico para mim. É muito impressionante quando funciona".[220] É isso. *É muito impressionante quando funciona.*

Imagine assistir a um patinador no gelo apresentando uma coreografia complicada. Você sabe que o menor erro pode fazê-lo levar um tombo. Quando isso acontece, você fica admirado, mas espera que o patinador se levante e conclua sua participação, recebendo uma nota alta. O mesmo se aplica à sua plateia. Ninguém espera a perfeição, exceto você. Sua plateia perdoará um erro, enquanto você se recompõe.

Durante a licença médica de Jobs para um transplante de fígado, muito foi escrito sobre o que ele revelou, quanto ele devia ter revelado e se ele devia ter revelado antes. Jobs ficou claramente decepcionado com a imprensa, criticando alguns jornalistas pela cobertura de assuntos que ele queria manter sob sigilo. Enquanto blogueiros e jornalistas lutavam para obter o furo sobre a natureza exata de sua doença, fiquei impressionado com o modo como Jobs manteve seu característico bom humor.

Em setembro de 2008, Jobs entrou no palco da WWDC e disse: "Bom dia. Obrigado por virem esta manhã. Temos coisas realmente estimulantes para dividir com vocês. Antes de começarmos, só quero mencionar isso". Ele indicou um *slide* atrás dele, que tinha uma única frase: "As notícias da minha morte são muito exageradas". Jobs afirmou para a plateia: "É o suficiente", e continuou sua apresentação.[221] A plateia riu e aplaudiu. A mídia e os investidores queriam mais informações, é claro, mas isso foi tudo o que Jobs deu a eles naquele momento, e o *showman* se divertiu com isso à custa deles.

Agora, isso é infoentretenimento!

A maioria dos comunicadores empresariais perde de vista o fato de que suas plateias querem ser informadas e entretidas. Jobs aborda as apresentações como infoentretenimento: ele ensina algo novo para você e se diverte fazendo isso. É o melhor dos mundos para sua plateia. A maioria dos executivos não sorri nem saboreia o momento tanto quanto deveria. Eles se prendem muito a um estilo de apresentação e perdem o entusiasmo que realmente sentem a respeito de sua empresa, seu produto ou seu serviço. Jobs sempre caminha pelo palco com um sorriso largo, um riso fácil e uma brincadeira ou duas (muitas vezes à custa da Microsoft).

Em 16 de outubro de 2003, Job terminou sua apresentação falando sobre uma nova aliança musical com a AOL e explicando os novos recursos do iTunes. A plateia achou que era tudo, mas Jobs tinha "só mais uma coisa" para apresentar. Ele afirmou que era um recurso que "muitas pessoas achavam que nós nunca nos agregaríamos até que aconteceu". Apontou para o *slide*, que dizia: "Uma coisa impossível". Ele disse: "Hoje estou aqui para revelar para vocês que isso aconteceu".[222] E depois dessa introdução, ele anunciou o iTunes para Windows. A plateia riu ainda mais quando Jobs afirmou: "O iTunes para Windows é provavelmente o melhor aplicativo para Windows já criado!". A plateia ficou eletrizada, e Jobs claramente apreciou a reação.

Steve Wozniak, cofundador da Apple, revelou que ele e Jobs gostavam de duas coisas em comum: eletrônica e pregar peças. Desde o início dos anos 1970, quando Jobs e Woz estavam montando computadores juntos nas garagens das casas dos pais, Jobs tinha muita vontade de levar os computadores pessoais para as pessoas comuns. Esse espírito se revela em cada apresentação dele. Sua apresentação é entusiasmada, empolgante, informativa e, sobretudo, divertida. Sob vários aspectos, manifesta-se naturalmente, porque é o modo como ele viveu sua vida.

Em 2009, depois que Jobs tirou sua licença médica, o valor das ações da Apple despencou com base na especulação a respeito da saúde dele, em uma possível falta de novos e empolgantes produtos e nas possíveis mudanças administrativas. Os analistas se perguntavam se a Apple sem Jobs conseguiria manter seu sucesso.

Richard, o brincalhão

> *Não tenho segredos. Não há regras a seguir nos negócios. Só trabalho duro e, como sempre fiz, acredito que posso fazer. Mais que tudo, porém, tento me divertir.*
>
> RICHARD BRANSON

Um analista, Shaw Wu, tinha uma visão diferente a respeito de tudo isso. Para ele, a Apple sem Jobs prosperaria porque o espírito de Jobs tinha sido institucionalizado. Wu afirmou que a Apple tinha uma capacidade incomum de atrair empreendedores obstinados, que esperam mudar o mundo.

Para *PC World*, Jobs, um *showman* fora de série, tinha elevado as apresentações de novos produtos a uma forma de arte; a revista esperava que ele recuperasse a saúde rapidamente para que pudesse liderar a empresa de novo e fosse capaz de voltar ao palco uma vez mais.[223]

Por mais de três décadas, Jobs enfeitiçou o mundo. E, quer você seja um Macmaníaco ou um PCmaníaco, todos nós temos uma dívida de gratidão com Jobs, pela oportunidade de nos juntarmos a ele no seu "barco mágico e vertiginoso", para citar Bob Dylan, seu músico favorito.[224] Foi uma viagem magnífica, e se você prestar bastante atenção, Jobs pode ajudá-lo a vender suas ideias com mais sucesso do que você alguma vez achou possível.

NOTAS DO DIRETOR

- Trate as apresentações como "infoentretenimento". Sua plateia quer ser ensinada e entretida. Divirta-se. E deixe isso ficar visível.
- Nunca exprima pesar. Você tem pouco a ganhar chamando a atenção para um problema. Se sua apresentação apresentar uma pequena falha, reconheça-a, sorria e siga em frente. Se ninguém perceber, exceto você, não chame a atenção para o problema.
- Mude seu ponto de vista. Se algo não sair exatamente como o planejado, nada dará errado, a menos que você permita que isso prejudique o resto de sua apresentação. Mantenha o roteiro geral em mente, divirta-se e não deixe o problema perturbá-lo.

Mais uma coisa

Mantenha-se ávido, mas não se leve tão a sério.

STEVE JOBS

Steve Jobs mantém sua plateia imaginando. Frequentemente, mas nem sempre, ele, antes de encerrar uma apresentação, diz à plateia: "Mais uma coisa". Por exemplo, Jobs revelou que voltaria como presidente em tempo integral da Apple (eliminando a palavra "interino" do seu título) como "mais uma coisa", na conclusão da sua apresentação da Macworld, em 5 de janeiro de 2000. É o elemento surpresa que as plateias passaram a amar e esperar. Como a plateia espera "mais uma coisa", Jobs nem sempre a satisfaz. Uma surpresa deixaria de ser surpresa se todos soubessem que ela iria acontecer.

Assim, em verdadeiro estilo Steve Jobs, gostaria de agregar "mais uma coisa" a esta discussão. Em 12 de junho de 2005, pouco depois de ser acometido por uma forma rara mas curável de câncer de pâncreas, Jobs fez o discurso de paraninfo na Universidade Stanford. Tornou-se uma sensação da *internet*. É um dos discursos de paraninfo mais populares do YouTube, muito mais popular do que declarações de outros famosos paraninfos, como Oprah; Randy Pausch, autor de *A lição final*; ou J. K. Rowling, autora da série *Harry Potter*.

Jobs elaborou o discurso usando muitas das técnicas que tornam suas apresentações tão empolgantes. Naquele dia, os *slides* foram a única coisa ausente. O resto é típico Steve Jobs. Selecionei trechos para ilustrar como ele aplicou sua excepcional transmissão de mensagem e suas habilidades de apresentação para o agora famoso discurso. Também insisto para que você assista ao discurso completo no *site* da Universidade Stanford.[225]

> Hoje quero contar para vocês três histórias da minha vida. É isso. Nada muito importante. Apenas três histórias.

Vemos novamente a regra de três (Cena 5) desempenhando um grande papel na mensagem de Jobs. Ele elaborou um roteiro para seus ouvintes dizendo--lhes para esperar três histórias: nem duas nem quatro, mas *três*. A estrutura do discurso é muito simples: abertura, três histórias, conclusão.

> A primeira história é sobre ligar os pontos.

Aqui Jobs conta a primeira das três histórias pessoais. Essa primeira é sobre sua saída do Reed College após seis meses. Para Jobs, foi assustador a princípio, mas, no fim, deu certo, porque permitiu que ele continuasse a fazer cursos que o interessavam, como caligrafia. Dez anos depois, ele incorporou as fontes da caligrafia no Macintosh, "ligando os pontos".

> Era belo, histórico, artisticamente sutil, de uma forma que a ciência não é capaz de captar, e eu achei fascinante.

Jobs descobriu sua paixão pela simplicidade e pelo *design* na infância. Ele descobriu seu objetivo básico, um fervor messiânico de mudar o mundo, e nunca olhou para trás. Compartilhe sua paixão pelo seu objeto, e seu entusiasmo será contagioso.

> Minha segunda história é sobre amor e perda.

Nessa parte, Jobs fala sobre se apaixonar por computadores aos 20 anos e dividir essa paixão com seu amigo Woz. Ele falou sobre construir uma empresa de 2 bilhões de dólares em 10 anos e, depois, aos 30 anos, ser despedido pela diretoria da Apple.

> Estou convencido de que a única coisa que me manteve em movimento foi o fato de amar o que fazia. Vocês têm de encontrar o que vocês amam.

Novamente a paixão é o tema central da vida de Jobs. Ele tem certeza de que teve sucesso porque seguiu seu coração, sua paixão verdadeira. Há muita verdade nisso. Lembre-se: nenhuma das técnicas de apresentação de Jobs funcionará se você não demonstrar autêntica paixão por sua mensagem. Descubra a única coisa que você mais ama fazer, aquela que você não consegue esperar o sol nascer para fazer de novo. Então, terá encontrado sua verdadeira vocação.

> Minha terceira história é sobre a morte.

Essa frase inicia a parte mais comovente do discurso. Jobs lembra o dia em que os médicos lhe contaram que ele sofria de câncer no pâncreas. Ele achou que tinha de três a seis meses de vida. O câncer revelou-se uma forma muito rara mas curável da doença, porém a experiência deixou uma marca indelével nele.

> Ninguém quer morrer. Mesmo as pessoas que querem ir para o céu preferem não morrer.

Jobs sempre faz graça. Ele encontra um jeito de injetar humor em um assunto mórbido.

> Seu tempo de vida é limitado. Assim, não o desperdice vivendo a vida de outra pessoa. Não deixe um dogma capturá-lo, ou seja, não viva sob o efeito do pensamento de outra pessoa. Não deixe a opinião dos outros abafar sua voz interior.

Este parágrafo vai introduzir na sequência do texto o uso de um recurso retórico poderoso chamado anáfora, isto é, a repetição da(s) palavra(s) em frases consecutivas. Lembre o discurso de Martin Luther King: "Eu tenho um sonho... Eu tenho um sonho... Eu tenho um sonho hoje". Os grandes oradores políticos, de Churchill a King, de Reagan a Obama, todos utilizaram anáforas para estruturar argumentos poderosos. Como Jobs demonstra, essa estrutura clássica de linguagem não está reservada somente a líderes políticos. Está disponível a qualquer pessoa que quiser cativar uma plateia.

> E o mais importante: tenha coragem de seguir seu coração e sua intuição. De alguma forma, eles já sabem o que você realmente quer ser... Mantenha-se ávido, mas não se leve tão a sério.

Jobs termina o discurso com essa frase, seu tema e conselho básicos: "Mantenha-se ávido, mas não se leve tão a sério". Como discutimos, Jobs repetia seu tema básico diversas vezes em uma apresentação. Nesse caso, ele repete "Mantenha-se ávido, mas não se leve tão a sério" três vezes no parágrafo final.

O discurso de Jobs revela o segredo do seu sucesso como líder empresarial e comunicador: faça o que você ama, enxergue os reveses como oportunidades e se dedique à busca apaixonada pela excelência. Quer projetando um novo computador, lançando invenções, comandando a Apple, supervisionando a Pixar ou fazendo uma apresentação, Jobs acredita no seu trabalho. Essa é a última e mais importante lição que Jobs pode dar: o poder de acreditar em si mesmo e na sua história. Jobs seguiu o coração durante toda a vida. Siga o seu para cativar sua plateia. Você estará um passo mais perto de fazer apresentações incríveis.

REFERÊNCIAS

Introdução

1 FORTT, Jon. Steve Jobs, Tech's last celebrity CEO. *Fortune*, 19 de dezembro de 2008. Disponível em: http://money.cnn.com/2008/12/19/technology/fortt_tech_ceos.fortune/?postversion=2008121915. Acesso em: 30 de janeiro de 2009.

2 Charisma. *Wikipedia*. Disponível em: http://en.wikipedia.org/wiki/charisma. Acesso em: 30 de janeiro de 2009.

3 DUARTE,Nancy. *Slide:ology*. Sebastopol, CA: O'Reilly Media, 2008.

4 HILTZIK, Michael. Apple's condition linked to Steve Jobs health. *Los Angeles Times*, 5 de janeiro de 2009. Disponível em: http://latimes.com/business/la-fi-hiltzik5-2009jan05,0,7305482.story. Acesso em: 30 de janeiro de 2009.

5 WILBERS, Stephen. Good writing for good results: a brief guide for busy administrators. *The College Board Review*, nº 154 (1989-90). Disponível em: http://wilbers.com/cbr%20article.htm.

6 THE BIG idea with Donny Deutsch. Produzido por: canal CNBC. Transmitido em: 28 de julho de 2008.

7 Steve Jobs. *Wikipedia*. Disponível em: http://en.wikiquote.org/wiki/steve_jobs. Acesso em: 30 de janeiro de 2009.

8 DEUTSCHMAN, Alan. *The second coming of Steve Jobs*. Nova York: Broadway Books, 2001. p.127.

Cena 1

9 REYNOLDS, Garr. *Presentation Zen*. Berkeley: New Riders, 2008. p.45.

10 DUARTE, Nancy. *Slide:ology*. Sebastopol, CA: O'Reilly Media, 2008.

11 ATKINSON, Cliff. *Beyond bullet points*. Redmond, WA: Microsoft Press, 2005. p. 14.

12 Ibid., p. 15.

13 MACWORLD São Francisco 2007 Keynote Address. Produzido por: Apple. Disponível em: http://apple.com/quicktime/qtv/mwsf07. Acesso em: 30 de janeiro de 2009.

14 COMPUTERS are like a bicycle for our minds. Produzido por: Steve Jobs. Exibido por: YouTube. Disponível em: http://youtube.com/watch?v=ob_GX50Za6c. Acesso em: 30 de janeiro de 2009.

15 PACZKOWSKI, John. Apple CEO Steve Jobs. *D5 Highlights from D: All Things Digital*, 30 de maio de 2007. Disponível em: http://d5.allthingsd.com/20070530/steve-jobs-ceo-of-apple. Acesso em: 30 de janeiro de 2009.

16 WWDC 2008 Keynote Address. Produzido por: Apple. Disponível em: http://apple.com/quicktime/qtv/wwdc08. Acesso em: 30 de janeiro de 2009.

17 KAHNEY, Leander. *Inside Steve's brain*. Nova York: Penguin Group, 2008. p. 29.

18 THE FIRST iMacIntroduction. Exibido por: YouTube. Disponível em: http://youtube.com/watch?v=0BHPtoTctDy. Acesso em: 30 de janeiro de 2009.

19 APPLE WWDC 2005 - The Intel switch revealed. Exibido por: YouTube. Disponível em: http://youtube.com/watch?v=ghdTqnYnFyg. Acesso em: 30 de janeiro de 2009.

20 Virtual private server. *Wikipedia*. Disponível em: http://en.wikipedia.org/wiki/server_virtualization. Acesso em: 30 de janeiro de 2009.

21 VANCE, Ashlee. Cisco plans big push into server market. *New York Times*, 19 de janeiro de 2009. Disponível em: http://nytimes.com/2009/01/20/technology/companies/20cisco.html?scp=1&sq=cisco%20+virtualization&st=search. Acesso em: 30 de janeiro de 2009.

22 MACWORLD 2003 - The Keynote introduction (Part 1). Exibido por: YouTube. Disponível em: http://youtube.com/watch?v=ZZqYn77dT3s&feature=related. Acesso em: 30 de janeiro de 2009.

23 Apple introduces the new iPod Nano: world's most popular digital music player features new aluminium design in five colors and twenty-four-hour battery life. *Press release* da Apple, 12 de setembro de 2006. Disponível em: http://apple.com/pr/library/2006/sep/12nano.html. Acesso em: 30 de janeiro de 2009.

24 Apple announces Time Capsule: wireless backup for all your Macs. *Press release* da Apple, 15 de janeiro de 2008. Disponível em: http:apple.com/pr/library/2008/01/15timecapsule.html. Acesso em: 30 de janeiro de 2009.

25 3G iPhone WWDC Keynote 6/9/08. Exibido por: YouTube, 9 de junho de 2008. Disponível em: http://youtube.com/watch?v=mA9Jrk16Ki4. Acesso em: 30 de janeiro de 2009.

26 STEVE Jobs announces iTunes 8 with Genius. Exibido por: YouTube, 9 de setembro de 2008. Disponível em: http://youtube.com/watch?v=6XsgEH5HMvl. Acesso em: 30 de janeiro de 2009.

27 STEVE Jobs CNBC interview: Macworld 2007. Produzido por: CNBC. Entrevistado por: Jim Goldman. Exibido por: YouTube. Disponível em: http://youtube.com/watch?v=0my4eis82jw&feature=playlist&p=0520CA6271486D5B&playnext=1&index=13. Acesso em: 30 de janeiro de 2009.

28 KAWASAKI, Guy. *The Macintosh way*. Nova York: HarperCollins, 1990. p. 100.

Cena 2

29 SCULLEY, John. *Odyssey*. Nova York: Harper & Row, 1987. p. 90.

30 DEUTSCHMAN, Alan. *Inside Steve's brain*. Nova York: Penguin Group, 2008. p. 168.

31 STANFORD UNIVERSITY."You've got to find what you love", Jobs Says. *Stanford Report*, 14 de junho de 2005. Discurso de paraninfo de Steve Jobs, 12 de junho de 2002. Disponível em: http://news-service.stanford.edu/news/2005/june15/jobs-061505.html. Acesso em: 30 de janeiro de 2009.

32 GALLO, Carmine. From homeless to multimillionaire. *BusinessWeek*, 23 de julho de 2007. Disponível em: http://businessweek.com/smallbiz/content/jul2007/sb20070723_608918.htm. Acesso em: 30 de janeiro de 2009.

33 MACWORLD Boston 1997 – Full version. Exibido por: YouTube. Disponível em: http://youtube.com/watch?v=PEHNrqPkefl. Acesso em: 30 de janeiro de 2009.

34 COLLINS, Jim; PORRAS, Jerry. *Built to last: successful habits of visionary companies*. (Nova York: HarperBusiness, 1994. p. 48.

35 TRIUMPH of the nerds. Produzido pelo canal PBS. Escrito e apresentado por: Robert X. Cringely. Nova York,1996.

36 Steve Jobs. *Wikipedia*. Disponível em: http://en.wikiquote.org/wiki/steve_jobs. Acesso em: 30 de janeiro de 2009.

37 GLADWELL, Malcolm. *Outliers*. Nova York: Little, Brown and Company, 2008. p. 64.

38 MARKOFF, John. The passion of Steve Jobs. *New York Times*, 15 de janeiro de 2008. Disponível em: http://bits.blogs.nytimes.com/2008/01/15/the-passion-of-steve-jobs. Acesso em: 30 de janeiro de 2009.

39 PACZKOWSKI, John. Bill Gates and Steve Jobs. *DS Highlights from D: All Things Digital*, 30 de maio de 2007. Disponível em: http://d5.allthingsd.com/20070530/d5-gates-jobs-interview. Acesso em: 30 de janeiro de 2009.

40 OPRAH. Produzido por: Harpo Productions. 23 de outubro de 2008.

41 BUCKINGHAM, Marcus. *The one thing you need to know*. Nova York: Free Press, 2005. p. 59.

42 Ibid., p. 61-62.

43 SCULLEY, John. *Odyssey*. Nova York: Harper & Row, 1987. p. 65.

44 Steve Jobs: he thinks different. *BusinessWeek*, 1º de novembro de 2004. Disponível em: http://businessweek.com/magazine/content/04_44/b3906025_mz072.htm. Acesso em: 30 de janeiro de 2009.

45 GOODELL, Jeff. Steve Jobs: the *Rolling Stone* interview. *Rolling Stone*, 3 de dezembro de 2003. Disponível em: http://rollingstone.com/news/story/5939600/steve_jobs_the_rolling_stone_interview/. Acesso em: 30 de janeiro de 2009.

46 ORAL history interview with Steve Jobs. Smithsonian Institution Oral and Video Histories – Steve Jobs. Produzido por: Smithsonian Institution. 20 de abril de 1995. Disponível em: http://americanhistory.si.edu/collections/comphist/sj1.html. Acesso em: 30 de janeiro de 2009.

47 COLLINS, Jim; PORRAS, Jerry. *Built to last: successful habits of visionary companies*. Nova York: HarperBusiness, 1994. p. 234.

48 WOLF, Gary. Steve Jobs: the next insanely great thing. *Wired*, 1996. Disponível em: http://wired.com/wired/archive//4.02/jobs_pr.html. Acesso em: 30 de janeiro de 2009.

49 Think different. *Wikipedia*. Disponível em: http://en.wikipedia.org/wiki/think_different. Acesso em: 30 de janeiro de 2009.
50 TRIUMPH of the nerds. Produzido pelo Canal PBS. Escrito e apresentado por: Robert X. Cringely. Nova York,1996.
51 DEUTSCHMAN, Alan. *The second coming of Steve Jobs*. Nova York: Broadway Books, 2001. p.242..
52 MACWORLD São Francisco 2007 Keynote Address. Produzido por: Apple. Disponível em: http://apple.com/quicktime/qtv/mwsf07. Acesso em: 30 de janeiro de 2009.

Cena 4

53 MACWORLD 2008 Keynote Address. Produzido por: Apple. Disponível em: http://apple.com/quicktime/qtv/mwsf08. Acesso em: 30 de janeiro de 2009.
54 Ibid.
55 Ibid.
56 STEVE Jobs shows off sleek laptop. Entrevista depois da *keynote* da Macworld 2008. Produzido por: Canal CNBC. Disponível em: http://video.nytimes.com/video/2008/01/15/technology/1194817476407/steve-jobs-shows-off-sleek-laptop.html. Acesso em: 30 de janeiro de 2009.
57 Ibid.
58 Apple introduces MacBook Air – The world's thinnest notebook. *Press release* da Apple, 15 de janeiro de 2008. Disponível em: http://apple.com/pr/library/2008/01/15mbair.html. Acesso em: 30 de janeiro de 2009.
59 Ibid.
60 MACWORLD São Francisco 2007 Keynote Address. Produzido por: Apple. Disponível em: http://apple.com/quicktime/qtv/mwsf07. Acesso em: 30 de janeiro de 2009.
61 STEVE Jobs introduces GarageBand 1.0. Participação de: John Mayer. Exibido por: YouTube. Disponível em: http://youtube.com/watch?v=BVXWFgQvdlK. Acesso em: janeiro de 2009.
62 THE FIRST iMac introduction. Exibido por: YouTube. Disponível em: http:youtube.com/watch?v=0BHPtoTctDY. Acesso em: janeiro de 2009.
63 APPLE Music Event 2001 – The first ever iPod introduction. Exibido por: YouTube. Disponível em: http://youtube.com/watch?v=kN0SVBCJqLs&feature=related. Acesso em: janeiro de 2009.
64 FORDAHL, Matthew. Apple's new iPod player puts "1,000 songs in your pocket". Associated Press, 1° de novembro de 2001. Disponível em: http://seattlepo.nwsource.com/business/44900_ipod01.shtml. Acesso em: janeiro de 2009.
65 MACWORLD 2003 – The Keynote introduction (Parte 1). Exibido por: YouTube. Disponível em: http://youtube.com/watch?v=ZZqYn77dT3s&feature=related. Acesso em: janeiro de 2009.
66 Apple unveils Keynote. *Press release* da Apple, 7 de janeiro de 2003. Disponível em: http://apple.com/pr/library/2003/jan/07keynote.html. Acesso em: 9 de janeiro de 2009.

Cena 5

67 MACWORLD São Francisco 2007 Keynote Address. Produzido por: Apple. Disponível em: http://apple.com/quicktime/qtv/mwsf07. Acesso em: 30 de janeiro de 2009.
68 THE LOST 1984 video. A introdução original do Macintosh, em 1984. Exibido por: YouTube. Disponível em: http://youtube.com/watch?v=2B-XwPjn9YY. Acesso em: 30 de janeiro de 2009.
69 APPLE WWDC 2005 – The Intel switch revealed. Exibido por: YouTube. Disponível em: http://youtube.com/watch?v=ghdTqnYnFyg. Acesso em: 30 de janeiro de 2009.
70 KESSLER, Michelle. Better computer chips raise laptop's abilities. *USA Today*. Disponível em: http://usatoday.com/printedition/money/20080715/1b_chips15.art.htm?loc=interstitialskip. Acesso em: 30 de janeiro de 2009.
71 BAIG, Edward. Windows 7 gives hope for less-bloated operatinsg system. *USA Today*, sec. 6B, 22 de janeiro de 2009.
72 WWDC 2008 Keynote Address. Produzido por: Apple. Disponível em: http://apple.com.com/quicktime/qtv/wwdc08. Acesso em: 30 de janeiro de 2009.
73 STEVE Ballmer and Robbie Bach Keynote: International Consumer Electronics Show 2009, 7 de janeiro de 2009. Disponível em: http://cesweb.org/docs/microsoft-steveballmer-_robbiebach-transcript.pdf. Acesso em: 30 de janeiro de 2009.

74 MACWORLD 2008 Keynote Address. Produzido por: Apple. Disponível em: http://apple.com/quicktime/qtv/mwsf08. Acesso em: 30 de janeiro de 2009.

75 Special message to the Congress on urgent national needs page 4. Discurso do presidente John F. Kennedy, 25 de maio de 1961. John F. Kennedy Presidential Library and Museum. Disponível em: http://jfklibrary.org/historical+resources/archives/reference+desk/speeches/jfk/urgent+national+needs+page+4.htm. Acesso em: 30 de janeiro de 2009.

76 Barack Obama 2004 Democratic National Convention Keynote Address: the audacity of hope. *American Rethoric*, 27 de julho de 2004. Disponível em: http://americanrethoric.com/speeches/convention2004/barackobama2004dnc.htm. Acesso em: 30 de janeiro de 2009.

77 Barack Obama Presidential Inaugural Address: what is required: the price and promise of citizenship. *American Rethoric*, 20 de janeiro de 2009. Disponível em: http://americanrethoric.com/speeches/barackobama/barackobamainauguraladdress.htm. Acesso em: 30 de janeiro de 2009.

78 APPLE Music Event 2001 – The first ever iPod introduction. Exibido por: YouTube. Disponível em: http://youtube.com/watch?v=kN0SVBCJqLS&feature=related. Acesso em: 30 de janeiro de 2009.

79 STANFORD UNIVERSITY. "You've got to find what you love", Jobs Says. Discurso de paraninfo de Steve Jobs, 12 de junho de 2005. *Stanford Report*, 14 de junho de 2005. Disponível em: http://news-service.stanford.edu/news/2005/june15/jobs-061505.html. Acesso em: 30 de janeiro de 2009.

80 Jimmy Valvano Acesso em: Arthur Ashe Courage & Humanitarian Award Acceptance Address. *American Rethoric*, 4 de março de 1993. Disponível em: http://americanrethoric.com/speeches/jimvalvanoespyaward.htm. Acesso em: 30 de janeiro de 2009.

Cena 6

81 1984 (Advertisement). *Wikipedia*. Disponível em: http://en.wikipedia.org/wiki/1984_ad. Acesso em: 30 de janeiro de 2009.

82 1983 Apple keynote – The "1984" ad introduction. Exibido por: YouTube. Disponível em: http://youtube.com/watch?v=lsiQA6KkyJo. Acesso em: 30 de janeiro de 2009.

83 MACWORLD 2007 – Steve Jobs introduces iPhone (Part 1) Exibido por: YouTube. Disponível em: http://youtube.com/watch?v=PzoPdBh8KUS&feature=related. Acesso em: 30 de janeiro de 2009.

84 STEVE Jobs CNBC interview: Macworld 2007. Exibido por: YouTube. Disponível em: http://youtube.com/watch?v= 0mY4EIS82Jw. Acesso em: 30 de janeiro de 2009.

85 LINDSTROM, Martin. *Buyology*. (Nova York: Doubleday, 2008. p. 107.

86 Ibid.

87 MEDINA, John. *Brain rules*. Seattle: Pear Press, 2008. p. 84.

88 MACWORLD SF 2003 (Parte 1). Exibido por: YouTube. Disponível em: http://youtube.com/watch?v=lsiQA6KKyJo. Acesso em: 30 de janeiro de 2009.

89 Demo.com, TravelMuse Inc., pitch, DEMO 2008. Disponível em: http://demo.com/watchlisten/videolibrary.html?bcpid=1127798146&bclid=1774292996&bctid=1778578857. Acesso em: 30 de janeiro de 2009.

90 AN INCONVENIENT truth. Dirigido por: Davis Guggengeim. DVD. Hollywood: Paramount Pictures, 2006.

Cena 7

91 1983 Apple keynote. Exibido por: YouTube. Disponível em: http://youtube.com/watch?v=lsiQA6KkyJo. Acesso em: 30 de janeiro de 2009.

92 Apple Music Event 2001 – the first ever iPod introduction. Exibido por: YouTube. Disponível em: http://youtube.com/watch?v=kN0SVBCJqLs&feature=related. Acesso em: janeiro de 2009.

93 LANGBERG, Mike. Sweet & low: well-designed iPod upstarts are music for the budget. *Seattle Times*, sec. C6, 9 de agosto de 2003.

94 OUT of the box. Anúncio de TV de 2006. Propriedade de: Apple. Disponível em: http://apple.com/getamac/ads. Acesso em: 30 de janeiro de 2009.

95 NEW iPhone shazam ad. Exibido por: YouTube. Disponível em: http://youtube.com/watch?v=P3NSsVKcrnY. Acesso em: 30 de janeiro de 2009.

96 Why you'll love a Mac. *Site* da Apple, Get a Mac. Disponível em: http://apple.com/getamac/whymac. Acesso em: 30 de janeiro de 2009.

97 MACWORLD São Francisco 2006 – The MacBook Pro introduction. Exibido por: YouTube. Disponível em: http://youtube.com/watch?v=l6JwqllbhXE. Acesso em: 30 de janeiro de 2009.

98 ORAL history interview with Steve Jobs. Smithsonian Institution Oral and Video Histories – Steve Jobs. Smithsonian Institution, 20 de abril de 1995. Disponível em: http://americanhistory.si.edu/collections/comphist/sj1.html. Acesso em: 30 de janeiro de 2009.

Intervalo 1

99 MEDINA, John. *Brain rules*. Seattle: Pear Press, 2008. p. 74.

100 MACWORLD São Francisco 2007 Keynote Address. Produzido por: Apple. Disponível em: http://apple.com/quicktime/qtv/mwsf07. Acesso em: 30 de janeiro de 2009.

Cena 8

101 WALKER, Rob Walker. The guts of a new machine. *New York Times*, 30 de novembro de 2003. Disponível em: http://nytimes.com/2003/11/30/magazine/30ipod.html?pagewanted=1&eo=5007&en=750c9021e58923d5&ex=1386133200. Acesso em: 30 de janeiro de 2009.

102 Ibid.

103 DUARTE, Nancy. *Slide:ology*. Sebastopol, CA: O'Reilly Media, 2008. p. 93.

104 BERNS, Gregory. *Iconoclast*. Boston: Harvard Business Press, 2008. p. 36.

105 REYNOLDS, Garr. *Presentation Zen*. Berkeley: New Riders, 2008. p. 68.

106 Ibid., p. 12.

107 KIRBY, Carrie; YI, Matthew. Apple turns thirty: the man behind the Mac. *SF Gate*, 26 de março de 2006. Disponível em: http://sfgate.com/cgi-bin/article.cgi?file=/c/a/2006/03/26/mng7ehueq51.dtl. Acesso em: 30 de janeiro de 2009.

108 REYNOLDS, Garr. *Presentation Zen*. Berkeley: New Riders, 2008. p. 113.

109 Nine steps to PowerPoint magic. *Seth Godin Blog*, 6 de outubro de 2008. Disponível em: http://sethgodin.typepad.com/seths_blog/2008/10/nine-steps-to-p.html. Acesso em: 30 de janeiro de 2009.

110 KAHNEY, Leander. *Inside Steve's brain*. Nova York: Penguin Group, 2008. p. 61.

111 Ibid., p. 60.

112 Ibid., p. 131.

113 MACWORLD 2008 Keynote Address. Produzido por: Apple. Disponível em: http://apple.com/quicktime/qtv/mwsf08. Acesso em: 30 de janeiro de 2009.

114 APPLE Special Event September 2008. Apple Pre-Holiday Season Presentation. Produzido por: Apple. Disponível em: http://apple.com/quicktime/qtv/letsfrock. Acesso em: 30 de janeiro de 2009.

115 MAYER, Richard; MORENO, Roxana. *A cognitive theory of multimedia learning: implications for design principles*. Universidade da Califórnia em Santa Barbara. Disponível em: http://unm.edu/-moreno/pdfs/chi.pdf. Acesso em: 30 de janeiro de 2009.

116 The best managers of 2008. *BusinessWeek.com*. Disponível em: http://images.businessweek.com/ss/09/01/0108_best_worst/14.htm. Acesso em: 30 de janeiro de 2009.

117 MAYER, Richard; MORENO, Roxana. *A cognitive theory of multimedia learning: implications for design principles*. Universidade da Califórnia em Santa Barbara. Disponível em: http://unm.edu/-moreno/pdfs/chi.pdf. Acesso em: 30 de janeiro de 2009.

118 Ibid.

119 Ibid.

120 APPLE Special Event September 2008. Apple Pre-Holiday Season Presentation. Produzido por: Apple. Disponível em: http://apple.com/quicktime/qtv/letsfrock. Acesso em: 30 de janeiro de 2009.

121 REYNOLDS, Garr. *Presentation Zen*. Berkeley: New Riders, 2008. p. 105.

122 DUARTE, Nancy Duarte. *Slide:ology*. Sebastopol, CA: O'Reilly Media, 2008. p. 106.

123 Picture Superiority Effect. *Wikipedia*. Disponível em: http://en.wikipedia.org/wiki/picture_superiority_effect. Acesso em: 30 de janeiro de 2009.

124 MEDINA, John. *Brain rules*. Seattle: Pear Press, 2008. p. 234.

125 Ibid.

126 WWDC 2008 Steve Jobs Keynote – iPhone 3G. Exibido por: YouTube. Disponível em: http://youtube.com/watch?v=40YW7Lco0og. Acesso em: 30 de janeiro de 2009.

127 WWDC 2008 Keynote Address. Produzido por: Apple. Disponível em: http://apple.com/quicktime/qtv/wwdc08. Acesso em: 30 de janeiro de 2009.

128 Plain English Campaign, Before and After. Disponível em: http://s190934979.websitehome.co.uk/examples/before_and_after.html. Acesso em: 30 de janeiro de 2009.

129 ARDEN, Paul. *It's not how good you are, It's how good you want to be.* Londres: Phaidon Press, 2003. p. 68.

Cena 9

130 APPLE Music Event 2001 – The first ever iPod introduction. Exibido por: YouTube. Disponível em: http://youtube.com/watch?v=kN0SVBCJqLs&feature=related. Acesso em: janeiro de 2009.

131 GOODELL, Jeff. Steve Jobs: the *Rolling Stone* interview. *Rolling Stone,* 3 de dezembro de 2003. DIsponível em: http://rollingstone.com/news/story/5939600/steve_jobs_the_rolling_stone_interview/. Acesso em: 30 de janeiro de 2009.

132 WWDC 2008 Keynote Address. Produzido por: Apple. Disponível em: http://apple.com/quicktime/qtv/wwdc08. Acesso em: 30 de janeiro de 2009.

133 MACWORLD 2008 Keynote Address. Produzido por: Apple. Disponível em: http://apple.com/quicktime/qtv/mwsf08. Acesso em: 30 de janeiro de 2009.

134 MARKOFF, John. Burned once, Intel prepares new chip fortified by constant tests. *New York Times*, 16 de novembro de 2008. Disponível em: http://nytimes.com/2008/11/17/technology/companies/17chip.html?_r=1&scp=1&sq=barton%20+%20intel%20&st=cse. Acesso em: 30 de janeiro de 2009.

135 Fact sheet and background: Roadrunner smashes the petaflop barrier. *Press release da IBM*, 9 de junho de 2008. Disponível em: http://03.ibm.com/press/us/en/pressrelease/24405.wss. Acesso em: 30 de janeiro de 2009.

136 HARRIS, Scott Duke. What could you buy for $700 billion? *San Jose Mercury News,* sec. E, 5 de outubro de 2008.

137 What is global warming? Disponível em: http://climatecrisis.org. Acesso em: 30 de janeiro de 2009.

138 DEAN, Cornelia. Emissions cut won't bring quick relief. *New York Times*, sec. A21, 27 de janeiro de 2009.

Cena 10

139 WWDC 2008 Keynote Address. Produzido por: Apple. Disponível em: http://apple.com/quicktime/qtv/wwdc08. Acesso em: 30 de janeiro de 2009.

140 SCHLENDER, Brent; CHEN, Christine Steve Jobs's Apple gets way cooler. *Fortune*, 24 de janeiro de 2000, Disponível em: http://money.cnn.com/magazines/fortune/fortune_archive/2000/01/24/272281/index.htm. Acesso em: 30 de janeiro de 2009.

141 UsingEnglish.com. Text content analysis too. Disponível em: http://usingenglish.com/resources/text-statistics.php. Acesso em: 30 de janeiro de 2009.

142 BISHOP, Todd. Bill Gates and Steve Jobs: keynote text analysis. *The Microsoft blog*, 14 de janeiro de 2007. Disponível em: http://blog.seattlepo.nwsource.com/microsoft/archives/110473.asp. Acesso em: 30 de janeiro de 2009.

143 Bill Gates 2007 International Consumer Electronics Show (CES). Microsoft Corporation, CES: Las Vegas, 7 de janeiro de 2007. Disponível em: http:microsoft.com/presspass/exec/billg/speeches/2007/01-07ces.mspx. Acesso em: 30 de janeiro de 2009.

144 MACWORLD São Francisco 2007 Keynote Address. Produzido por: Apple. Disponível em: http://apple.com/quicktime/qtv/mwsf07. Acesso em: 30 de janeiro de 2009.

145 What is Apple's mission statement? *Site* da Apple, Investor relations, FAQs, Apple Corporate Information. Disponível em : http://apple.com/investor. Acesso em: 30 de janeiro de 2009.

146 GALLO, Carmine. *Ten simple secrets of the world's greatest business communicators.* (Naperville, IL: Sourcebooks, 2005. p. 116.

147 Ibid., p.p 116-117.

148 MACWORLD 2008 Keynote Address. Produzido por: Apple. Disponível em: http://apple.com/quicktime/qtv/mwsf08. Acesso em: 30 de janeiro de 2009.

149 WELCH, Jack. *Jack: straight from the gut*. Nova York: Warner Books, 2001. p. 70.

150 APPLE Music Event 2001 – the first ever iPod introduction. Exibido por: YouTube. Disponível em: http://youtube.com/watch?v=kN0SVBCJqLs&feature=related. Acesso em: 30 de janeiro de 2009.

151 Ibid.

152 MACWORLD SF 2003 (Part 1). Exibido por: YouTube. Disponível em: http://youtube.com/watch?v=Xac6NWT7EKY. Acesso em: 30 de janeiro de 2009.

153 TRIUMPH of the nerds. Produzido por: canal PBS. Escrito e apresentado por: Robert X. Cringely. Nova York, 1996.

154 *BusinessWeek*, 6 de fevereiro de 2006. Disponível em: businessweek.com/magazine/content/06_06/b3970001.htm. Acesso em: 30 de janeiro de 2009.

155 Apple introduces new iPod Touch. *Press release da Apple*, 9 de setembro de 2008. Divulgado em: http://apple.com/pr/library/2008/09/09touch.html. Acesso em: 30 de janeiro de 2009.

156 MACWORLD São Francisco 2003 – PowerBook 17" + 12" Intro (Part1). Exibido por: YouTube. Disponível em: http://youtube.com/watch?v=3iGTDE9XqJU. Acesso em: 30 de janeiro de 2009.

157 BERNS, Gregory. *Iconoclast*. Boston: Harvard Business Press, 2008. p. 36.

Cena 11

158 MACWORLD São Francisco 2006 – The MacBook Pro introduction. Exibido por: YouTube. Disponível em: http://youtube.com/watch?v=I6JWqllbhXE. Acesso em: 30 de janeiro de 2009.

159 MACWORLD Boston 1997 – The Microsoft deal. Exibido em: http://YouTube. Disponível em: http://youtube.com/watch?v=WxOp5mBY9IY. Acesso em: 30 de janeiro de 2009.

160 Apple Special Event October 2008. Produzido por: Apple. Disponível em: apple.com/quicktime/qtv/specialevent1008. Acesso em: 30 de janeiro de 2009.

161 MACWORLD 2008 Keynote Address. Produzido por: Apple. Disponível em: http://apple.com/quicktime/qtv/mwsf08. Acesso em: 30 de janeiro de 2009.

162 Ibid.

163 MACWORLD São Francisco 2007 Keynote Address. Produzido por: Apple. Disponível em: http://apple.com/quicktime/qtv/mwsf07. Acesso em: 30 de janeiro de 2009.

164 MACWORLD 2008 Keynote Address. Produzido por: Apple. Disponível em: http://apple.com/quicktime/qtv/mwsf08. Acesso em: 30 de janeiro de 2009.

165 NOAH Wyle as Steve – EpicEmpire,.com. Produzido por: YouTube. Disponível em: http://youtube.com/watch?v=_KROSHxv_No. Acesso em: 30 de janeiro de 2009.

Cena 12

166 Apple Special Event October 2008. Produzido por: Apple. Disponível em: apple.com/quicktime/qtv/specialevent1008. Acesso em: 30 de janeiro de 2009.

167 KAWASAKI, Guy. *The Macintosh way*. Nova York: HarperCollins, 1990, 149.

168 Ibid.

169 Ibid.

170 Ibid.

171 Ibid.

172 WWDC 2008 Keynote Address. Produzido por: Apple. Disponível em: http://apple.com/quicktime/qtv/wwdc08. Acesso em: 30 de janeiro de 2009.

173 MACWORLD 2007-Part 4-Steve Jobs Demos the iPhone (vídeo). Exibido por: YouTube. Disponível em: http://macblips.dailyradar.com/video/macworld_2007_part 4_steve_jobs_demos_the_iphone. Acesso em: 30 de janeiro de 2009.

174 MACWORLD São Francisco 2007 Keynote Address. Produzido por: Apple. Disponível em: http://apple.com/quicktime/qtv/mwsf07. Acesso em: 30 de janeiro de 2009).

175 DEMO of PhotoBooth (from all about Steve). Exibido por: YouTube. Disponível em: http://youtube.com/watch?v=h4AI6Mt4jQc. Acesso em: 30 de janeiro de 2009.

176 SAFARI on Windows (WWDC 2007). Exibido por: YouTube. Disponível em: http://youtube.com/watch?v=46DHMaCbdxc. Acesso em: 30 de janeiro de 2009.

177 STEVE Jobs Demos GarageBand. Exibido por: YouTube. Disponível em: http://youtube.com/watch?v=E03Bj2R749c. Acesso em: 30 de janeiro de 2009.

178 STEVE Jobs introduces GarageBand 1.0. Participação de John Mayer. Exibido por: YouTube. Disponível em: http://youtube.com/watch?v=BVXWFgQvdLK. Acesso em: 30 de janeiro de 2009.

179 APPLE WWDC – The Intel switch revealed. Exibido por: YouTube. Disponível em: http://youtube.com/watch?v=ghdTqnYnFYg. Acesso em: 30 de janeiro de 2009.

Cena 13

180 MACWORLD 2008 Keynote Address. Produzido por: Apple. Disponível em: http://apple.com/quicktime/qtv/mwsf08. Acesso em: 30 de janeiro de 2009.

181 CAVENDER, Sasha. Thinnest laptop: fits into manila envelope. *ABC News*, 15 de janeiro de 2008. Disponível em: http://abcnews.go.com/print?id=4138633. Acesso em: 30 de janeiro de 2009.

182 STEVE Jobs Showcases Macintosh 24-Jan-1984 Exibido por: YouTube. Disponível em: http:// youtube.com/watch?v=4KkENSYkMgs). Acesso em: 30 de janeiro de 2009).

183 APPLE Music Event 2001 – The first ever iPod introduction. Exibido por: YouTube. Disponível em: http://youtube.com/watch?v=kN0SVBCJqLs&feature=related. Acesso em: janeiro de 2009.

184 MEDINA, John. *Brain rules*. Seattle: Pear Press, 2008. p. 81.

185 MACWORLD São Francisco 2000, Steve Jobs become CEO of Apple. Exibido por: YouTube, 5 de janeiro de 2000. Disponível em: http://youtube.com/watch?v=JgHtKFuY3be. Acesso em: em janeiro de 2009.

186 MACWORLD São Francisco 2007 Keynote Address. Produzido por: Apple. Disponível em: http://apple.com/quicktime/qtv/mwsf07. Acesso em: 30 de janeiro de 2009.

Intervalo 2

187 MACWORLD 2009 Keynote Address. Produzido por: Apple. Disponível em: http://apple.com/quicktime/qtv/macworld-san-francisco-2009. Acesso em: 30 de janeiro de 2009.

188 Phil Schiller's Mac World 2009 Keynote Address. Slideshare. Disponível em: http://slideshare.net/kangoro10a/phill-schillers-mac-world-2009-keynote-presentation. Acesso em: 30 de janeiro de 2009.

Cena 14

189 MACWORLD SF 2003 (Part 1). Exibido por: YouTube. Disponível em: http://youtube.com/watch?v=Xac6NWT7EKY. Acesso em: 30 de janeiro de 2009.

190 MOREN, Dan. Stan Sigman says sayonara. *Macworld.com*, 12 de outubro de 2007. Disponível em: http://iphone.macworld.com/2007/10/stan_sigman_says_sayonara.php. Acesso em: 30 de janeiro de 2009.

191 AMELIO, Gil. *On the firing line: my five hundred days at Apple*. Nova York: Collins Business, 1999. p. 199.

192 MACWORLD São Francisco 2007 Keynote Address. Produzido por: Apple. Disponível em: http://apple.com/quicktime/qtv/mwsf07. Acesso em: 30 de janeiro de 2009.

193 MACWORLD 2008 Keynote Address. Produzido por: Apple. Disponível em: http://apple.com/quicktime/qtv/mwsf08. Acesso em: 30 de janeiro de 2009.

194 APPLE Music Event 2001 – The first ever iPod introduction. Exibido por:YouTube. Disponível em: http://youtube.com/watch?v=kN0SVBCJqLs. Acesso em: 30 de janeiro de 2009.

195 Ibid.

196 MEHRABIAN, Albert. *Silent messages*. Stanford, CT: Wadsworth, 1980.

Cena 15

197 Steve Jobs's magic kingdom. *BusinessWeek*, 6 de fevereiro de 2006. Disponível em: http://businessweek.com/magazine/content/06_06/b3970001.htm. Acesso em: 30 de janeiro de 2009.

198 EVANGELIST, Mike. Behind the magic curtain. *Guardian*, para Guardian.co.uk, 5 de janeiro de 2006. Disponível em: http://guardian.co.uk/technology/2006/jan/05/newmedia.media1. Acesso em: 30 de janeiro de 2009.

199 Ibid.

200 Ibid.

201 KRANTZ, Michael. Steve's two Jobs. *Time*, 18 de outubro de 1999. Disponível em: http://time.com/time/magazine/article/0,9171,992258-1,00.html. Acesso em: 30 de janeiro de 2009.

202 Ibid.
203 SANDYS, Celia; LITTMAN, Jonathan. *We shall not fail.* Nova York: Penguin Group: 2003. p. 55.
204 DEUTSCHMAN, Alan. *The second coming of Steve Jobs*. Nova York: Broadway Books, 2001. p. 82.
205 GLADWELL, Malcolm. *Outliers.* Nova York: Little, Brown and Company, 2008. p. 39.
206 LEVITIN, Daniel. *This is your brain on music.* Nova York: Plume-Penguin, 2007. p. 97.
207 GLADWELL, Malcolm. *Outliers.* Nova York: Little, Brown and Company, 2008. p. 48.
208 Senate Confirmation Hearing: Hillary Clinton. *New York Times*, 13 de janeiro de 2009. Disponível em: http://nytimes.com/2009/01/13/us/politics/13text-clinton.html?pagewanted=all. Acesso em: 30 de janeiro de 2009.

Cena 16

209 DEUTSCHMAN, Alan. *The second coming of Steve Jobs*. Nova York: Broadway Books, 2001. p. 22..

Cena 17

210 MACWORLD 2008 Keynote Address. Produzido por: Apple. Disponível em: http://apple.com/quicktime/qtv/mwsf08. Acesso em: 30 de janeiro de 2009).
211 Vanguard, anúncio no site *vanguard.com*. Acesso em: 30 de janeiro de 2009.
212 Steve's notes closeup – four thousand *lattes* to go. *Spymac*, 11 de janeiro de 2007. Disponível em: http://spymac.com/details/?1793780. Acesso em: 30 de janeiro de 2009.
213 MACWORLD São Francisco 2007 Keynote Address. Produzido por: Apple. Disponível em: http://apple.com/quicktime/qtv/mwsf07. Acesso em: 30 de janeiro de 2009.

Cena 18

214 APPLE WWDC 2002 – The death of Mac OS 9. Exibido por: YouTube. Disponível em: http://youtube.com/watch?v=Cl7xQ8i3fc0&feature=playlist&p=72CF29777B67F776&playnext=1&index=9. Acesso em: 30 de janeiro de 2009.
215 STEVE Jobs, TV Jammer Story. Exibido por: YouTube. Disponível em: http://youtube.com/watch?v=xiSBSXrQ8D0. Acesso em: 30 de janeiro de 2009.
216 Ibid.
217 APPLE Bloopers. Exibido por: YouTube. Disponível em: http://youtube.com/watch?v=An VUvW-42CUA. Acesso em: 30 de janeiro de 2009.
218 MACWORLD 2008 Keynote Address. Produzido por: Apple. Disponível em: http://apple.com/quicktime/qtv/mwsf08. Acesso em: em 30 de janeiro de 2009.
219 Ibid.
220 APPLE Keynote Bloopers!!. Exibido por: YouTube. Disponível em: http://youtube.com/watch?v=KsKKQNZG3rE&feature=related. Acesso em: 30 de janeiro de 2009.
221 WWDC 2008 Keynote Address. Produzido por: Apple. Disponível: http://apple.com/quicktime/qtv/wwdc08. Acesso em: 30 de janeiro de 2009.
222 APPLE Announces iTunes for Windows". Produzido por: YouTube, 16 de outubro de 2003. Disponível em: http://youtube.com/watch?v=-YtR-DKDKil. Acesso em: 30 de janeiro de 2009.
223 MEDIATI, Nick. Jobs has been an extraordinary spokesman. *PC World,* 14 de janeiro de 2009. Disponível em: http://pcworld.com/article/157114/jobs_has_been_an_extraordinary_spokesman.html. Acesso em: 30 de janeiro de 2009.
224 DYLAN, Bob. Mr. Tambourine Man, *Bringing It all back home*, Sony, 1965.

Bis!

225 STANFORD UNIVERSITY. "You've got to find what you love", Jobs says. Discurso de paraninfo de Steve Jobs, 12 de junho de 2002, *Stanford Report*, 14 de junho de 2005. Disponível em: http://news-service.stanford.edu/news/2005/june15/jobs-061505.html. Acesso em: 30 de janeiro de 2009.

Este livro foi composto em Bembo Std
para Texto Editores Ltda.
em outubro de 2011.